DAS DEUTSCHE STUDENTENWERK

WIRTSCHAFTSHILFE DER DEUTSCHEN STUDENTENSCHAFT 1928—1931

1931

Walter de Gruyter & Co.

vorm. G. J. Göschensche Verlagshandlung / J. Guttentag, Verlagsbuchhandlung / Georg Reimer / Karl J. Trübner / Veit & Comp.

Berlin und Leipzig

GESCHÄFTSBERICHTE

des

Deutschen Studentenwerks e. V.
(Wirtschaftshilfe der Deutschen Studentenschaft)

und der

Darlehnskasse des Deutschen Studentenwerks e. V.
(Darlehnskasse der Deutschen Studentenschaft)

für den Zeitraum
vom 1. April 1928 bis 31. März 1931

erstattet von der Geschäftsführung

Zum Geleite

Auf ihrem Wege aus den Jahrhunderten deutscher Vergangenheit zu den Jahrhunderten deutscher Zukunft durchschreitet die deutsche Hochschule in der Gegenwart einen gefährlichen Engpaß. Vielen erscheint sie als lebensfremd und lebensuntüchtig, zugewandt einem toten Wissen und fremd geworden der mit Sorgen und Problemen erfüllten Gegenwart. Unter dem Druck der geistigen wie der wirtschaftlichen Not erfährt sie herbe, oft ungerechte Kritik. Es bieten sich Aerzte zur Heilung an, die oft genug das Verständnis für ihr innerstes Wesen wie für ihre Geschichte vermissen lassen, dafür aber Maßnahmen vorschlagen, die nach unserer Ueberzeugung nicht helfen, sondern nur schaden können.

Keine andere Einrichtung des öffentlichen Lebens in Deutschland hat durch Jahrhunderte hindurch ihre äußere Gestalt und deren innere Erfüllung, vor allem aber ihre Freiheit und Unabhängigkeit so oft zu verteidigen und so treu zu bewahren gewußt wie die deutsche Hochschule. Sie wird für die Freiheit von Lehre und Forschung und für deren unlösbare Verbindung unentwegt zu kämpfen haben. Denn dieser Kampf ist kein Kampf für ein veraltetes Sonderrecht, sondern trifft den Lebensnerv der deutschen Pflegstätten des wissenschaftlichen Geistes und der gelehrten Forschung.

In den Notzeiten wie den gegenwärtigen, die von selbst zu Kampfzeiten werden, ist es die Aufgabe jeden Freundes der deutschen Hochschule, einmal alles zu vermeiden, was die Verbundenheit der Hochschule mit der Gesamtheit des Volkes schwächen kann, anderseits an ihrem inneren Aufbau mitzuarbeiten.

Ein berechtigter Einwand gegen die deutsche Hochschule würde es sein, wenn der Zugang zur Hochschule ein Sonderrecht der Wohlhabenden würde, oder wenn auch nur der minderbemittelte Student an der Durchführung eines erfolgreichen Studiums über das erträgliche Maß hinaus gehemmt würde. In diesem Zusammenhang gewinnt das Ziel des Deutschen Studentenwerks, die deutsche Hochschule den Besten der Jugend aus allen Schichten des Volkes zu erschließen, eine ganz besondere Bedeutung.

Der vorliegende Bericht bietet einen Ueberblick über die Maßnahmen, die in den letzten 3 Jahren durch das Studentenwerk und durch die örtlichen Studentenhilfen ergriffen wurden, um diesem Ziele näher zu kommen. Das Deutsche Studentenwerk ist aus der

Notzeit unmittelbar nach dem Krieg geboren worden. Die Tatsache, daß an einer Reihe von deutschen Hochschulen unabhängig voneinander ähnliche Gebilde zur Abwehr der gemeinsamen Not geschaffen wurden, zeigt, daß hier aus dem Geiste und aus den besten Ueberlieferungen des deutschen Hochschulwesens eine lebensstarke Gegenbewegung gegen die Not der Zeit entstanden ist. Durch die Wirtschaftshilfe der Deutschen Studentenschaft, die seit 2 Jahren den Namen „Deutsches Studentenwerk" trägt, wurde diese Bewegung zusammengefaßt, vertieft und über alle Hochschulen zu gemeinsamer Arbeit und wirkungsvoller Selbsthilfe weitergeleitet. In den Jahren, die hinter uns liegen, wurden in den Studentenhäusern, der Studienstiftung des Deutschen Volkes, der Begabtenförderung und der Darlehnskasse Einrichtungen geschaffen, die von dem gleichen Geiste beseelt dem gleichen Ziele zustreben.

Der Verband der Deutschen Hochschulen hat seit Jahren erkannt, daß es sich hier nicht um eine der Hochschule fremde Bewegung handelt, sondern daß sich hier in gemeinsamer Arbeit von Studenten und Dozenten mit Hilfe des Staates und zahlreicher Freunde eine neue Lebensäußerung akademischen Gemeinschaftsgeistes kundgibt, die Geist von ihrem Geist ist.

Die Aufgabe einer sorgfältigen Auslese der Tüchtigsten und Besten aus allen Schichten des Volkes rechtfertigt allein in einer Notzeit, wie es die gegenwärtige ist, den Aufwand der Mittel, die dem Studentenwerk vom Reiche wie von der Studentenschaft und seinen Freunden zur Verfügung gestellt werden. Hier liegt auch das innere Recht wie die Notwendigkeit des Deutschen Studentenwerks und seiner Arbeit zutiefst begründet. Aus der Entwicklung, welche die studentische Selbsthilfe genommen hat, ergab es sich von selbst, daß ihr Aufgabenkreis nicht von der Hochschule mit ihren vorhandenen Hilfsmitteln allein erfüllt werden konnte. Es mußten vielmehr neue Einrichtungen geschaffen werden, in denen sich Professoren und Studenten, Altakademiker und Wirtschaftler, kurz, die Freunde der deutschen Hochschule im öffentlichen und Wirtschaftsleben Deutschlands zusammenfanden. Daß sich daraus hier und dort gewisse Spannungen, um nicht zu sagen eine zeitweise Entfremdung zwischen den eigentlichen Trägern der akademischen Selbstverwaltung und den neuen Einrichtungen ergeben haben, war eine unvermeidliche Folge der neuen Aufgabe, die auf einmal aus der Not der Zeit aufsprang.

Es war eine, und wahrlich nicht die kleinste, Aufgabe des Verbandes der Deutschen Hochschulen, den Versuch zu machen, nicht nur diese Spannung und Entfremdung, wo sie entstanden war, zu beseitigen, sondern sie vielmehr zu einer von dem gemeinsamen Willen aller Angehörigen der Universitas getragenen Angelegenheit zu machen. Die Form, in der diese Aufgabe gelöst werden konnte, war in der sturmbewegten Nachkriegszeit nicht leicht zu finden. Durch die Schaffung von Verwaltungsausschüssen, die zurzeit an einer Reihe deutscher Hochschulen gebildet werden, scheint sie gefunden zu sein. Diese Verwaltungsausschüsse haben die Aufgabe, die nach dem Kriege geschaffenen, in mehr oder weniger engem Zusammenhang stehenden Einrichtungen zusammenzufassen: Neben den Studentenhilfen mit ihren mannigfaltigen Einrichtungen und Aufgaben sollen die Arbeit der akademischen Krankenkasse, die Einrichtungen für Sport und Leibesübungen, die akademischen Lesehallen, die Auslandsstellen und ähnliche Veranstaltungen in den Arbeitskreis dieser Verwaltungsausschüsse einbezogen werden. Davon erhoffen wir die engste Verbindung dieser Einrichtungen mit der Hochschule, die Eingliederung in ihre Ziele und die Durchdringung mit ihrem Geiste. Die Hochschule selbst aber kann nur gewinnen, wenn sie sich um den inneren Bezirk der eigentlichen Wissenschaftspflege nach verschiedenen Seiten hin Vorwerke schafft, die die Verbindung zur Volksgemeinschaft, zur Not der Gegenwart und zu den aus ihr erwachsenden sozialen Aufgaben herstellen.

Seit dem letzten Bericht ist der Vorsitz aus den Händen von Herrn Prof. Dr. Schlink, Darmstadt, bis zu einer endgültigen Regelung in meine Hände übergegangen. In dieser erneuten Verbindung des Verbandes der Deutschen Hochschulen mit dem Deutschen Studentenwerk in der Person des gemeinsamen Vorsitzenden soll wie in einem Symbol ihre innere Zugehörigkeit und Verbundenheit zum Ausdruck kommen. Darin scheint auch die beste Gewähr für die Erfüllung der eben angedeuteten Aufgaben zu liegen, an deren glückliche Lösung wir glauben. Dazu ist es freilich notwendig, daß an allen deutschen Hochschulen bei Professoren wie Studierenden die Ueberzeugung lebendig wird, daß es sich hier nicht um gleichgültige oder nebensächliche, sondern um wesentliche und wichtige Bestandteile des Aufbaues der deutschen Hochschule handelt als einer wirklichen, in der Volksgemeinschaft fest verankerten Stätte der Selbstverwaltung ihres eigenen Lebens und seiner Aufgaben.

Unsere Arbeit trägt ihren Dank in sich selbst. Dennoch ist es mir Bedürfnis wie Pflicht, den Mitarbeitern herzlich zu danken, die seit dem letzten Bericht aus unserer Arbeit ausgeschieden sind. Es sind außer dem früheren Vorsitzenden Herrn Prof. Dr. Schlink die Herren Dr. Tillmanns, Dr. Hoffmann und Dr. Bredemann. Es war uns allen eine aufrichtige Freude, als die evangelisch-theologische Fakultät der Universität Greifswald bei Gelegenheit der Zehnjahrfeier des Studentenwerks die hervorragenden Verdienste, die sich Herr Schlink um unsere Arbeit erworben hat, durch Verleihung des Ehrendoktors anerkannt hat. Meinen Dank muß ich aber auch ausdehnen auf die treue und unermüdliche Mitarbeit aller derjenigen, die, sei es im Generalstab, sei es an der Front tätig sind und mit Hingabe ihrer ganzen Kraft dem gemeinsamen Ziele dienen. Diese Bereitschaft, die nie versagt hat, hat mir die Uebernahme des Vorsitzes im Studentenwerk lieb und leicht gemacht.

Der vorliegende Bericht gibt ein anschauliches Bild der vielfachen Probleme und Aufgaben, vor allem auch ihrer inneren und äußeren Schwierigkeiten. Ich habe die zuversichtliche Hoffnung, daß die Träger der akademischen Verantwortung an allen deutschen Hochschulen sich wie in der Vergangenheit so auch in der Zukunft an diesen Aufgaben beteiligen werden, erfüllt von dem Geist der Verantwortung gegenüber der akademischen Jugend und gegenüber dem deutschen Volke.

TILLMANN,
Professor D. Dr., z. Zt. Vorsitzender
des Deutschen Studentenwerks,
Vorsitzender des Verbandes der
Deutschen Hochschulen.

INHALT

Geschäftsbericht
des Deutschen Studentenwerks e. V.

für den Zeitraum vom 1. April 1928 bis 31. März 1931.

I. Die Entwicklung der Gesamtarbeit.

Dieser Bericht legt Rechenschaft ab über die studentische Wirtschaftsarbeit in den Jahren 1928 bis 1931. Diese drei Jahre sind der Abschluß des ersten Jahrzehntes dieser Arbeit.

Sie begann in den schwersten Nachkriegsjahren, als der Mut und der Selbsthilfewille der Kriegsteilnehmer-Studenten sich der gewaltig anstürmenden Welle der Not entgegenstemmte. Es gelang in einhelligem Zusammenwirken der Studenten mit Professoren und Freunden, den akademischen Nachwuchs Deutschlands vor dem Zusammenbruch zu bewahren. Das feste Gefüge des örtlichen und zentralen Aufbaues ging aus der Inflation als ein Vermächtnis an die kommenden Studentengenerationen hervor.

In den nachfolgenden Jahren erlebte gleichzeitig mit der vorübergehenden Festigung der Gesamtlage auch die studentische Wirtschaftsarbeit eine innere und äußere Stärkung und Festigung. Das Ziel blieb nach wie vor, die deutschen Hochschulen für die Besten und Tüchtigsten aus allen Schichten, auch aus den verarmten und unbemittelten Kreisen, offenzuhalten. Die Zahl derer, denen diese Hilfe mittelbar und unmittelbar, örtlich und zentral, zuteil werden konnte, wuchs.

Zum Beginn des letzten Drittels dieses Jahrzehntes bestätigten sich durch immer neue Anzeichen die Befürchtungen vieler Führer dieser Arbeit, daß der Glaube an eine allgemeine Besserung der deutschen Verhältnisse ein trügerischer sei, solange Deutschland unter der Last der unerträglichen Nachkriegsleistungen leide. Diese Anzeichen waren auf dem Felde unserer Arbeit früher erkennbar als sonst, weil hier ungezählte Fäden zusammenlaufen, die uns verbinden mit tausenden Familien des Mittelstandes und der unteren Volksschichten. Diese verfügen nicht über genügende Reserven, um den Druck einer wachsenden Notwelle auszugleichen; jede Gleichgewichtsstörung des schwindenden Volkswohlstandes trifft unmittelbar die wichtigsten Lebenszellen und ist in unserer Arbeit unmittelbar spürbar.

Die Ereignisse des letzten Jahres haben diesen Befürchtungen leider recht gegeben. Deutschland steht wieder auf der absteigenden Linie, vielleicht bald dem Tiefpunkt einer neuen Notwelle, die diesmal den Bestand und die Zukunft des Volkes in seiner Gesamtheit viel stärker bedroht, als selbst die schweren Zeiten der Inflation, in denen wenigstens breite Schichten durch Arbeit und einzelne durch eine gewisse Form des Wohlstandes sich aus der allgemeinen Flut heraushoben.

Diese Periode der neuen, zuerst langsam, dann schneller wachsenden Not ist es, über die hier berichtet wird.

Begabtenförderung

Was kann das Ziel und die Bedeutung einer Arbeit wie der unserigen in solchen Zeiten sein? Was war, was ist und was wird sein die Rechtfertigung dafür, daß neben den Mitteln aus akademischen und anderen Kreisen vor allem so große Mittel aus der öffentlichen Hand dieser Arbeit anvertraut werden?

Diese Frage hat ihre besondere Berechtigung angesichts der Tatsache, daß die wichtigste Hauptstütze des Gesamtplanes, die Selbsthilfe des einzelnen Studenten, durch die allgemeine Arbeitslosigkeit auf ein äußerstes Maß beschränkt und in ihren Formen von einer ungewöhnlichen Härte geworden ist. Nur ganz wenige und besonders widerstandsfähige Studenten können heute noch auf dem Wege der Selbsthilfe sich das Studium erringen. Während noch 1923 Zehntausende deutscher Studierender in den Augenblicken, in denen ihnen die äußeren Mittel fehlten, als Arbeiter irgendwelcher Art sich ihr Brot verdienen konnten, ist diese Hoffnung heute so gut wie zu Ende, ja, die Entwicklung hat sich in das Gegenteil gekehrt. Selbst Studenten, die mit größtem Eifer und guten Erfolgen ihre Studienzeit planmäßig erledigt haben, stehen heute zu Tausenden in den Reihen der Arbeitslosen, neue Bataillone dieser unheimlichen Armee, die über ganz Europa, über die ganze Welt durch ihre Existenz den Bestand des Gegenwärtigen bedroht. Aus dieser Tatsache ergibt sich der größte und ernsteste mögliche Einwand gegen jede Förderung von Studierenden, die durch diese Förderung als zusätzliche Studenten zu den Massen derjenigen Studenten treten, die das Studium mit eigenen Mitteln durchführen. Jeder neu Hinzukommende vermehrt die Gesamtmasse und verstärkt so die Reihen der arbeitslosen Akademiker um einen weiteren Mann.

Würde der Glaube gerechtfertigt sein, daß Student gleich Student ist, daß jeder einzelne in diesen Reihen beliebig auswechselbar ist, so wäre jedes solche Handeln sinnlos. Würde ferner die Anschauung berechtigt sein, daß zwischen dem Vermögensstand der Eltern und der Fähigkeit, zu studieren und einen akademischen Beruf auszufüllen, eine innere notwendige Verbindung besteht, so könnte man, vor allem in Notzeiten wie diesen, in der Tat das ganze Problem des akademischen Nachwuchses ruhig sich selbst überlassen, solange nur die Gesamtzahl des ungefähren Bedarfes gedeckt ist.

Beide Anschauungen sind unhaltbar. Es ist eine unumstößliche Tatsache, daß die Differenzierung des Einzelwesens schon in seinen Grundanlagen, vor allem aber in seiner Bildungsfähigkeit und der Intensität seines Willens und seines Charakters, eine sehr große und so abgestuft ist, daß weder der Gedanke der beliebigen Auswechselbarkeit, noch der Gedanke der notwendigen Verbindung zwischen Wohlstand und Intelligenz im Ernste zu verteidigen sind. Jeder Kenner des Problems muß zugeben, daß der hohe Grad der Grundanlagen, der allein zum Beschreiten des akademischen Weges berechtigt, einen ungewöhnlichen Seltenheitswert besitzt. Es kommt hinzu die Tatsache, daß durch die Umschichtungen des Vermögens und Einkommens in den letzten 20 Jahren gerade auch in Deutschland breiteste Schichten des alten geistigen Mittelstandes in die vermögenslosen Schichten abgesunken sind, während anderseits vielfach eine neue Mittelschicht des Wohlstandes vorhanden ist, die nicht einmal die alten kulturellen Erbmassen in sich trägt, die jene abgesunkenen Schichten oft in so reichem Maße auszeichnen.

Es bleibt also eine unbestreitbare Tatsache, daß die Anlage, akademische Berufe zu ergreifen und auszufüllen, nicht an die Schichten des Wohlstandes gebunden ist, sondern durch das ganze Volk zerstreut ist. Hierzu tritt in den Zeiten der Umwälzungen auf allen Gebieten wie den heutigen die Notwendigkeit, vor allem mit Sonderrechten zu brechen, die als Bitterkeit erzeugende Privilegien empfunden werden müssen. Ferner ist es ein Gebot der Staatsklugheit, Menschen an verantwortliche Stellen zu führen, die die Lage der breiten Massen nicht nur aus der wohlwollenden Vogelperspektive des Wohlstandes betrachten, sondern die durch eigene, schwere Lebenserfahrungen die Wirkungen der Not von innen und nicht nur von außen kennengelernt haben. Endlich, um einen letzten Grund anzuführen: die Absperrung einer nur intellektuell geschulten und durchgebildeten Oberschicht, die sich selbst ergänzt, mag in früheren Zeiten, in denen jeder Stand seit Jahrhunderten in langsamem Wachstum sich entfaltete und so zugleich seine eigenen Gesetze fand, noch eine gewisse Berechtigung gehabt haben. Heute ist kein Bildungsideal der leitenden Oberschicht eines Volkes denkbar ohne starke Einmischung der sozialen Erlebniselemente, mögen sie entstehen durch die künstliche Zuleitung junger Menschen aus den unbemittelten Volksschichten oder aus einer Zeit der Handarbeit derjenigen Studenten, die aus nicht Handarbeit betreibenden Schichten stammen.

Es wäre allerdings ein verhängnisvoller Irrtum, diese Forderung gleichzusetzen mit dem individuellen Aufstiegswillen, der in jungen Menschen entsteht, die ein Mißverhältnis zwischen ihrer Lage und ihren Fähigkeiten, ihrem Wirkungskreis und ihrer Schaffenszuversicht empfinden. Dieser Aufstiegswille ist zum Glück in vielen Hunderttausenden junger Deutscher vorhanden; würde er in erster Linie nur eingeleitet in die akademischen Wege, so würde er sie hoffnungslos sprengen. Diesem allgemeinen Aufstiegsanspruch gegenüber muß in erster Linie der Satz gelten, daß der Tüchtige sich selbst Bahn breche, und die außerakademischen Wege der Bewährung im praktischen Handeln sind im allgemeinen die weit geeigneteren. Eine Hineinziehung solcher Aufstiegswilliger in den akademischen Weg und damit notgedrungen der Einsatz öffentlicher oder halböffentlicher Mittel muß abhängen von der Beantwortung der Frage, ob neben dem Aufstiegswillen eine ganz besondere Begabung für wissenschaftliche Bildung, gepaart mit ungewöhnlicher Tüchtigkeit, vorliegen, beide in einem so hohen Maße, daß das öffentliche Interesse als vorliegend anerkannt oder wenigstens vermutet werden kann. Mit dieser Objektivierung des Gedankens des Aufstiegs über den akademischen Weg soll keineswegs einer Verkleinerung dieser Bewegung das Wort geredet werden, im Gegenteil muß festgestellt werden, daß noch immer die Beteiligung der unbemittelten Schichten an dem akademischen Nachwuchs eine viel zu kleine ist. Freilich ist die Voraussetzung einer weiteren Steigerung, daß durch behördliche Maßnahmen endlich der allgemeine Zudrang zu den Hochschulen vermindert und so erst Luft geschaffen wird für eine weitere planmäßige Förderung derjenigen Studierenden aus den minderbemittelten Schichten, bei denen das Studium (und damit zugleich der Aufstieg) im öffentlichen Interesse liegt.

Im allgemeinen muß also der Satz gelten, daß der Tüchtige sich selbst Bahn breche. Die Träger der Einrichtungen aber, die das Volk sich unter unendlich großen Opfern selbst geschaffen hat, um durch die Pflege der Wissenschaft und der Bildung sich selbst immer neue und höhere Organe heranzubilden, würden pflichtvergessen handeln, wenn sie sich in der Auslese der Besten, die dafür gerade gut genug sind, auf jenes Wort, daß der Tüchtige sich selbst Bahn breche, verlassen würden, denn nur allzu leicht ist dieses Bahnbrechen gerade auf dieses Ziel hin durch äußere und innere, durch zufällige und durch notwendige Umstände gehemmt. Ganz besonders gilt dies in Notzeiten wie den heutigen.

Das Deutsche Studentenwerk, erfüllt von diesem Gedanken, weiß sich mitten in die Lösung der Aufgabe gestellt, dem Bestand und der Weiterentwicklung der deutschen Hochschulen und damit des deutschen öffentlichen und wissenschaftlichen Lebens dadurch zu dienen, daß es in engem Zusammenwirken mit gleichgerichteten Unternehmungen und Einrichtungen versucht, den Besten und Tüchtigsten aus den unbemittelten Schichten den Weg zur Hochschule zu bahnen, um dadurch bewußt und planmäßig über das edelste und wichtigste Element jeder Entwicklung, den Menschen, zur Weiterentwicklung wahrer wissenschaftlicher und menschlicher Bildung in Deutschland einen Beitrag zu leisten.

Ein Bild mag dieses Wirken noch verdeutlichen:

Die nach ihren eigenen Gesetzen unaufhaltsam verlaufenden Ströme wirtschaftlicher Kraft werden an einer Stelle um einen verschwindenden Bruchteil ihrer Gesamtmasse vermindert. Diese so gewonnene dünne Wasserrinne wird künstlich abgeleitet. Sie bewässert Felder, die der natürliche Strom nicht mehr erreicht, die aber für die Gesamtentwicklung des Volkes und der Menschheit die wichtigste Funktion, die des Saatgutes, ausüben.

Was würde man sagen von einer Gemeinschaft von Siedlern, die, auf ihr eigenes Saatgut angewiesen, gerade diese Felder, die dieses Saatgut zu erzeugen versprechen, vernachlässigen, die die Kosten und die Wassermengen der künstlichen Bewässerung sparen würde, nur um im Augenblicke das Nächstliegendste zu tun und alles andere dem Gang der Ereignisse, der Natur oder irgendeinem anderen Vorwand der Gedankenlosigkeit zu überlassen. Dieses Bild ist ohne weiteres und ohne Einschränkungen anwendbar auf jede unmittelbare oder mittelbare Förderung begabter und tüchtiger junger Menschen aus minderbemittelten Kreisen, sofern sie in der Tat ungewöhnliche Eigenschaften in sich schließen; denn man mag Maschinen jeder Art, Rohstoffe und Geldmittel zum Aufbau eines Volkes und zur Sicherung seiner Zukunft von außen beziehen: das einzige Element, das nur aus dem Eigenen erwachsen kann, das weder durch Importe noch durch Anleihen zu ersetzen ist, sind die jungen Menschen, die durch die bestmögliche Schulung und Ausbildung aus ihren besonderen Anlagen ihre Kräfte und Fähigkeiten entwickeln sollen, um aus den tausend zerstückelten Bestandteilen der Gegenwart eine bessere Zukunft aufzubauen.

Es ist kein Zweifel, daß jede „Investierung“ von Volkskapital auf diesem Felde die reichsten Früchte trägt.

Auslese

Diese ganzen Ausführungen bleiben theoretisch, wenn nicht sofort die nächste Frage geprüft wird, nämlich die Frage der Möglichkeit einer wirklichen Auslese. Kein Problem hat das Deutsche Studentenwerk in den vergangenen drei Jahren mehr beschäftigt, als gerade diese Frage: „Wie ist es möglich, die Besten und Tüchtigsten aus allen Schichten herauszufinden?“ Zahlreiche Beratungen und Bemühungen der Freunde und Mitarbeiter dienten der Klärung dieser Frage.

Vor zehn Jahren stand sie noch im fernen Hintergrunde; von den unentwegten Anhängern der Regel der unbedingten Selbsthilfe und damit der Selbstauslese durch eigene Tüchtigkeit wurde sogar der Gedanke an die Möglichkeit, ja sogar an die Wünschbarkeit einer wirksamen künstlichen Auslese verneint. — Die Jahre der Not, das Versinken des festen Pfades der Selbsthilfe im Sumpfe und Schuttgeröll der letzten Jahre haben uns gezwungen, dieser Frage näherzutreten. Wir begannen ernstlich an diesem Problem zu arbeiten, und gerade in den letzten drei Jahren können wir wesentliche Fortschritte verzeichnen. Von der Studienstiftung und der Darlehnskasse aus, die hier zugleich als wichtige Versuchsfelder dienten, gingen die wachsenden Erfahrungen strenger Auslese vor allem über auf die Studienförderung der studentischen Wirtschaftskörper an allen deutschen Hochschulen. Eine besondere Freude für alle Mitarbeitenden war es ferner, daß durch Vermittlung des Deutschen Städtetages zwischen unserem Werke örtlich und zentral und den großen Stipendienfonds der Städte eine immer enger werdende fruchtbare Verbindung hergestellt werden konnte.

Obwohl das endgültige Ergebnis erst in Jahren, ja in Jahrzehnten wenigstens in rohen Umrissen festzustellen ist, berechtigen die bisherigen Erfahrungen doch zu dem Urteil, daß die in unserer Arbeit angewandten Maßstäbe und Grundsätze der Auslese in ihren Ergebnissen die Erwartungen übertreffen, und, um von menschlichen Dingen in den harten Formen der Statistik zu sprechen, daß der Prozentsatz der „Erfolge" ein erfreulicher ist.

Das Problem der Prüfung und möglichsten Verbesserung der Auswahleinrichtungen und ihrer Methoden bleibt nach wie vor eine besonders wichtige Aufgabe.

Selbsthilfe

Hinter diesen Bemühungen um die Auslese und Förderung trat der Gedanke der Selbsthilfe nur aus äußeren Notwendigkeiten, nicht aus inneren Gründen, zurück. Nach wie vor ist es die Grundüberzeugung des Deutschen Studentenwerks, daß der Weg der Selbsthilfe, wenigstens als eine teilweise Ermöglichung des Studiums aus eigener Kraft, das wichtigste Gegenmittel gegen alle Gefahren darstellt, die jede Auslese, vor allem im Sinne der Verweichlichung und der Ablenkung von der natürlichen stolzen Freiheit des jungen Menschen in sich schließen kann. Es war für uns und für die wahren Freunde unserer Arbeit ein tiefer Schmerz, zu sehen, wie unter dem Drucke der Arbeitslosigkeit selbst Wirtschaftsunternehmungen, die seit Jahren bereitwilligst sich für Werkstudenten geöffnet hatten, diesen Weg verschlossen. Um so erfreulicher war es, daß auf einem Teilgebiete

VON DER
10-JAHRESFEIER
DES DEUTSCHEN
STUDENTENWERKS

Feier im Plenarsaal des Reichstags:
Reichskanzler Brüning spricht —
Die Ehrengäste

Plakette
zur 10-Jahres-
feier, gestiftet von
den Mitteldeutschen
Stahlwerken A.-G., Riesa

Die anläßlich der 10-Jahresfeier ernannten neuen Ehrenmitglieder des Deutschen Studentenwerks: Prof. W. H. Gehrig-Dresden, Ministerialdirektor Pellengahr-Berlin, Reichskanzler a. D. Exz. Dr. Michaelis

unserer Arbeit, dem Amerika-Werkstudenten-Dienst, dieser Weg der Selbsthilfe durch eigene Handarbeit offen blieb, ferner, daß in einer Reihe von Hochschulorten die Erwerbsvermittlungsämter und erwerbschaffenden Betriebe immer neue Wege fanden, um dem unverminderten Selbsthilfewillen der Studenten Möglichkeiten der Betätigung zu eröffnen, endlich, daß in den ersten Anfängen der Arbeitslager sich eine Bewegung eröffnete, die hoffentlich noch zahlreichen Studenten in neuer Form die Werkarbeitserfahrungen vermitteln kann.

Alle diese praktischen Beispiele sind gegenüber der Zeit vor 8 bis 10 Jahren notgedrungen klein, um so wichtiger ist es, in diesem Berichte das unentwegte Bekenntnis zur Idee der Selbsthilfe und der Werkarbeit abzulegen in der Hoffnung, daß recht bald sich neue Möglichkeiten zur praktischen Betätigung dieses Willens finden werden.

Speisungen und Studentenhäuser

Innerhalb der umfangreichen Gesamtarbeit des Deutschen Studentenwerks, über die in allen Einzelheiten hier berichtet wird, stand außer der Begabtenauslese und Begabtenförderung vor allem noch der Ausbau der Studentenspeisungen und der Studentenhäuser im Vordergrund. Diese Einrichtungen sind in Zeiten der wachsenden Not von ganz besonderer Bedeutung. Sie schaffen für den minderbemittelten Studenten die Gelegenheit, zu einem möglichst niedrigen, gerechten, weder Sondergewinne noch Zuschüsse einschließenden Preise die wichtigsten Teile seines Lebensunterhaltes zu decken und an dem Gemeinschaftsleben der Studenten aller Gruppen selbst tätig teilzunehmen. Ueber die Grundgedanken des Studentenhauses wurde wiederholt so ausführlich berichtet[1]), daß es sich erübrigt, an dieser Stelle näher darauf einzugehen. Es sei nur auch hier erwähnt, daß gerade in den zurückliegenden Jahren durch die Schaffung mehrerer Studentenhäuser hier besondere Fortschritte erzielt wurden. (Im übrigen siehe S. 24 des Berichtes.)

Auslandsbeziehungen

Von den ersten Anfängen an unterhielt das Deutsche Studentenwerk zu ausländischen Kreisen und Persönlichkeiten enge und gute Beziehungen. Sie entstanden zunächst dadurch, daß in den ersten drei Jahren der größte Teil der Geldmittel, vor allem durch Vermittlung des Weltstudentenwerks, von akademischen und anderen Kreisen Englands, Amerikas, der skandinavischen Länder, Hollands, Südafrikas usw. stammt. Diese Kreise erhielten auch, nachdem am Ende der Inflation Geldspenden des Auslandes nicht mehr benötigt waren, in vielen Fällen die enge Verbindung und die warme Anteilnahme am Leben der deutschen Studenten aufrecht.

[1]) Siehe „Studentenwerk" Jg. III, S. 49 ff., Jg. IV, S. 254 ff., Jg. IV, S. 278 ff., Jg. V, S. 1 ff.

Diese Beziehungen zum Ausland wurden auch in den vergangenen Jahren lebhaft weiter gepflegt. Sie erfuhren dadurch eine besondere Betonung, daß, in der Hauptsache aus diesen Beziehungen heraus erwachsend, 1927 in engster Verbindung mit dem Deutschen Studentenwerk und in Dresden mit der Geschäftsstelle verbunden, von dem Verbande der Deutschen Hochschulen unter Mitwirkung der amtlichen Stellen und einzelner besonders bewährter Freunde des Deutschen Studentenwerks die „Deutsche Akademische Auslandsstelle" gegründet wurde, deren Leitung von den ersten Anfängen an nebenamtlich der Hauptgeschäftsführer des Deutschen Studentenwerks, Dr. Schairer, übernahm. Auf seinen Reisen durch die deutschen Hochschulen gründete er in den folgenden Jahren an 18 deutschen Hochschulen örtliche akademische Auslandsstellen, die vor allem die Aufgabe haben, das Studium deutscher Studenten im Ausland und ausländischer Studenten in Deutschland in jeder denkbaren Weise zu fördern und zu erleichtern.

Der Aufbau dieser akademischen Auslandsstellen erfolgte nach den gleich bewährten Grundsätzen, die sich aus der studentischen Wirtschaftsarbeit in den vorhergehenden Jahren herausgearbeitet hatten; Studenten, Professoren und Freunde des öffentlichen und wirtschaftlichen Lebens traten in diesen Auslandsstellen zusammen; in den meisten Fällen wurden diese Auslandsstellen entweder durch Personalunion und räumliche Zusammenlegung mit den örtlichen Studentenhilfen eng verbunden, in einzelnen Fällen führen die Studentenhilfen diese Auslandsstellen als selbständige Abteilungen.

Es war von Anfang an gedacht, daß nach vollendetem Aufbau und Ausbau der Deutschen Akademischen Auslandsstelle eine engere Verbindung mit den Arbeiten des Akademischen Austauschdienstes und der Humboldt-Stiftung stattfinden sollte. Nachdem 1930 dieses Ziel erreicht war, fand deshalb die Uebersiedlung der Zentrale der Akademischen Auslandsstelle nach Berlin statt, wo sie unter Leitung von Dr. Morsbach mit den genannten Organisationen zum Deutschen Akademischen Austauschdienst (Deaka) vereinigt wurde. Auch nach dieser Uebersiedlung wurde zwischen dem Deutschen Studentenwerk und dem Akademischen Austauschdienst die rege Arbeitsverbindung weitergeführt.

Auch die Verbindung des Deutschen Studentenwerks zum Weltstudentenwerk, über die wiederholt berichtet wurde, wurde planmäßig weitergeführt. Vertreter des Deutschen Studentenwerks nahmen neben anderen Delegierten an den Jahreskonferenzen teil. Das aus der Ersten Internationalen Schulungswoche für studentische Selbsthilfearbeit erwachsene, vom Weltstudentenwerk in Dresden am Sitz des Deutschen Studentenwerks errichtete „Internationale Institut für studentische Selbsthilfe und Gemeinschaftsarbeit" entwickelte unter der Leitung Dr. Kullmanns eine erfolgreiche Tätigkeit. Es führte u. a. eine zweite Internationale Schulungswoche für studentische Selbsthilfearbeit in Dresden durch, ferner in Warschau eine internationale Tagung über die Fragen des Studentenhauses. Leider war es im Frühjahr 1930 nicht mehr länger möglich, die zur selbständigen Führung des Instituts benötigten Geldmittel aus Deutschland von seiten des Weltstudentenwerks weiter zu beschaffen. Mit tiefem und aufrichtigem Bedauern mußte deshalb das Deutsche Studentenwerk dem Vorschlag des Weltstudentenwerks zustimmen, das Institut in Dresden aufzulösen und seine Arbeiten am Sitz des Weltstudentenwerks in Genf als eine Abteilung für studentische Selbsthilfe weiterzuführen.

Zusammenarbeit mit anderen Organisationen

Auch mit zahlreichen anderen Organisationen bestand eine enge Zusammenarbeit, so vor allem auf dem Gebiet der Krankenfürsorge mit dem Zentralkomitee zur Bekämpfung der Tuberkulose und auf dem Gebiet des Amerika-Werkstudenten-Dienstes mit dem Verein Deutscher Ingenieure und dem Reichsverband der Deutschen Industrie.

Allen diesen Organisationen, die durch ihre Mitarbeit die Aufgaben des Deutschen Studentenwerks wesentlich gefördert haben, sei auch an dieser Stelle aufrichtig gedankt.

Freunde und Förderer der Arbeit

Wer waren die wichtigsten Träger und Freunde dieser Arbeit in den abgelaufenen Jahren?

An erster Stelle sind hier wiederum wie in vergangenen Jahren zu nennen die zahllosen studentischen Helfer und die Mitarbeiter, die dauernd oder für längere oder kürzere Zeit in dieser Arbeit ihr Wirkungsfeld gefunden haben. Ohne die unermüdliche Hilfe und Mitwirkung dieser aus der Studentenschaft und den Jungakademikern sich immer erneuernden Scharen wäre die Arbeit nicht das, was sie war, ist und sein soll: eine studentische Selbsthilfearbeit in dem Sinne, daß die Studentenschaft aus ihren Reihen und aus den Reihen ihrer Freunde heraus selbst die Kräfte stellt, die einen großen und wesentlichen Teil der Arbeit leisten. Mag auch der Anteil dieser Gruppe von Ort zu Ort und von Jahr zu Jahr wechseln: gerade dieser Teil der Träger der Arbeit verleiht ihr immer wieder neue Stoßkraft und Frische und bewahrt sie vor der Gefahr der Erstarrung. —

Mit Freuden kann festgestellt werden, daß der Anteil, den die Hochschullehrer an der Arbeit nahmen, gewachsen ist. An vielen Orten zählt unsere Bewegung gerade unter den Professoren Freunde, die mit einer ganz ungewöhnlichen Hingabe und Dienstbereitschaft sich dieser neuen Funktionen im weiteren Umkreise der Hochschule angenommen haben. Der Verband der Deutschen Hochschulen hat sich um die Stärkung dieser Beziehungen ein besonderes Verdienst erworben. —

Die „dritte Säule" unserer Arbeit, die Freunde aus dem öffentlichen und wirtschaftlichen Leben, zählt ebenfalls noch eine große Zahl besonders treuer und eifriger Männer, die sich um die Arbeit ganz besonders verdient gemacht haben. Es muß aber mit aufrichtigem Bedauern festgestellt werden, daß die Zahl dieser Männer nicht gewachsen ist. Die wachsenden Schwierigkeiten des öffentlichen und wirtschaftlichen Lebens und die dadurch erzeugte höhere Beanspruchung mag hier ein Teil der Ursachen sein. Es ist zu hoffen, daß diese für die ganze Arbeit so überaus wichtige Anteilnahme dieser Persönlichkeiten in Zukunft wieder wachsen möge.

Reich und Behörden

Zu größtem Dank verpflichtet ist unser Werk jetzt wie früher dem Staate für vielfache Hilfe und Förderung sowie den Unterrichtsministerien der Länder, in erster Linie aber der Reichsregierung, dem Reichsrat und dem Reichstag. Das Reich hat auch in diesen Jahren wieder, mit Zustimmung fast aller Parteien trotz der wachsenden Schwere der Zeit mit einer weitgehenden Einmütigkeit aller beteiligten Ministerien, ihrer Minister und Beamten, den größten Teil der Mittel für diese Arbeit bereitgestellt.

Im besonderen Maße gilt der Dank für diese so weitgehende Unterstützung unserer Arbeit dem Reichsministerium des Innern, das mit tiefem Verständnis für die besonderen Aufgaben und die Eigenart unserer Arbeiten ständig nicht nur die Bereitstellung der Geldmittel, sondern weit darüber hinaus durch seine Minister und seine zuständigen Beamten ratend und helfend an der Arbeit teilgenommen und sie dadurch auf das wertvollste gefördert hat.

Das Reich hat damit die Grundlage zur Lösung einer in Notzeiten besonders wichtigen kultur- und sozialpolitischen Aufgabe geschaffen, die in der Zukunft reiche Früchte tragen wird.

Einen Höhepunkt dieser Anteilnahme des Reiches stellte die Feier dar, die am 8. März 1931 aus Anlaß des zehnjährigen Bestehens des Deutschen Studentenwerks im Reichstage abgehalten wurde und bei der Reichskanzler Dr. Brüning, der selbst von den ersten Anfängen der Arbeit an mit ihr verbunden war, nach der Verlesung eines Glückwunschschreibens des Herrn Reichspräsidenten v. Hindenburg in seiner Rede zu den Problemen der Arbeit Stellung nahm[1]) und die weitere Hilfe des Reiches zusagte.

Tagungen

In den gleichen Tagen fand in Berlin die Verwaltungsratssitzung des Deutschen Studentenwerks statt, nachdem am 26. 10. 28 in Berlin und am 20.—24. 10. 29 in Würzburg Verwaltungsratssitzungen und Mitgliederversammlungen über die wichtigen Fragen der Arbeit stattgefunden hatten. Mit der Verwaltungsratssitzung in Würzburg war eine Arbeitstagung verbunden, bei der u. a. über die Frage der

[1]) Vgl. „Studentenwerk" Jg. V, Heft 2: Reichskanzler Dr. Brüning: „Not und Dienst — ein Wort an die akademische Jugend Deutschlands."

Intensivierung der Arbeit auf dem Gebiete der Einzel- und Krankenfürsorge wichtige Beschlüsse gefaßt wurden. Die Verwaltungsratssitzung und Mitgliederversammlung in Würzburg hat eine besondere Bedeutung, weil auf dieser Tagung der bisherige Name „Wirtschaftshilfe der Deutschen Studentenschaft" in „Deutsches Studentenwerk" geändert wurde.

In zahlreichen kleinen regionalen und zentralen Aussprachen mit den örtlichen Mitarbeitern wurde immer wieder mit Erfolg versucht, die Erfahrungen auszutauschen und gemeinsam wichtige neue Linien der Arbeit zu finden. Regionale Besprechungen fanden in der Berichtszeit in Koburg vom 29.—31. Juli 1928, in Manderscheid vom 15.—17. Mai 1929, ferner in Eisenach vom 6.—9. Januar 1930 statt. In der letzten Zeit haben wiederholt Arbeitsbesprechungen über die verschiedensten Gebiete in kleinerem Kreis in Oberbärenburg stattgefunden, an denen Professoren, studentische Mitarbeiter und Geschäftsführer teilnahmen.

Finanzierung

Die Finanzierung der studentischen Wirtschaftsarbeit örtlich und zentral hat sich in der Berichtszeit nicht wesentlich geändert. Die örtlichen Wirtschaftskörper müssen nach wie vor versuchen, den größten Teil ihres Mittelbedarfs durch Beiträge der Studentenschaft und der Mitglieder und durch Werbung in privaten und Wirtschaftskreisen, sowie durch Beihilfen ihrer Landesregierungen, der Städte und Landkreise ihrer Umgebung zu decken. Außerdem erhalten sie vom Deutschen Studentenwerk insbesondere für die Zwecke der Begabtenförderung und Krankenfürsorge in jedem Semester regelmäßige Zuweisungen. Ferner ist es eine unerläßliche Aufgabe der Zentrale, den örtlichen Wirtschaftskörpern für die Durchführung einmaliger besonders großer Aufgaben, wie z. B. Errichtung von Studentenhäusern, Ausbau von Speisungen und Studienheimen, Mittel bereitzustellen.

Das Deutsche Studentenwerk erhält den größten Teil seiner Mittel vom Reich, ferner durch Beiträge der Studentenschaft und Spenden und Beiträge aus privaten und Wirtschaftskreisen und öffentlichen Körperschaften.

Die ständig wachsenden Arbeitsaufgaben und die zunehmende Verschärfung der wirtschaftlichen Lage der Studierenden machten es erforderlich, die Bemühungen, aus privaten Kreisen, insbesondere der Wirtschaft, Spenden und Beiträge zu erhalten, so stark wie möglich zu intensivieren. Durch laufende Unterrichtung der Oeffentlichkeit[1]) durch Presse, Vorträge und Rundfunk, ferner durch zahlreiche mündliche Verhandlungen mit verschiedenen Wirtschaftskreisen und Wirt-

[1]) Ueber die Entwicklung des eigenen Schrifttums vergleiche den Abschnitt „Schrifttum", Seite 77 ff.

schaftsführern wurde immer wieder versucht, den Fördererkreis für das studentische Selbsthilfewerk zu erweitern und zu verstärken. Bei allen diesen Bemühungen waren wir besonders darauf bedacht, auch die örtlichen Bemühungen, für bestimmte Aufgabengebiete dringend notwendige Mittel aufzubringen, so nachdrücklich wie möglich zu unterstützen. Die Studentenhilfen, die sich entschlossen hatten, ihre Studentenhauspläne zu verwirklichen, waren darauf angewiesen, einen großen Teil der Mittel, die der Bau und die Einrichtung der Häuser erforderte, durch Spenden aufzubringen. Recht ansehnliche Beträge sind für diesen besonderen Zweck von der privaten Wirtschaft, Einzelpersönlichkeiten und auch öffentlichen Körperschaften auch in der Berichtszeit bereitgestellt worden.

Ganz besondere Erwähnung verdient die Tatsache, daß einzelne Persönlichkeiten, die vielfach nicht genannt sein wollen, große Summen bereitstellten, um besondere Einrichtungen im Rahmen der studentischen Selbsthilfearbeit zu ermöglichen. Aehnlich wie Geheimrat Duisberg im Jahre 1927 anläßlich des 400jährigen Bestehens der Universität Marburg dem Studentenheim Marburg e. V. das Studentenwohnheim „Dr.-Carl-Duisberg-Haus" stiftete, hat ein Münchner Gönner dem Verein Studentenhaus München RM 200 000,— zur Verfügung gestellt zum Ausbau und zur Einrichtung eines Studentinnenwohnheims. Ebenso konnte an der Technischen Hochschule in Braunschweig ein Studentenhaus angekauft, umgebaut und eingerichtet werden ausschließlich durch die persönliche Stiftung eines Gönners und Freundes der Studentenschaft, der ebenfalls ungenannt bleiben will. Auch die Errichtung des Studentenhauses an der Universität Greifswald wurde in erster Linie durch großzügige private Stiftungen ermöglicht. Diese großen Stiftungen einzelner Persönlichkeiten verdienen, in der gegenwärtigen Zeit besonders erwähnt zu werden, da sie zeigen, daß die akademische Jugend durch ihre Arbeit auf diesem Gebiet es verstanden hat, verständnisvolle und opferbereite Persönlichkeiten für sich zu gewinnen.

Besonders erfreulich ist die Tatsache, daß in wachsendem Maße junge Akademiker, die dem Deutschen Studentenwerk, seiner Studienstiftung, der Darlehnskasse oder der Studienförderung der Studentenhilfen den Abschluß des Studiums verdanken, auch wenn sie selbst noch über ein beschränktes Einkommen verfügen, Mitglieder des Deutschen Studentenwerkes werden und sich zu laufenden Beiträgen freiwillig bereit erklären. Schon über 400 ehemalige Darlehnsnehmer, die bereits ihr Darlehn völlig getilgt haben, ebenso zahlreiche Mitglieder der Studienstiftung und Amerika-Werkstudenten zählen wir zu unserem Fördererkreis. Darüber hinaus ist schon jetzt das erfreuliche Ergebnis zu verzeichnen, daß einzelne, die bereits eine besonders günstige Berufsstellung trotz ihrer Jugend erreicht haben, uns einmalige Spenden, die in einzelnen Fällen mehrere hundert Reichsmark betragen, für die Zwecke der Begabtenförderung zur Verfügung stellen.

Diese Vorgänge berechtigen zu der Hoffnung, daß trotz der Notzeit die Zahl derjenigen wachsen wird, die bereit sind, die Mitverantwortung für dieses dem gesamten Volk dienende Werk auf sich zu nehmen. So erklärt es sich auch, daß der Fördererkreis des Deutschen Studentenwerks in den Berichtsjahren weiter gewachsen ist, und zwar auf 2500 Persönlichkeiten und Körperschaften. Von diesen haben über 1600 die Mitgliedschaft erworben, während die übrigen sich bereit erklärten, die Arbeit laufend durch finanzielle Beiträge zu unterstützen. Der Gesamtfördererkreis in Deutschland, also einschließlich der örtlichen Wirtschaftskörper, dürfte sich jetzt auf 35 000 Körperschaften und Einzelpersonen beziffern.

Insgesamt erhielt das Deutsche Studentenwerk (Wirtschaftshilfe der Deutschen Studentenschaft) im Jahre:

1928/29	Beihilfen des Reiches . . .	RM	2 837 000,—
	Studentenschafts-Beiträge . .	„	88 538,—
	sonstige Spenden und Beiträge	„	268 073,—
		RM	3 193 611,—
1929/30	Beihilfen des Reiches . . .	RM	1 860 110,—
	Studentenschafts-Beiträge . .	„	127 861,—
	sonstige Spenden und Beiträge	„	208 565,—
		RM	2 196 536,—
1930/31	Beihilfen des Reiches . . .	RM	1 678 500,—
	Studentenschafts-Beiträge . .	„	134 693,—
	sonstige Spenden und Beiträge	„	253 610,—
		RM	2 066 803,—

Die erhöhten Zuwendungen des Reiches im Jahre 1928/29 waren in erster Linie zweckbestimmt für die Durchführung des Baues von Studentenhäusern. Durch die Verschlechterung der allgemeinen Wirtschaftslage mußte in der jüngsten Vergangenheit aus Mangel an Mitteln selbst von den allerdringlichsten Neu- und Umbauten fast völlig abgesehen werden.

Trotz nachhaltiger Bemühungen sind die Spenden insbesondere aus Kreisen der Wirtschaft in den letzten Jahren gesunken, und nur mit nachdrücklicher Unterstützung unserer Freunde aus dem Wirtschaftsleben wird es möglich sein, diesen Anteil unserer Mittel wieder zu steigern; denn gerade in der gegenwärtigen Zeit, wo insbesondere die Mittel des Reiches zurückgehen und für die dringendsten Ansprüche nicht mehr genügen, sind wir in besonderem Maße auf die Spenden aus privaten und Wirtschaftskreisen angewiesen.

Ueber die Verteilung und Verwendung dieser Mittel im einzelnen finden sich nähere Angaben im X. Teil dieses Berichtes (Finanzen).

Die Organe

In den Organen des Deutschen Studentenwerks haben sich in den Berichtsjahren eine Reihe von Veränderungen vollzogen. Wir beklagen den Verlust unserer Verwaltungsratsmitglieder Geh. Baurat Dr. G. Lippart und Geheimrat H. Dietrich, die sich stets sehr nachdrücklich für das Werk eingesetzt haben. Ausgeschieden ist Geheimrat Dr. Alfred Hugenberg.

Im übrigen wurden in der Berichtszeit in den Verwaltungsrat neu hinzugewählt:

Reg.-Präsident Roland Brauweiler, Berlin,
Prof. Dr. Victor Bruns, Berlin,
Karl Hepp, Präsident des Reichslandbundes, Berlin,
Dr. Jakob Herle, Geschäftsführer des Reichsverbandes der Deutschen Industrie, Berlin,
Bergassessor Dr. Karl Hölling, Berlin,
Reichsbankpräsident Dr. Hans Luther, Berlin,
Prof. Dr. Carl Matschoß, Berlin,
Oberreg.-Rat Dr. Dr. Adolf Morsbach, Berlin,
Dr. Oskar Mulert, Präsident des Deutschen Städtetages, Berlin,
Dr. Julius Ferdinand Wollf, Dresden.

Dem Vorstand des Deutschen Studentenwerks gehörten an:

a) als nichtstudentische Mitglieder während der ganzen Berichtszeit:

Prof. Dr. W. Schlink, Darmstadt, als Vorsitzender,
Reichsminister a. D. Dr. J. Becker, Darmstadt,
Geheimrat Prof. Dr. C. Duisberg, Leverkusen,
Direktor Dr. E. G. v. Stauß, Berlin.

Durch Beschluß der Mitgliederversammlung vom 26. 10. 1928 wurde der Vorstand auf 9 Mitglieder erweitert und als weiterer Dozent Professor Dr. F. Tillmann, Bonn, hinzugewählt.

b) als studentische Mitglieder:

Bis 24. 10. 1928:

Dr. Hellmut Herbst, Königsberg,
cand. phil. Hanns Streit, Berlin,
Ref. Ulrich Kersten, Berlin,
cand. iur. Walter Schmadel, Berlin;

vom 25. 10. 1928 bis 24. 10. 1929:
Dipl.-Ing. Werner Krone, Danzig,
Ref. Theodor Pfizer, Tübingen,
cand. iur. Walter Schmadel, Berlin;

vom 25. 10. 1929 bis 10. 3. 1931:
Dipl.-Ing. Werner Krone, Danzig,
cand. iur. Hans Link, Berlin,
Dr. Erich Hoffmann, Berlin,
Ref. Hans-Heinr. Schulz, Berlin;

ab 11. 3. 1931:
cand. chem. Johs. Pieper, Leipzig,
cand. mach. Otto Stiebeling, Hannover,
Ref. Hans-Heinr. Schulz, Berlin,
Ref. Konrad Welte, München,

Dem Beirat, der an den Sitzungen des Vorstandes mit beratender Stimme teilnimmt, gehörten an:

Bis 24. 10. 1928:
Dr. Baak, Münster,
Dipl.-Ing. Krone, Danzig,
Dr. Mitgau, Heidelberg,
stud. iur. Renger, Leipzig,
Dipl.-Ing. Ulrich, Darmstadt;

vom 25. 10. 1928 bis 24. 10. 1929:
Frl. Gallmeister, Berlin,
Dr. Herbst, Königsberg,
cand. med. Küter, Jena,
Dr. Menzel, Charlottenburg,
Dr. Stockhausen, Bonn;

vom 25. 10. 1929 bis 10. 3. 1931:
Frl. Grosse-Worthmann, Marburg,
Dr. Hacker, Göttingen,
Dr. Herbst, Königsberg,
Dr. Menzel, Charlottenburg,
cand. iur. Schmadel, Dresden;

ab 11. 3. 1931:
cand. iur. Eilert, Halle,
Dr. Epting, Tübingen/Genf,
Dr. Herbst, Königsberg,
Dr. Menzel, Charlottenburg,
cand. iur. Michel, Berlin.

Am Ende der Berichtszeit ist Herr Professor Dr. Wilhelm Schlink, Darmstadt, vom Vorsitz zurückgetreten, den er 6 Jahre innegehabt hat. Auch an dieser Stelle ist es uns ein dringendes Bedürfnis, ihm für seine hingebende Arbeit herzlichst zu danken.

Geschäftsführung

In der Geschäftsführung sind in der Berichtszeit ebenfalls zahlreiche Veränderungen eingetreten:

Oberstudiendirektor Paeckelmann, der vom Preuß. Kultusministerium einen längeren Urlaub erbeten hatte, um die Leitung der Studienstiftung zu übernehmen, ging nach zweijähriger Tätigkeit wieder in den Schuldienst zurück. An seine Stelle trat ab 1. 5. 1928 Dr. Wilhelm Hoffmann, der bereits als Leiter der Tübinger Studentenhilfe und auch in der Geschäftsstelle des Deutschen Studentenwerks tätig war. Ihm zur Seite standen: Dr. Friedrich Kreppel, der am 30. 4. 1930 ausschied, und außerdem ab 1. 10. 1929 Referendar Ewald Renger. Dieser hat seit Herbst 1930 den wegen Krankheit beurlaubten Dr. Hoffmann vertreten. Die zweite Referentenstelle in der Studienstiftung wurde vorübergehend von Fräulein cand. phil. Margarete Grosse-Worthmann verwaltet, und vom 1. 5. 1930 an von Fräulein cand. phil. Nina Baring. Ebenso schied am 31. Dezember 1929 Dr. Robert Tillmanns nach fast neunjähriger Tätigkeit im Deutschen Studentenwerk aus, um in den preußischen Staatsdienst überzutreten. Das Deutsche Studentenwerk hat seinen großen Verdiensten um die Arbeit dadurch sichtbaren Ausdruck verliehen, daß es ihn bei seinem Ausscheiden zum Ehrenmitglied ernannte. Das Referat Wirtschaftskörper, das Dr. Tillmanns seit Beginn der Arbeit geführt hatte, übernahm der frühere Leiter des Berliner Studentenwerks e. V.: Dr. phil. Hanns Streit. Als Referent in der gleichen Abteilung war in der Berichtszeit Dr. Wilhelm Wiedemann tätig, der am 30. 9. 1930 ausschied. An seine Stelle trat Dipl.-Kaufmann Kurt Wilhelm. Aus der Leitung des Amerika-Werkstudenten-Dienstes schied kurz nach Ende der Berichtszeit Dr. Fritz Bredemann aus, der dieses Arbeitsgebiet im Jahre 1928 übernommen hatte. Von einer Neubesetzung dieses Postens wurde aus Ersparnisgründen abgesehen. Ihm zur Seite standen vorübergehend Dipl.-Volkswirt Friedrich Bode und Dipl.-Wirtschafter Fritz Lechleuthner. Die Leitung des New Yorker Büros lag bis zum 1. Februar 1930 in den Händen von Dr. Kurt Bartusch, dessen Nachfolger Dipl.-Ing. Herbert Böhmer wurde. Vom 1. Dezember 1930 an mußte dieser Posten aus Ersparnisgründen aufgegeben werden. Die laufenden Arbeiten werden von einer erfahrenen Sekretärin ausgeführt.

Allen, die in dieser Berichtszeit in der Geschäftsführung des Deutschen Studentenwerks mitgewirkt haben, sei auch an dieser Stelle aufrichtig gedankt.

II. Die örtlichen Wirtschaftskörper.

Die örtlichen Studentenhilfen sind in der großen Mehrzahl eigene Rechtskörper, zumeist eingetragene Vereine, deren Aufgaben und Arbeiten einen Querschnitt durch alle Aufgaben und Arbeiten der studentischen Wirtschaftsarbeit überhaupt darstellen. Sie bilden die Grundlage der Gesamtorganisation, und eine Betrachtung in diesem Rahmen kann nicht die Berichterstattung dieser Arbeitsstellen ersetzen, die von ihnen selbst jährlich an die Oeffentlichkeit ergeht. Deren Zusammenfassung erst würde den rechten Einblick in die Art und den Umfang aller Aufgaben und Sorgen schaffen, die den örtlichen Studentenhilfen zur Ueberwindung der ärgsten studentischen Not an den deutschen Hochschulen erwächst.

Aus den Erfahrungen der Gründungs- und ersten Arbeitsjahre der örtlichen Wirtschaftskörper heraus hat der Verwaltungsrat des Deutschen Studentenwerks im Oktober 1928 nunmehr feste Richtlinien für die Anerkennung der Wirtschaftskörper aufgestellt, um ihren Aufbau und ihre Arbeit in eine eindeutige und allgemein gültige Fassung zu bringen, die der Gesamtorganisation den einheitlichen Rahmen sichert. Der Wortlaut dieser Richtlinien ist im Anhang (Anlage 3) abgedruckt.

Die Zahl der selbständigen anerkannten Wirtschaftskörper, die Mitglieder des Deutschen Studentenwerks sind, hat sich in der Berichtszeit von 46 auf 47 erhöht. Mit den 5 studentischen Wirtschaftsämtern kleinerer Hochschulen umfaßt die Gesamtorganisation nunmehr 67 Hochschulen. Der Wirtschaftskörper an der Technischen Hochschule in Braunschweig ist im August 1928 als Studentenhilfe Braunschweig, e. V., gebildet worden. Unter dem Namen Schleswig-Holsteinische Studentenhilfe, e. V., ist Anfang 1929 die bisher nicht rechtsfähige Schleswig-Holsteinische Studentenhilfe mit dem Wirtschaftskörper der Universität Kiel, e. V., vereinigt und als Wirtschaftskörper der Universität Kiel anerkannt worden. Nach langen Bemühungen ist auch die bisherige Wirtschaftshilfe der Studentenschaft der phil.-theol. Hochschule Bamberg im Winter-Semester 1930/31 zur Studentenhilfe Bamberg, e. V., umgewandelt und vom Vorstand des Deutschen Studentenwerks als Wirtschaftskörper anerkannt worden. Die äußere organisatorische Entwicklung der Wirtschaftskörper ist allmählich zu einem gewissen Abschluß gelangt, die nur noch in Einzelfällen Veränderungen zuläßt. In Heidelberg, Freiburg und Köln z. B. ist Mensa und Wirtschaftskörper noch nicht in der engen Verbindung, die erfahrungsgemäß hinsichtlich Verwaltung und Werbung für beide Teile die vorteilhafteste ist. Bei den Wirtschaftskörpern mit Studentenhäusern, Heimen und eigenen Speisungsbetrieben hat sich die Arbeit weiterhin konsolidiert; die vorwiegend auf fürsorgerische Arbeiten eingestellten Wirtschaftskörper sind verständlicherweise von der allgemeinen Notlage stärker in Mitleidenschaft gezogen worden[1]).

Speisungen

Die Speisungen stehen ihrer Bedeutung nach weiterhin im Vordergrunde der örtlichen Arbeit. Gegen Ende der Berichtszeit bestanden Studentenspeisungen in 34 deutschen Hochschulstädten mit 49 Hochschulen. Technische Hochschule und Tierärztliche Hochschule in Hannover sowie Universität und Technische Hochschule Breslau hatten getrennte Speisungen; in Berlin gab es für 9 Hochschulen (davon 4 Kunsthochschulen) 10 Speisungen.

Die Summen der von allen Speisungen im Tagesdurchschnitt ausgegebenen Mahlzeiten betrugen in runden Zahlen:

	Mittagessen	Abendessen
S. S. 1928	20 000	6 100
W. S. 1928/29	20 200	6 080
S. S. 1929	22 700	6 800
W. S. 1929/30	22 000	6 720
S. S. 1930	22 800	6 840
W. S. 1930/31	22 000	6 240

Die Summe der an einem Tage ausgegebenen Mahlzeiten ist im Verlaufe der sechs Semester um 14 % gestiegen.

Am Mittagstisch der Mensen nahm während der drei Berichtsjahre fast jeder 5., am Abendtisch während der ersten beiden Jahre jeder 13. Student, im 3. Jahre jeder 18. Student teil. Vergleicht man diese Zahlen mit denen von früheren Jahren, so muß man feststellen, daß kein Rückgang der prozentualen Frequenz eingetreten ist.

Von diesen Durchschnittsfrequenzprozentsätzen von etwa 19% und 7% bestehen örtlich viele und große Abweichungen. — Für den Mittagstisch können Frequenzprozentsätze von 16—25 % als durchschnittlich und normal angesehen werden; sie werden von etwa der Hälfte aller Speisungen erreicht. Rund ein Viertel der Speisungen hat niedrigere, das letzte Viertel höhere Frequenz, und zwar bis zu 43 %. — Beim Abendtisch sind die Abweichungen noch größer.

Die Gründe für diese Abweichungen sind sehr verschieden. Für eine verhältnismäßig niedrigere Frequenz ist vor allem verantwortlich zu machen: ungenügende Größe und mangelhafte Einrichtung

[1]) Ueber wichtige Vorgänge und persönliche Veränderungen bei den Wirtschaftskörpern wird laufend in der Zeitschrift „Studentenwerk" unter der Rubrik „Das Deutsche Studentenwerk teilt mit" berichtet.

der Speisesäle, die das Einnehmen der Mahlzeiten mit großen Unbequemlichkeiten verbinden, und schlechte, bzw. unmoderne Küchentechnik, die die Herstellung des Essens in besonderer Qualität und Abwechslung nicht begünstigt.

Eine genaue Aufstellung der Teilnehmerzahlen und Essenspreise der einzelnen Studentenspeisungen findet sich in Anlage 4.

Der Preis, für den ein Mittagessen im Abonnement zu haben war, beträgt durchschnittlich 60 Pfennig. Dieser Durchschnittspreis hat sich während der sechs letzten Semester gehalten. Es scheint mit diesem Satz ein Preis gefunden worden zu sein, bei dem nach den bisherigen Erfahrungen und bei der gegenwärtigen Wirtschaftslage die Ansprüche und die Zahlungsfähigkeit der Studenten und die Herstellungskosten in einem günstigen Verhältnis zueinander stehen.

Die betriebswirtschaftliche Führung der Studentenspeisungen ist mit großen Schwierigkeiten verknüpft, deren Hauptursache in den großen Schwankungen der Frequenz innerhalb eines Jahres zu suchen ist. In der folgenden Tabelle wird die Tagesfrequenz für den Mittagstisch

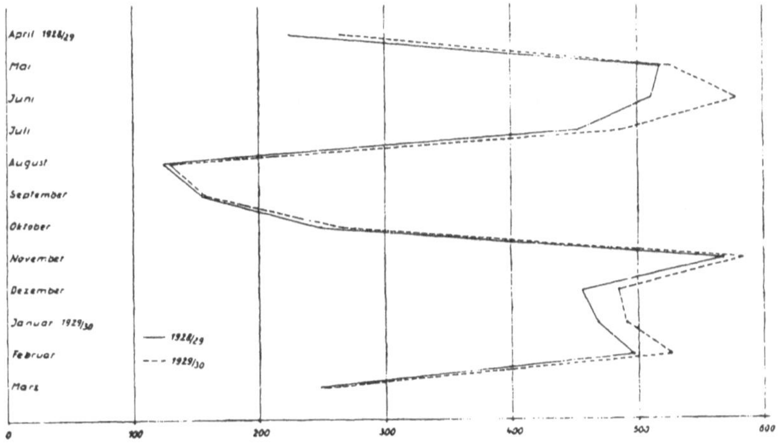

Durchschnitts-Tagesfrequenz für den Mittagstisch aller Speisungen

im Durchschnitt aller Speisungen für die Monate April 1928 bis März 1930 graphisch dargestellt. An der Kurve interessieren neben den großen Unterschieden in der Frequenz der Semester- und der Ferienmonate auch die Schwankungen innerhalb der Semester. Diese sind zum Teil auf den Einfluß der Pfingst- und Weihnachtsferien zurückzuführen. Da der größte Teil der Speisungen in diesen Ferien geöffnet ist, während gleichzeitig ein großer Prozentsatz der Studierenden vom Hochschulort abwesend ist, sinkt die Durchschnittsfrequenz für die betreffenden Monate (besonders im Dezember und Januar). Daneben beeinflußt noch ein anderer Tatsachenkreis den Frequenzverlauf in ungünstigem Sinne: viele Studenten sind nur zu Beginn und vielleicht wieder am Ende des Semesters zum Belegen bzw. Testieren der Vorlesungen am Hochschulorte.

Soll ein Betrieb nicht durch Verluste aufgezehrt werden, so muß der Preis für seine Leistung mindestens deren Kosten decken. Da der Preis für ein Essen nicht den infolge der Schwankungen der Frequenz in den einzelnen Monaten verschieden hohen Kosten angepaßt werden kann, d. h. z. B. nicht während des August (niedrigste Frequenz, höchste Kosten) viel höher sein darf als im November (höchste Frequenz, niedrigste Kosten), sondern während des ganzen Jahres ungefähr gleich hoch bleiben muß, müssen die in den Monaten niedrigerer Frequenz (vor allem in den Semesterferien) entstehenden Verluste durch den Gewinn in den Monaten höherer Frequenz ausgeglichen werden. Die Leitungen der Studentenspeisungen stehen damit vor schwierigen Aufgaben: einerseits müssen sie dem Studenten ein stets gleich nahrhaftes und schmackhaftes Essen zu mäßigem und gleichbleibendem Preise liefern, anderseits müssen die Speisungsbetriebe so geleitet werden, daß sie trotz der in jedem Monat verschieden hohen Frequenz und trotz der schwankenden Preise für die Materialien usw. weder einen Verlust erleiden, noch einen nennenswerten Gewinn abwerfen. Es ist unsere Aufgabe, ihre Betriebsführung, aufbauend auf den bisherigen Erfahrungen und unter Mitwirkung aller Wirtschaftskörper, immer weiter zu vervollkommnen mit dem Ziele der Steigerung ihrer Leistungsfähigkeit, damit sie ihre soziale Aufgabe immer besser erfüllen können[1]).

In der Berichtszeit ist dieser Aufgabe durch eine Reihe von Unterstützungen zum Ausbau der Küchen- und Speisungseinrichtungen Rechnung getragen worden, so in Heidelberg, Charlottenburg, Breslau T. H., Hohenheim, Königsberg, Tübingen, Leipzig und Hannover, wo für die Tierärztliche Hochschule in Verbindung mit einer Sporthalle eine Speisung geschaffen werden konnte, die bereits zum Charakter des Studentenhauses überleitet. Die Erneuerung der Küche in Königsberg stellt den ersten Abschnitt eines General-Umbauplanes der Palästra Albertina dar. In Leipzig wurde eine Mensazweigstelle im medizinisch-naturwissenschaftlichen Viertel errichtet

[1]) Zu diesem Zwecke werden auch die monatlichen Speisungsberichte der Wirtschaftskörper in Untersuchungen über wichtige Einzelfragen des studentischen Speisungswesens ausgewertet. Die seit Dezember 1930 erscheinende „Umschau in der studentischen Selbsthilfearbeit — Erfahrungen, Versuche, Ratschläge" widmet sich auch besonders der Aufgabe, die Betriebsführung der Studentenspeisungen zu fördern, siehe z. B. „Die Studentenspeisungen I, Preis und Besuch" in Nr. 1 der Umschau vom Dezember 1930 und „Die Studentenspeisungen II, die Kosten als Funktion der Frequenz" in Nr. 2 der Umschau vom Februar 1931.

und so einem großen Teil der Studierenden eine wesentlich günstigere Gelegenheit zur Einnahme des Mittagessens geschaffen. Zugleich wurde die dringend notwendige Erleichterung der Hauptmensa erreicht. Tübingen wurde durch die zentrale Beihilfe die Einrichtung zweier Erfrischungsräume im Universitätsneubau ermöglicht. — Der Bewährung und dem Bau neuer Studentenhäuser in der Berichtszeit muß aus realer Bedeutung heraus ein eigenes Kapitel gewidmet werden, weil in jedem Falle die örtliche Arbeit erst durch ein eigenes Studentenhaus die Grundlage, innerlich und äußerlich, gefunden hat, die dem Umfang und der Bedeutung der ihr gestellten Aufgabe entspricht.

Wohn- und Tagesheime

Trotz der vermehrten Aufmerksamkeit, die den Studentenwohnheimen zugewendet worden ist, hat sich die Errichtung besonderer Studentenwohnheime in der Berichtszeit nicht ermöglichen lassen. Die Finanzkraft war der dringlicheren Aufgabe der Errichtung von Studentenhäusern zugewandt, so daß es bei Planungen oder der Mitarbeit an privaten Projekten blieb. Nur München ist es gelungen, auf diesem Gebiete zwei Erfolge zu erzielen: ein Ausländerheim wurde in Betrieb genommen, die Fertigstellung und Einweihung eines großen Studentinnenwohnheimes steht für den Beginn des Sommer-Semesters bevor. Eine starke Entwicklung hat hingegen die Errichtung von Studentinnentagesheimen genommen. Ueber besondere Einrichtungen dieser Art außerhalb der bestehenden Studentenhäuser haben bei Abschluß der Berichtszeit bereits die Hochschulen Marburg, Kiel, Münster, München, Leipzig, Tübingen verfügt. In den meisten Fällen sind finanzielle Beihilfen von uns dafür bereitgestellt worden. In der ideellen Region hat sich die Meinung völlig vom Studentenheim als Wohnhotel wegentwickelt zum Studienheim, das Studiengang und Gemeinschaftsgeist wirklich zu fördern vermag[1]).

Wirtschaftliche Einrichtungen

Die sonstigen wirtschaftlichen Einrichtungen der Wirtschaftskörper, wie Verkaufsstellen, Wäschereien, Druckereien, Schreibmaschinenstuben usw., die in den Gründungsjahren während der Inflation sehr zahlreich und wirksam waren, sind weiterhin rückläufig geblieben. Besonders an den kleineren Hochschulen haben als Ersatz für Unternehmungen in eigener Regie durch Abkommen mit den Gewerbetreibenden des Ortes diejenigen Verbilligungen gesichert werden können, die für bedürftige Studierende von besonderer Bedeutung sind. Im Sommer-Semester 1928 führten die örtlichen Wirtschaftskörper insgesamt folgende wirtschaftliche Einrichtungen:

---

[1]) Siehe „Studentenwerk", Jg. III, Seite 365 ff. A. v. Zahn-Harnack: „Studentinnenheime" und Seite 255 ff. Prof. H. Gerber: „Studienheime."

47 Speisungen
1 Schneiderei
17 Druckereien
1 Bilderkorrespondenz
17 Büchervermittlungsämter
9 Leihbüchereien
1 Gärtnerei
1 Bettwäscheverleih-Amt
1 Kohlenamt
42 Verkaufsstellen
17 Schuhmachereien
43 Schreibmaschinenstuben
1 Zeitungsausschnitt-Büro
28 Erfrischungsräume
3 Akad. Werkstätten
3 Vergünstigungsstellen
1 Notenverleihamt
1 Lehrmittelamt
25 Näh- und Flickstuben
6 Uebersetzungsbüros
20 Wäschereien
10 Buchbindereien
7 Friseurstuben
2 Schreibmaschinenlehrstuben
1 Wanderamt.

Erwerbschaffende Betriebe

Ein besonderes Wort in dieser Reihe verdienen wiederum die erwerbschaffenden Betriebe, wie Aküdo (Akad. Uebersetzungs- und Dolmetscherbüro), Zeitblick (Zeitungsausschnittsbüro) und die neuerdings in Würzburg und Berlin geschaffenen Führungsdienste, die alle auf der Verbindung zwischen Fachstudium und Werkstudententum beruhen. Selbst wo bei diesen Betrieben die Rentabilität von vornherein nicht völlig gesichert werden konnte, ist ihre Existenz doch von großem Wert, weil, abgesehen von der allgemeinen Förderung der Mitarbeiter, die z. T. nicht unerheblichen Beträge an Honoraren für Studierende, eine wenn auch indirekte, so doch faktische Vermehrung der Fürsorgemittel darstellen.

Diese Möglichkeit zur Streckung der Fürsorgemittel ist den beteiligten Wirtschaftskörpern eine sehr geschätzte Hilfe in der Not, die die Finanzierung der fürsorgerischen Aufgaben überhaupt darstellt. Die Entwicklung dieser Aufgaben und ihre Bearbeitung durch die örtlichen Hilfsstellen in der Berichtszeit muß einem besonderen Abschnitt vorbehalten bleiben.

Finanzierung

Hier soll noch die allgemeine Finanzierung der Wirtschaftskörper betrachtet werden. Die Verantwortung dafür liegt primär bei den Wirtschaftskörpern selbst. Die Aufbringung privater Beiträge und Spenden, aber auch die Sicherung der Beihilfen von Orts- und Landesbehörden ist in der Berichtszeit weiterhin erschwert worden. Um so stärker ist die Leistung einzelner Wirtschaftskörperleitungen in dieser Hinsicht anzuerkennen. Die Geldmittel, die das Deutsche Studentenwerk, abgesehen von Studienstiftung und Krankenfürsorge, den Wirtschaftskörpern zur Verfügung gestellt hat, über die Anlage 5 eine genaue Uebersicht bietet, betrugen:

a) durch Allgemeinverteilungen, die nach Maßgabe der Studierendenziffern zweimal je Semester durchgeführt werden:

DAS BRAUNSCHWEIGER STUDENTENHAUS:
Blick ins Musikzimmer Garten und Bootsanlegeplatz

DAS DARMSTÄDTER STUDENTENHAUS
nach den Umbauten und Erweiterungen

DAS HALLISCHE STUDENTENHAUS
in seiner neuen Gestalt

im Jahre 1928/29	RM	400 000,—
„ „ 1929/30	„	400 000,—
„ „ 1930/31	„	400 000,—,

b) als Sonderüberweisungen für bestimmte Zwecke (Speisungseinrichtungen, Studentinnentagesheime usw.):

im Jahre 1928/29	RM	116 000,—
„ „ 1929/30	„	112 850,—
„ „ 1930/31	„	87 500,—

Die Einzelheiten über die Geldmittelverteilungen sind im Abschnitt Finanzen behandelt.

Außer den angeschlossenen Wirtschaftskörpern wurden in der Berichtszeit wiederum die Theologische Schule in Bethel und das Christian-Albrecht-Haus in Kiel durch Zuwendungen in ihren sozialen Aufgaben gestützt. Der Abmachung mit dem Reichsministerium des Innern entsprechend wurden dem Reichsbund Deutscher Kunsthochschüler wiederum Mittel für Unterstützungszwecke zur Verfügung gestellt, und zwar:

1928	RM	36 000,—
1929	„	36 000,—
1930	„	26 000,—.

Grenzlandarbeit

Die Grenzlandarbeit hat weiterhin durch Bereitstellung von Studentenschaftsbeiträgen gefördert werden können. Während die österreichischen Wirtschaftskörper finanziell selbständig wurden, mußte dem Aufbau der studentischen Wirtschaftsarbeit in Riga und Dorpat weiterhin starke Hilfe geliehen werden. Mehr als dem Unterstützungswesen wird allmählich die Aufmerksamkeit der Errichtung von Gemeinschaftsräumen für die deutschen Studierenden der östlichen Länder zugewendet. Die Schaffung von Gelegenheiten für gemeinsame Speisung und Geselligkeit wird dort allgemein als dringlichste Aufgabe empfunden. Wir haben bereits in mehreren Fällen finanziell und beratend mitwirken können. Auch die Pflege des Studiums „Reichsdeutscher“ in Danzig und Königsberg hat aus unseren Mitteln und aus sehr dankenswerten Sonderbeihilfen des Reichsministeriums des Innern weiter betrieben werden können.

III. Studentenhäuser.

Im Bericht über die Jahre 1926/28 ist zum ersten Male den Studentenhäusern ein eigener Abschnitt gewidmet und in ihm über die dringende Notwendigkeit und über das Ideal des Studentenhauses, aber auch über die großen Schwierigkeiten finanzieller Art, die sich der Durchführung dieser Pläne entgegenstellten, berichtet worden. Nur in einigen Fällen konnte an die praktische Verwirklichung gegangen und demgemäß über wenige Häuser berichtet werden. Gegen Ende der letzten Berichtszeit trat die deutsche Studentenhausbewegung jedoch in ihr zweites Stadium ein, das durch größere Bautätigkeit gekennzeichnet ist.

Die Reichsmittel für Studentenhäuser

Aus der für das Geschäftsjahr 1928/29 verfügbaren Summe von RM 1 230 000,— wurde der Bau von 14 Studentenhäusern unterstützt. Für 1929/30 stellte das Reich keine gesonderten Mittel für Studentenhausbauten zur Verfügung. Daher mußten von seinen Zuwendungen zunächst die für alle übrigen Verwendungszwecke notwendigen Beträge festgelegt werden, ehe aus dem verbleibenden Rest Mittel für Studentenhäuser verteilt werden konnten. Im Juli 1929 und Januar 1930 erfolgten dringend notwendige Bewilligungen in Höhe von zusammen RM 332 000,— für acht von den 14 Studentenhäusern, für die bereits im Vorjahre Mittel bereitgestellt worden waren, zur restlichen Finanzierung dieser Bauten. Die Auszahlung dieser Mittel wurde zum Teil erst im Jahre 1930/31 vorgenommen; neue Bewilligungen erfolgten in diesem Jahre nur in geringem Maße für 2 Studentenhäuser.

Der Studentenhaus-Ausschuß

Die Verteilung dieser Mittel lag dem „Studentenhaus-Ausschuß" der Wirtschaftshilfe ob, der zu diesem Zwecke konstituiert wurde. Er bestand aus Vertretern des Reiches und der Länder, mehreren Mitgliedern des Vorstandes der Wirtschaftshilfe und Sachverständigen, die an den Sitzungen mit beratender Stimme teilnahmen.

Die Bewilligungen erfolgten nach dem Grundsatz, daß höchstens die Hälfte der erforderlichen Bausumme aus Reichsmitteln gegeben wurde, nachdem die Aufbringung des größeren Teiles durch Spenden und Hypotheken von Ländern, Städten und privaten Kreisen gesichert war. Die „Studentenhausdarlehen aus Reichsmitteln" werden als Hypotheken eingetragen, die nur kündbar sind, wenn die Führung des Hauses den allgemein gültigen und verbindlichen Richtlinien nicht mehr entspricht. Sie sind mit 1 % zu verzinsen. Die Zinsen werden zur wirtschaftlichen Sicherung des Studentenhausgedankens verwandt.

Das neue Deutsche Studentenhaus in Danzig, für das auch noch in dieser Berichtszeit Mittel bewilligt werden mußten, konnte Ende Mai 1928 eröffnet werden. — Der Anbau des Dresdner Studentenhauses, für den RM 30 000,— aus Reichsmitteln gegeben wurden, konnte fast zum gleichen Zeitpunkt in Betrieb genommen werden. — Das für die Zwecke eines Studentenhauses umgebaute Gebäude in Hamburg, für das im April 1928 weitere RM 20 000,— bewilligt wurden, konnte ebenfalls im Mai 1928 eingeweiht werden. Es erfreute sich eines unerwartet großen Besuches, dem es räumlich nicht gewachsen war. Ein Erweiterungsbau wurde daher dringend notwendig, für den nochmals RM 30 000,— aus Reichsmitteln gegeben wurden, und der Ende November 1928 in Betrieb genommen wurde. — In München konnte der großzügige Um- und Ausbau ganz fertiggestellt und das Werk mit der Einweihung des großen Festsaales im November 1928 gekrönt werden. Der Studentenhaus-Ausschuß hat im April 1928 RM 285 000,— für München bewilligt. — Die bereits im letzten Berichte erwähnten Bauten konnten somit alle glücklich vollendet werden. Sie haben sich in dieser Gestalt bewährt und ihre Daseinsberechtigung voll erwiesen. Um- und Ausbauten

In der Berichtszeit wurde durch Bewilligung von Reichsmitteln der Um- und Ausbau zweier bereits im Besitze von Wirtschaftskörpern befindlichen Häusern ermöglicht. Die Hallesche Studentenhilfe war 1926 mit der „Akademischen Speiseanstalt", die die im Kriege von Studenten ins Leben gerufene „Burse zur Tulpe" betrieb, eine Personal-Union eingegangen. Durch Bewilligung eines Studentenhausdarlehns von RM 80 000,— wurde es im Sommer 1928 ermöglicht, die in unmittelbarer Nachbarschaft der Universität gelegene „Burse zur Tulpe" zu einem Studentenhaus auszubauen, das im November 1929 eingeweiht wurde. Zur technischen Vervollständigung der Küche mußten im Januar 1930 nochmals RM 10 000,— bewilligt werden. — In Darmstadt wurde der Plan verwirklicht, die in einer neben der Technischen Hochschule gelegenen Kaserne befindliche Speisung mit Aufenthaltsräumen usw. durch einen Querbau mit der benachbarten Turn- und Festhalle der Hochschule zu verbinden und dadurch einen Gebäudekomplex zu schaffen, der fast alle Teile eines Studentenhauses enthält. Die Wirtschaftshilfe konnte RM 55 000,— aus Reichsmitteln beisteuern.

In drei weiteren Hochschulstädten sind durch den Umbau von gestifteten bzw. gekauften Gebäuden Studentenhäuser entstanden. —

In Braunschweig war Ende 1927 ein sehr geeignetes, in unmittelbarer Nähe der Hochschule gelegenes Haus mit dem notwendigen Betriebskapital zum Zwecke der Einrichtung eines Studentenhauses gestiftet worden. Nachdem der Umbau und die Inneneinrichtung mit Hilfe von RM 60 000,— aus Reichsmitteln durchgeführt worden war, konnte das Studentenhaus im Frühjahr 1930 eingeweiht werden. Das

3*

Studentenhausdarlehn ist im Januar 1931 rückgezahlt worden. Das Studentenheim Rostock erwarb im Frühjahr 1928 zwei zusammenhängende Grundstücke mit mehreren kleinen Gebäuden und schuf daraus durch Um- und Ausbauten ein Studentenhaus, das im Juni 1929 eingeweiht wurde. Aus Reichsmitteln sind RM 70 000,— beigesteuert worden. — In Greifswald ist ein Privathaus durch Um- und Ausbauten zu einem in seiner räumlichen Gestaltung sehr zweckentsprechenden Studentenhaus gestaltet worden. Die Inbetriebnahme und Einweihung erfolgte zu Beginn des Wintersemesters 1930/31. Das hierfür gewährte Studentenhausdarlehn beträgt RM 25 000,—.

Neubauten

Die Reichsmittel ermöglichten in der Berichtszeit weiterhin die Errichtung einer Reihe von Neubauten. — In Würzburg wurde im September 1928 der Grundstein zu einem Studentenhaus gelegt. Der erste Bauabschnitt, der außer der Speisung und den Geschäftszimmern eine Halle und einen Lesesaal umfaßt, wurde im September 1929 in Betrieb genommen. Das dafür bereitgestellte Studentenhausdarlehn beläuft sich auf RM 100 000,—. Im zweiten Bauabschnitt sollen Räume für Leibesübungen und ein großer Versammlungsraum hinzugefügt werden, sobald die notwendigen Mittel vorhanden sind. Dieser zweite Bauabschnitt muß nach Auflage der Stadt, die das Grundstück zur Verfügung gestellt hat, bis 1938 durchgeführt sein. — Das Wirtschaftsamt an der Schlesischen Technischen Hochschule Breslau begann im Sommer 1928 auf einem von der Stadt geschenkten, günstig an der Oder und in der Nähe der Hochschule gelegenen Grundstück den Bau eines Studentenhauses. Zunächst wurde das Sockelgeschoß mit den Bootsräumen für beide Breslauer Hochschulen errichtet und in Betrieb genommen. Im zweiten Bauabschnitt wurden die Speisung, sowie Verwaltungs- und Klubräume hinzugefügt und das ganze Haus im Dezember 1930 eingeweiht. Hierzu sind aus den Reichsmitteln des Jahres 1928/29 RM 130 000,— bewilligt worden, zu denen im Jahre 1929/30 weitere RM 40 000,— hinzugekommen sind. — Nachdem an Karlsruhe im April 1928 RM 130 000,— aus Reichsmitteln zugesagt und für das nächste Jahr weitere RM 70 000,— in Aussicht gestellt worden waren, konnte im Sommer 1928 die Grundsteinlegung zu einem Studentenhaus stattfinden und ein Jahr später das Richtfest gefeiert werden. Die Inneneinrichtung des in bezug auf seine Lage zwischen Hochschule, Sportplatz und Park und bezüglich seiner Größe und Ausstattung idealen Hauses nahm jedoch längere Zeit in Anspruch, so daß die Inbetriebnahme und Einweihung erst zu Beginn des Wintersemesters 1930/31 erfolgte. — In Gießen wurde im Frühjahr 1929 unter Mitarbeit von 40 Werkstudenten mit dem Bau eines großen, sehr schön gelegenen Studentenhauses begonnen, für das der Studentenhaus-Ausschuß RM 200 000,— aus Reichsmitteln bewilligt hatte. Der Hauptteil des Hauses mit der Speisung wurde im November 1930 in Betrieb genommen. Die Einrichtung einiger Räume mußte vorerst noch zurückgestellt werden. — In Jena wurde nach sehr kurzer Bauzeit ein in seiner Gliederung und technischen Gestaltung ganz modernes und auf einem von der Carl-Zeiss-Stiftung geschenkten, herrlich gelegenen Grundstück errichtetes Studentenhaus im Dezember 1930 seiner Bestimmung übergeben. Das darauf ruhende Studentenhausdarlehen aus Reichsmitteln beträgt RM 200 000,—. — In Erlangen ist nach den Plänen des Bausachverständigen des Studentenhaus-Ausschusses, Prof. Carl Sattler, München, ein Studentenhaus errichtet worden, dessen Gliederung und innere Einrichtung besonders anspricht und für das RM 150 000,— aus Reichsmitteln zur Verfügung gestellt worden sind. Die Einweihung konnte ebenfalls im November 1930 erfolgen.

Das Deutsche Studentenwerk konnte weiterhin zum notwendigen Umbau des ältesten deutschen Studentenhauses, der Palästra Albertina zu Königsberg, finanziell beitragen. Durch die Bewilligung von RM 40 000,— wurde es ermöglicht, die gänzlich unzulängliche Küche und die Speisungsräume umzubauen und zu erweitern und so der erhöhten Inanspruchnahme anzupassen. Hiermit ist der erste Abschnitt eines General-Umbauplanes vollendet, durch den in mehreren Abschnitten die gesamte Palästra Albertina zu einem den heutigen Ziffern und Ansprüchen gerecht werdenden Studentenhaus umgeschaffen werden soll.

Erfahrungs-Austausch über Studentenhäuser

Aus diesen Tatsachen geht hervor, welche großen Fortschritte die Studentenhausbewegung in der Berichtszeit gemacht hat[1]). Fast 20 Studentenhäuser bestanden im Wintersemester 1930/31 in deutschen Hochschulstädten zum Wohl der akademischen Jugend. Die zweite Periode der Entwicklung scheint damit abgeschlossen. Bedeutend sind aber die Aufgaben, die in Zukunft noch zu lösen sind. Die Finanzierung und Durchführung des Baues bildet nur den Anfang der Bemühungen und der Sorgen, die mit einem Studentenhaus zusammenhängen. Die laufende Durchführung der Speisung und der übrigen Betriebe, das geistige und gesellige Leben in den Klubräumen, die Veranstaltungen aller Art, die Mitarbeit der Studenten usw. stellen auch den erfahrenen Vorsitzenden und Geschäftsführer immer wieder vor neue Fragen. Das Deutsche Studentenwerk war daher bemüht, die Erfahrungen aller Studentenhäuser zu sammeln und einem möglichst großen Kreis zugängig zu machen. Dieses Ziel verfolgten nicht nur laufende und gelegentliche Mitteilungen und Veröffentlichungen aller Art[2]), sondern auch zwei Arbeitsbesprechun-

[1]) Heft 1 des Jg. V der Zeitschrift „Studentenwerk" ist vorwiegend der Idee des Studentenhauses und den im Jahre 1930 errichteten Studentenhäusern gewidmet.

[2]) Insbesondere bringt die bereits erwähnte „Umschau in der studentischen Selbsthilfearbeit" regelmäßig Beiträge und Material über die gesellschaftliche und wirtschaftliche Führung der Studentenhäuser.

gen der Leiter von Studentenhäusern. Im Oktober 1930 fand in Oberbärenburg bei Dresden eine Tagung der Leiter der bereits längere Zeit bestehenden Studentenhäuser statt, der im Januar 1931 eine Besprechung der Leiter neuer Studentenhäuser folgte. Diese Tagungen sind für alle Beteiligten sehr wertvoll und erfolgreich gewesen, so daß allgemein der Wunsch nach regelmäßigen Wiederholungen besteht. Wertvolle Anregungen erhielt die Arbeit auch auf einer vom Internationalen Institut für studentische Zusammenarbeit des Weltstudentenwerks im Juli 1930 in Warschau veranstalteten Tagung, die den Studentenhäusern gewidmet war, und an der mehrere Geschäftsführer deutscher Studentenhäuser und zwei Mitglieder der Geschäftsführung des Deutschen Studentenwerks teilgenommen haben[1]).

Geplante Häuser

Neben diesem Teil der Arbeit, der der Befestigung und dem Ausbau des bereits Erreichten diente, sind die Pläne und Bemühungen um die Errichtung weiterer Häuser zu erwähnen. Die Zahl der erst zu bauenden Häuser ist groß. Noch sind mehrere große Hochschulstädte ohne Studentenhäuser, die gerade für sie doppelt notwendig sind. — In Berlin ist die Verwirklichung der Pläne in naher Zukunft zu erwarten. Der preußische Staat hat bereits ein Grundstück mit geeignetem Gebäude und großem Garten in günstiger Lage zu den Hochschulen gekauft, das ein der Reichshauptstadt würdiges Studentenhaus werden kann. Die Art der Verwaltung, insbesondere die Beteiligung des Studentenwerk Berlin daran, ist noch nicht geklärt. — In Berlin ist der Bau eines zweiten Studentenhauses für die Technische Hochschule Charlottenburg und die benachbarten Kunsthochschulen erforderlich. Baupläne mehrerer Architekten liegen vor und ein beträchtlicher Baufonds ist angesammelt worden. — In Leipzig werden Pläne erwogen, um ein Studentenhaus in unmittelbarer Nähe der Universität als Hochhaus zu errichten, das mit einem großen Wohnheim für in- und ausländische Studierende verknüpft ist. Die Durchführung dieses Baues würde eine finanzielle Erleichterung dadurch erfahren, daß es während der Leipziger Messe als Messehotel und Ausstellungshaus dienen kann. — In Köln ist die Errichtung eines Studentenhauses dadurch besonders notwendig, daß den Studenten in der Nähe der im Entstehen begriffenen neuen Gebäude für die gesamte Universität eine Gelegenheit zum Speisen und zur Erholung geboten werden muß. — In Münster zwingen vor allem die völlig ungenügenden Verhältnisse der Studentenspeisung, ein bereits im Rohbau fertiges, dem Wirtschaftskörper gehöriges Gebäude als Mensagebäude und späterhin als Studentenhaus aus-

[1]) Einen ausführlichen Bericht bringt in der Zeitschrift „Studentenwerk", Jg. IV, Seite 255 ff. Dr. Streit: „Die internationale Studentenhaustagung in Warschau."

zubauen. — Und schließlich sind die Pläne für die Erweiterung des hauptsächlich der Speisung dienenden Tillmaneum in Bonn zu einem vollständigen Studentenhaus als besonders dringend zu nennen.

Ideelle Bedeutung

Diese Ausführungen zeigen, welch großer Aufwand an Kraft und Geld erforderlich war, um den gegenwärtigen Stand der Studentenhäuser an den deutschen Hochschulen zu erreichen, und daß auf diesem Gebiete noch weitere große Aufgaben der Bewältigung harren. Es scheint am Platze zu sein, die Zweckmäßigkeit und Notwendigkeit dieses Aufwandes zu erweisen. Das bedeutet, eine Antwort auf die Frage zu geben: Erfüllen die bestehenden Studentenhäuser die Erwartungen, die man für sie hegte? Und damit: Welche Bedeutung haben sie tatsächlich innerhalb der Hochschule, besonders für die Studierenden?

Die schon einige Zeit bestehenden Studentenhäuser sind bereits ein wesentlicher Bestandteil des akademischen Lebens in den betreffenden Hochschulstädten, aus denen sie nicht mehr wegzudenken sind. — In vielen Fällen hat die Speisung erst durch das Studentenhaus ihren Charakter der Notstandsküche, die nur vorübergehend Daseinsberechtigung hatte, sowohl in psychologischer wie auch technischer, organisatorischer und ästhetischer Hinsicht in den einer für die Studenten notwendigen Dauereinrichtung gewandelt. Hierdurch und durch die Benutzung der Klub- und Arbeitsräume, die eine Ergänzung der Studentenbuden sind, entsteht den Kommilitonen unmittelbar ein wirtschaftlicher Vorteil. Die Klubräume haben aber eine über die wirtschaftliche hinausgehende kulturelle Bedeutung. Sie bilden den geselligen Mittelpunkt der Studentenschaft, ja oft der ganzen Hochschule. Hier sitzt der Jurist neben dem Naturwissenschaftler, hier spricht der Philologe mit dem Wirtschaftswissenschaftler, hier lernt der junge Kunsthistoriker den zukünftigen Tierarzt kennen. Hier finden sie alle in zwanglosen Unterhaltungen, in Vorträgen von Fachgelehrten, Männern der Praxis und Kommilitonen, in Diskussionsabenden Anregung und Belehrung. Hier kann die unbedingt notwendige Ergänzung des meist so einseitigen Fachwissens gesucht und gefunden werden. Die besonderen, oft sehr zahlreichen Veranstaltungen künstlerischer und gesellschaftlicher Art geben die Möglichkeit zur Betätigung auf diesen wichtigen Lebensgebieten. Das Studentenhaus München gab z. B. im letzten Jahre den Rahmen für 71 größere akademische Veranstaltungen ab, durch die der Kreis seiner Freunde weit über die Studentenschaft hinaus gezogen wurde. Die Studentenhäuser bieten den jungen Menschen auch das Heim, das sie in der Zeit des Uebergangs aus der elterlichen Familie zur Selbständigkeit dringend brauchen, in dessen Gemeinschaft sie sich bilden, erziehen und wachsen können zu harmonischen und starken Persönlichkeiten. Die Professoren nehmen regen Anteil am geistigen und geselligen Leben in den Studentenhäusern und benutzen sie auch zu eigenen Veranstaltungen. — Es ist natürlich, daß die Studenten in dem eigenen Hause sich als Gemeinschaft fühlen und ihr Interesse und ihre Mitarbeit nicht nur für das Haus, sondern auch auf den übrigen Arbeitsgebieten der Wirtschaftskörper steigern. Die Folge ist eine innere Festigung und Intensivierung der gesamten Tätigkeit der Wirtschaftskörper. Gleiche günstige Wirkung hat auch die räumliche Zusammenfassung aller Arbeitsgebiete in einem Hause, die auch das Bestehen und Wirken des Wirtschaftskörpers vor der breiten Oeffentlichkeit deutlich sichtbar macht.

Wenn auch die große Finanznot des Reiches und die katastrophale Wirtschaftslage die Bereitstellung von besonderen Mitteln für die Errichtung von Studentenhäusern jetzt unterbunden hat, so darf doch die Hoffnung nicht aufgegeben werden, späterhin auch diejenigen Hochschulen mit Studentenhäusern auszurüsten, denen es noch daran fehlt. Die großen Möglichkeiten, die dem rechten Studentenhaus in sozialer, wirtschaftlicher, hochschulpolitischer und kultureller Hinsicht innewohnen, lassen schon nach den bisherigen Erfahrungen keinen Zweifel darüber, daß gerade diese Einrichtungen wesentlich dazu beitragen, die studentischen Generationen mit Gemeinschaftsgefühl und Verantwortungsbewußtsein auszustatten, um sie auch über das Berufsfach hinaus zu produktiven Gliedern der Nation zu machen[1]).

---

[1]) In der Zeitschrift „Studentenwerk" sind laufend Einzeldarstellungen über die errichteten Studentenhäuser erschienen. Es sei auf den zusammenfassenden Beitrag von Dr. Tillmanns: „Das deutsche Studentenhaus", im Jg. III, Seite 49 ff., verwiesen.

IV. Werkarbeit — Arbeitsvermittlung.

Auch in der gegenwärtigen Studentengeneration ist der starke Wille lebendig, durch Werkarbeit vor allem während der Ferien, gegebenenfalls auch während des Semesters, sich wenigstens einen Teil der Mittel zum Studium selbst zu verdienen. Während es in den Jahren 1928 und 1929 den Arbeitsvermittlungsämtern der Studentenhilfen noch in größerem Umfang möglich war, den Studierenden vor allem während der Ferien Arbeitsgelegenheiten zu vermitteln, konnte in den Jahren 1930 und 1931 nur ein ganz bescheidener Prozentsatz der arbeitsuchenden Studierenden befriedigt werden[1]). Trotzdem betrug nach der amtlichen Deutschen Hochschulstatistik die Zahl der Studierenden, die während der Herbstferien 1930 werkstudentisch tätig waren, 9897; während des Wintersemesters 1930/31 hatten 6343 Studierende eine bezahlte Nebenbeschäftigung. Zweifellos ist die Gesamtzahl noch größer, als es die amtliche Statistik nachweist, weil erfahrungsgemäß viele Studierende diese Frage auf der Zählkarte nicht mit der genügenden Sorgfalt beantworten.

Im letzten Jahr war es kaum noch möglich, Ferienarbeitsstellen in der Industrie, dem Handel und Banken zu erhalten. Eine Reihe größerer Werke hat bereits vervielfältigte Schreiben hergestellt, in denen sie auf jede Anfrage eines Studenten oder einer Arbeitsvermittlungsstelle mitteilen, daß sie nicht mehr in der Lage sind, Werkstudenten einzustellen. Es blieb deshalb den Arbeitsvermittlungsämtern in größerem Umfang lediglich noch die Möglichkeit, Studenten als Erntehelfer in der Landwirtschaft unterzubringen. Diese Bemühungen wurden nachdrücklich gestützt durch den Reichsbund akademisch gebildeter Landwirte.

Bedauerlicherweise hob die Deutsche Reichsbahngesellschaft im Sommer 1930 eine seit mehreren Jahren von ihr probeweise eingeführte Vergünstigung auf, wonach Werkstudenten, auch bei Ueberschreitung der für die verbilligte Reise in die Heimat festgesetzten Semesterschlußtermine, für die Reise zwischen dem Ort der Werkstudententätigkeit und der Hochschule bzw. der Heimat weitgehende Fahrpreisermäßigung genossen. Wenn die Reichsbahngesellschaft bei

---

[1]) Ueber den Wert erwerbschaffender Betriebe (Aküdo, Führungsdienst u. ä.) für die Schaffung geeigneter Arbeitsgelegenheit siehe „Studentenwerk", Jg. III, Heft 4, Pauls: Werkarbeit in erwerbschaffenden Betrieben. — Jg. V, Heft 4, Kolbenheyer: Mehr Selbsthilfe — Ein Beispiel.

der Aufhebung dieser Maßnahme auf die zahlenmäßig geringe Inanspruchnahme dieser Vergünstigung von seiten der Studierenden hinwies und daraus den irrtümlichen Schluß zog, daß das Bedürfnis nach der von der Reichsbahn getroffenen Regelung in der Studentenschaft nicht mehr vorhanden sei, so übersah sie den wahren Grund für den ungewollten Rückgang: die zwangsweise Einengung der studentischen Werkarbeit durch die Lage des allgemeinen Arbeitsmarktes.

Zusammenarbeit mit der öffentlichen Arbeitsverwaltung

Um die Stellenwerbung einheitlicher und wirksamer zu gestalten und die Tätigkeit der Arbeitsvermittlungsämter planmäßiger durchzuführen, wurde zentral und örtlich eng mit der öffentlichen Arbeitsverwaltung zusammengearbeitet. Besonders wichtig war die Zusammenarbeit für die Ueberleitung von Studierenden, die ihr Studium aufgeben wollen, in außerakademische Berufe. Es mehrt sich die Zahl der Fälle, in denen die Einzelfürsorge nach gewissenhafter Prüfung eine Unterstützung eines Studierenden ablehnt, weil er den Voraussetzungen, die die Hochschule und ein akademischer Beruf an ihn stellen, nicht gewachsen ist. In allen diesen Fällen genügt es nicht, den Betreffenden von allen Fürsorgemöglichkeiten auszuschließen. Die Wirtschaftskörper haben sich bemüht, über ihr Arbeitsvermittlungsamt diesen Studierenden an die Berufsberatung oder Angestelltenvermittlung des zuständigen öffentlichen Arbeitsamtes zu verweisen, um in Zusammenarbeit mit dieser Stelle zu versuchen, dem abgehenden Studenten bei der Aufsuchung eines außerakademischen Berufs behilflich zu sein, da eine unmittelbare Stellenwerbung und Vermittlertätigkeit in diesen Fällen den studentischen Arbeitsvermittlungsämtern untersagt ist. Da in vielen Fällen der Uebergang in einen außerakademischen Beruf mit Ausbildungskosten für den Studenten verbunden ist, wäre es von besonderer Bedeutung, wenn durch Bereitstellung von Mitteln die öffentliche Arbeitsvermittlung in der Lage wäre, durch berufliche Fortbildung oder Umschulung diesen Uebergang in einen anderen Beruf zu erleichtern. Die bisher vorliegenden, vom Verwaltungsrat der Reichsanstalt für Arbeitsvermittlung und Arbeitslosenversicherung erlassenen Richtlinien zur Durchführung beruflicher Bildungsmaßnahmen für Arbeitslose vom 17. September 1930 sind für den vorliegenden Zweck nicht ausreichend, da der Student irgendwelche Ansprüche auf Arbeitslosenunterstützung nicht besitzt.

Auch an dieser Stelle muß hervorgehoben werden, daß die Zusammenarbeit mit der Reichsanstalt für Arbeitsvermittlung und Arbeitslosenversicherung, den zuständigen Landesarbeitsämtern und Arbeitsämtern einerseits und dem Deutschen Studentenwerk und den ihm angeschlossenen Wirtschaftskörpern anderseits sich sehr erfreulich für die Studierenden gestaltet hat. Es besteht die Hoffnung, daß durch planmäßige Zusammenarbeit auch in der Zukunft Wertvolles für die Studierenden erreicht werden kann. Besonders eng ist die Zusammenarbeit zwischen dem Arbeitsamt Berlin-Mitte und dem Akademischen Erwerbsvermittlungsamt im Studentenwerk Berlin, e. V. Für die Zusammenarbeit sind nachfolgende Leitsätze aufgestellt worden:

1. Zweck der Zusammenarbeit ist die Vermittlung von Arbeit an folgende Gruppen von Studenten:
   a) Die Studenten und Studentinnen, die sich in unmittelbarer Notlage befinden und denen nur durch Vermittlung von ganztägiger, länger andauernder Arbeit nachdrücklichst geholfen werden kann,
   b) Studenten und Studentinnen, die zur Durchführung ihres Studiums während der Ferien arbeiten müssen, weil sie ohne diesen Ferienverdienst ihr Studium nicht bestreiten können,
   c) Studenten und Studentinnen, die während des Semesters und während der Ferien arbeiten müssen, und zwar entweder in kurzfristigen, ganztägigen Aushilfsstellungen oder in Stellungen, durch die sie täglich nur wenige Stunden in Anspruch genommen werden, und die längere oder kürzere Zeit dauern.
2. Um diesen Zweck zu erfüllen, scheinen folgende Maßnahmen besonders geeignet:

   Das Erwerbsvermittlungsamt, das in Verbindung mit den einzelnen Abteilungen des Arbeitsamtes Berlin-Mitte steht, überweist die betreffenden Studenten, vornehmlich die unter 1a) und 1b) unter Berücksichtigung ihrer Vorbildung der jeweiligen Vermittlungsabteilung. Die unter 1c) genannten Studenten werden nach Möglichkeit direkt durch das Erwerbsvermittlungsamt vermittelt.
3. Das Arbeitsamt Berlin-Mitte übernimmt es, die Werbung zur Beschäftigung von Studenten gelegentlich mit zu übernehmen, während das Erwerbsvermittlungsamt bei der Werbung die Grundsätze des Arbeitsamtes Berlin-Mitte anerkennt und in Zweifelsfällen eine Verständigung mit dem Arbeitsamt Berlin-Mitte herbeiführt.
4. Das Erwerbsvermittlungsamt arbeitet in allen Erwerbsvermittlungsangelegenheiten nach denselben gesetzlichen Vorschriften, denen die öffentliche Arbeitsvermittlung unterliegt (zieht z. B. keine Unkostenbeiträge ein).
5. Weitere Zusammenarbeit über arbeitsmarktpolitische Fragen bleibt einem vertrauensvollen Gedankenaustausch überlassen. In Berlin ist für die Durchführung dieser Zusammenarbeit ein besonderer Arbeitsausschuß gebildet worden. Außerdem hat das Arbeitsamt Berlin-Mitte sich bereiterklärt, dem Studentenwerk Berlin für die bessere Durchführung seiner Arbeiten einen Geldzuschuß auf Antrag zur Verfügung zu stellen.

Es ist eine tragische Verknüpfung, besonders für die tüchtigsten unter den unbemittelten Studierenden, daß in Zeiten allgemeiner wirtschaftlicher Not und allgemeiner Arbeitslosigkeit sie in besonderem Umfang auf Selbsthilfe angewiesen sind, um ihr Hochschulstudium weiterführen oder abschließen zu können, und daß gerade in derartigen Zeiten die Arbeitsmöglichkeiten so ungewöhnlich eingeengt sind, daß diese Notsituation es erfordert, stärker als es den besten unter den Studierenden selbst erwünscht ist, von Fürsorgemitteln Gebrauch zu machen. Wie unvermindert stark in der akademischen Jugend der Wille, durch praktische Arbeit sich selbst zu helfen, lebendig ist, beweisen die bei den studentischen Arbeitsvermittlungsämtern zahlreich vorliegenden Anträge um Vermittlung einer Werkarbeitsstelle, die nicht nur aus finanziellen, sondern auch aus ideellen Gründen begehrt werden. Werkarbeit gilt als geeigneter Weg zur Charakterschulung und Persönlichkeitsbildung und als sinnvollste Möglichkeit, mit anderen Volksschichten in eine lebensnahe Berührung zu kommen. So wird es auch verständlich, daß der Gedanke der Arbeitslager[1]) zwischen Arbeitern, Bauern, Studenten und anderen Volksgruppen an Boden innerhalb der Studentenschaft gewonnen hat. Seit Beginn des Jahres 1931 haben eine „Reihe studentischer Arbeitskreise und „Studentenschaften" den Gedanken, Arbeitslager zu veranstalten, lebendig aufgegriffen, so daß schon im Laufe dieses Jahres eine größere Anzahl Arbeitslager stattfinden werden in einer ähnlichen Form, wie sie die bündische Jugend und der schlesische und norddeutsche Arbeitskreis herausgebildet haben. Das Deutsche Studentenwerk wird sich angelegen sein lassen, diese beachtlichen Bestrebungen auch seinerseits mit allen erdenklichen Mitteln zu unterstützen.

Arbeitslager

[1]) Beachte hierzu: „Studentenwerk", Jg. IV, Heft 8, Gothe: Das erste norddeutsche Arbeitslager. — Jg. V, Heft 1, Warber: Freiwilliger studentischer Arbeitsdienst in der Schweiz — Möglichkeiten in Deutschland. — Heft 3, Gothe: Eindrücke von zwei Arbeitslagern und Gedanken über ihre Weiterentwicklung.

V. Einzelfürsorge und Studienförderung.

In wachsendem Maße tritt die Arbeit der Einzelfürsorge sowohl bei den Orten als auch bei der Zentrale wieder in den Vordergrund. Es erscheint darum gerechtfertigt, ihr einen eigenen Abschnitt zu widmen. Während in den ersten Jahren der studentischen Selbsthilfebewegung nur an Kriegsteilnehmer, kranke Studierende und Examenskandidaten Unterstützungen gegeben wurden und allen übrigen erst Hilfe zuteil wurde, wenn sie alle Mittel, sich selbst zu helfen, erschöpft hatten, mußten in den letzten Jahren der völlig gewandelten Verhältnisse wegen hier zwangsläufig Veränderungen eintreten. Der Selbsthilfeweg ist auch den Tüchtigsten versperrt. Wenn auch die Werkarbeit noch immer für sehr viele als erwünschter Weg für die Finanzierung des Studiums in den ersten Jahren anzusehen ist, weil sie der „natürlichen Auslese" dient, so ist ihre praktische Bedeutung für diesen Zweck doch auf ein Minimum zurückgegangen, weil es keine Werkarbeitsplätze und fast keine Gelegenheiten zu Nebenverdiensten mehr gibt. Die nachweislich ständige Verschlechterung der Lage der Eltern vermehrt die Zahl der Studierenden mit nicht ausreichendem Wechsel von Tag zu Tag. Demgegenüber steht die Zerstörung der alten Stipendienfonds und die Uneinheitlichkeit der neugeschaffenen Stipendien bei den Städten, den Landes- und den Kirchenbehörden. Um hier den begabten und hochwertig für ein Hochschulstudium geeigneten jungen Menschen die Erreichung ihrer dem Nutzen des Volksganzen dienenden Ziele zu erleichtern, war die Entwicklung einer planmäßigen Begabtenförderung und die Bereitstellung laufender Mittel dafür unerläßlich. Die Errichtung der Studienstiftung des Deutschen Volkes und die Maßnahmen zur Neugestaltung der Einzelfürsorge finden in diesen Tatsachen ihre Begründung.

Der Aufgabenkreis der Einzelfürsorge ist damit nicht mehr vorzugsweise auf die Verteilung von Mitteln an bedürftige Kommilitonen eingestellt, sondern der Sinn des Studiums steht für die Entscheidung im Vordergrunde. Darin liegt begründet, daß in vielen Fällen die Fürsorge nicht auf die Zeit der Zugehörigkeit zu einer Hochschule beschränkt bleiben kann, sondern daß sie sich planmäßig über das ganze Studium erstrecken muß. Der zweckmäßigen Zusammenarbeit zwischen den beteiligten Wirtschaftskörpern hat deshalb besondere Aufmerksamkeit zugewendet werden müssen. Um den hervorragendsten Fällen von Begabung und Würdigkeit eine von allen Zufällen gelöste Förderung zuteil werden zu lassen, ist die

Wesen der Einzelfürsorge

Studienstiftung des Deutschen Volkes entstanden. Sie stellt den höchsten Grad planmäßiger Einzelfürsorge dar. Die Annahme, daß sie die Einzelfürsorge durch Entziehung der besten Kräfte ungünstig beeinflussen würde, war grundlos. Es hat sich vielmehr gezeigt, daß neben der speziellen Einzelfürsorge für die Sonderfälle der Studienstiftung die generelle unentbehrlich ist, zumal die Studienstiftung bestimmungsgemäß nur eine beschränkte Zahl von Studierenden berücksichtigt. Es wird immer eine Anzahl junger unbemittelter Studierender geben, die den eng gezogenen Bestimmungen der Studienstiftung nicht entsprechen, die zu fördern aber dennoch dringendes Gebot ist. Darin liegt gerade die innere Antriebskraft für eine planmäßige Einzelfürsorgearbeit: junge Menschen, die nicht von vornherein eindeutig auf eine überragende Begabung hinweisen können, die aber trotzdem einmal wertvolle Kräfte unseres Volkes darstellen werden, zu erkennen und zu fördern[1]).

Mit den Aufgaben sind die Schwierigkeiten der Arbeit gewachsen. Mehr und mehr hat man erkannt, daß die Leitung der Einzelfürsorge bei eigens hierfür befähigten Menschen liegen muß, die es verstehen, mit sicherem Blick Wichtiges von Unwichtigem, Richtiges von Falschem zu unterscheiden, die große pädagogische Fähigkeiten und den Mut zu klaren Entscheidungen besitzen müssen.

Die Bearbeitung der eindeutigen Fälle wird naturgemäß keine große Arbeit erforderlich machen: wo überragende wissenschaftliche und menschliche Werte mit ökonomischer Not zusammentreffen, wird die Entscheidung ebenso wenig Schwierigkeiten machen wie in den Fällen, in denen offenbar Unterstützungsjägerei vorliegt oder die Wege der Selbsthilfe nicht zu Ende gegangen sind. Die spezifische Aufgabe der Einzelfürsorge (wie auch der Studienstiftung) beginnt erst in den Grenzfällen. Hier die vorhandenen, aber nicht benutzten Begabungen und Werte zu erkennen und einem jungen Menschen, der seiner ganzen Anlage nach für ein Hochschulstudium bestimmt ist, die Durchführung eines ordnungsmäßigen Studiums zu ermöglichen, ist in der heutigen Zeit eine ebenso notwendige und verantwortungsvolle Aufgabe, wie einen Ungeeigneten davon fernzuhalten und ihm zu seinem eigenen und der Gesamtheit Besten Wege zu weisen, die den Gebrauch seiner Anlagen besser gewährleisten als ein Studium.

Es kann mit Genugtuung gesagt werden, daß der Ausweg, statt einer klaren Entscheidung eine kleine Bewilligung oder eine halbe Ablehnung auszusprechen, fast überall überwunden ist.

Bisherige Entwicklung

In der Tatsache, daß die Zahl der Unterstützten gegenüber den vergangenen Jahren zurückgegangen ist, zeigt sich deutlich, daß sich

[1]) Den Problemen der „Auslese" widmet sich eine Untersuchung von Dr. Breitinger in der Zeitschrift „Studentenwerk", Jg. II, Seite 75 ff.

die Forderung, lieber wenige, diese jedoch ausreichend zu unterstützen, in der Praxis durchsetzt. Die Zahl der beteiligten Unterstützten betrug:

	Freitische und ermäßigte Mahlzeiten	Bare Unterstützungen	Kurzfristige Darlehen
Sommer-Semester 1928	5564	2719	4683
Winter-Semester 1928/29 . . .	4339	1772	3760
Sommer-Semester 1929	5609	1850	4225
Winter-Semester 1929/30 . . .	5822	2569	4657
Sommer-Semester 1930	5484	1917	4248
Winter-Semester 1930/31 . . .	6301	2309	4398

Bei diesen Zahlen ist zweierlei zu beachten: einmal ist die Gesamtzahl der an deutschen Hochschulen immatrikulierten Studierenden in der gleichen Zeit um rund 12 000 = 9,8 % gestiegen, und dann ist die Zahl der gewährten Unterstützungen nicht mit der Zahl der unterstützten Studierenden gleichzusetzen. In den meisten Fällen wird es notwendig sein, einem Studierenden einen Freitisch und eine Geldunterstützung zu geben, um ihm die Durchführung seines Studiums zu ermöglichen. Die Zahl der Studierenden, die aus Mitteln der Einzelfürsorge unterstützt wurden, ist also sicher geringer.

Die Summen der ausgegebenen Unterstützungen zeigen in den ersten beiden Berichtsjahren aufsteigende Tendenz, und erst im letzten Notjahr sinken sie wieder ab.

	Für Freitische und Barunterstützungen*)	Für kurzfristige Darlehen
Sommer-Semester 1928 . .	RM 404 000	RM 180 250
Winter-Semester 1928/29 .	„ 342 700	„ 177 000
Sommer-Semester 1929 . .	„ 392 500	„ 216 000
Winter-Semester 1929/30 .	„ 465 800	„ 234 300
Sommer-Semester 1930 . .	„ 381 026	„ 207 703
Winter-Semester 1930/31 .	„ 420 827	„ 214 937

*) Einschließlich der vom Deutschen Studentenwerk aus zentralen Mitteln bewilligten Unterstützungen und Zuschüssen an Wirtschaftskörper.

Bemerkenswert ist an diesen Zahlen vor allem auch die Tatsache, daß die Zunahme der ausgegebenen Summen für kurzfristige Darlehen 30 % beträgt, während sie bei den à fonds perdu gegebenen Unterstützungen noch nicht 15 % ausmacht. Es geht daraus hervor, daß heute in stärkerem Maße kurzfristige Darlehen für die Ueberwindung einer Augenblicksnot bewilligt werden. Es handelt sich dabei immer noch in sehr vielen Fällen um die Notwendigkeit, die Bezahlung der Hochschulgebühr zu Beginn des Semesters in einem Betrage vorzunehmen. Manche Hochschulen willigen in eine Stundung der Gebühren bzw. in eine ratenweise Bezahlung nicht ein. Die Aufbringung der Summen bedeutet aber für viele eine starke Belastung, sodaß eine Verteilung auf eine längere Zeitspanne häufig angebracht erscheint.

In ähnlicher Weise kommt der Wandel in der Einzelfürsorge auch in den Durchschnittsbeträgen zum Ausdruck, die für die einzelnen Unterstützungsarten aufgewandt wurden. Sie stiegen für Freitische, ermäßigte Mahlzeiten und kurzfristige Darlehen, für Barunterstützungen zeigt eine Erhöhung um rund 40 % deutlich den Uebergang von kleinen, unzureichenden Unterstützungen zu ausreichender Förderung.

Finanzierung

Die erforderlichen Mittel wurden zum weitaus größten Teil von den Wirtschaftskörpern durch eigene Werbung aufgebracht. Die vom Deutschen Studentenwerk den Wirtschaftskörpern zur freien Verfügung überwiesenen Mittel (vgl. Allgemeine Geldmittelverteilung, Anl. 5, wurden zum Teil zu den Finanzierungen der Einzelfürsorgeausgaben herangezogen. Da der Anteil der Einzelfürsorgeausgaben, die aus zentralen Ueberweisungen gedeckt werden, gestiegen ist und zugleich die Gesamtsumme der Ausgaben zugenommen hat, so folgt daraus, daß die Mittel aus den allgemeinen Geldmittelverteilungen in noch stärkerem Maße für Zwecke der Einzelfürsorge Verwendung finden. So wurde in der Zeit, die der Bericht umfaßt, hierfür von den Wirtschaftskörpern zurückbehalten:

S. S.	1928	RM	93 000 =	46,5 %	der	überwiesenen	Gesamtsumme
W. S.	1928/29	„	100 000 =	50 %	„	„	„
S. S.	1929	„	120 000 =	60 %	„	„	„
W. S.	1929/30	„	125 000 =	62,5 %	„	„	„
S. S.	1930	„	141 500 =	71 %	„	„	„
W. S.	1930/31	„	154 500 =	77 %	„	„	„

Zur Verteilung kamen jeweils 200 000,— RM. Es kommt darin die bereits erwähnte wachsende Bedeutung der Einzelfürsorgearbeit im Rahmen der Gesamtarbeit der Wirtschaftskörper zum Ausdruck, die es besonders bei kleineren Wirtschaftskörpern wünschenswert erscheinen läßt, die mit Sicherheit und Regelmäßigkeit (zu Beginn und Ende jeden Semesters) überwiesenen Mittel hierfür zu verwenden, um der zunehmenden Finanznot auf seiten der Studierenden entsprechen zu können.

Zentrale Aufgaben

Die Arbeit des Deutschen Studentenwerks auf dem Gebiete der Einzelfürsorge kann naturgemäß immer nur eine mittelbare sein. Neben der Ueberweisung von Geldmitteln an die Wirtschaftskörper, die für Zwecke der Einzelfürsorge Verwendung finden, bestand sie für die ersten 2½ Jahre der Berichtszeit vornehmlich in folgenden Aufgaben:

1. Zur Erfassung besonders gelagerter Unterstützungsfälle wurde ein zentraler Fonds unterhalten. Hieraus wurden dem Wirtschafts-

DAS GIESSENER STUDENTENHAUS:
Außenansicht – Blick in die Mensa

DAS GREIFSWALDER STUDENTENHAUS:

Vorhalle und Garderobe · Mensa

körper in geeigneten Fällen Zuschüsse in geringem Umfange überwiesen; es handelte sich bei diesen Unterstützungen fast ausnahmslos um Studierende, bei denen eine nachdrückliche Unterstützung angezeigt schien, die aber entweder nicht den in den Richtlinien gesetzten Bestimmungen voll entsprachen, oder bei denen wegen schwieriger wirtschaftlicher Lage die volle Unterstützung allein durch den Wirtschaftskörper weit über das übliche und verantwortliche Maß hinausgegangen wäre. Es darf hier darauf hingewiesen werden, daß die Entscheidung in jedem Falle dem Wirtschaftskörper überlassen blieb.

Bei einer Reihe handelte es sich auch um Studierende, für die eine Bewerbung um Aufnahme in die Studienstiftung des Deutschen Volkes zurückgestellt oder ablehnend entschieden werden mußte, deren wirtschaftliche Förderung aber trotzdem dringend geboten erschien.

2. Aufgabe der Zentrale ist es, den Umfang der geleisteten Arbeit statistisch zu erfassen und daraus Gesichtspunkte für wünschenswerte Aenderungen abzuleiten, sowie das gesammelte Material den Wirtschaftskörpern zur Erweiterung ihres Erfahrungskreises zugänglich zu machen.

Wichtiger als dies sind aber regionale Besprechungen der Mitarbeiter aus örtlicher und zentraler Arbeit, bei denen Gelegenheit geboten ist, die gewonnenen Erfahrungen direkt einer Prüfung zu unterziehen und die Maßstäbe mit denen anderer Wirtschaftskörper zu vergleichen. Auf den Mitarbeiterbesprechungen in Coburg und Manderscheid stand die Aussprache über die Gestaltung der Fürsorge im Vordergrunde. Auf der Wirtschaftstagung in Würzburg im Oktober 1929 wurde das Ergebnis aus diesen Besprechungen und aus den gesammelten Erfahrungen in den „Richtlinien für die Arbeit der Einzelfürsorge“ zusammengefaßt, die gesondert veröffentlicht worden sind[1]), sodaß auf eine Wiedergabe hier verzichtet werden kann.

3. Wichtigster Punkt der zentralen Arbeit ist aber die Unterstützung der Wirtschaftskörper nach außen, die Durchsetzung der Anerkennung dieser Richtlinien auch seitens der übrigen großen Stipendienstellen. Alle aufgewandte Mühe ist sinnlos, alle Planmäßigkeit wird illusorisch, wenn dem Studierenden bequemere Wege eröffnet werden, die seine finanzielle Förderung nicht mehr von Leistung und Bewährung abhängig machen.

---

[1]) „Deutsches Studentenwerk, Richtlinien für die Arbeitsgebiete: Wirtschaftseinrichtungen, Einzelfürsorge, Krankenfürsorge, Werkarbeit. Nach den Beschlüssen des Deutschen Studentenwerks und der ihm angeschlossenen Wirtschaftskörper auf der Tagung des Deutschen Studentenwerks e. V. in Würzburg, Oktober 1929.“

Zusammenarbeit mit anderen Stellen

In der Berichtszeit sind in dieser Hinsicht entscheidende Besserungen erzielt worden. Als wichtigste Maßnahme, die hier genannt werden muß, ist das Abkommen zwischen dem Deutschen Städtetag und dem Deutschen Studentenwerk aus dem Frühjahr 1930 zu bezeichnen. In eingehenden, begründeten Ausführungen, die auch in Nr. 5 des 24. Jahrganges der Zeitschrift „Der Städtetag" (7. Mai 1930) abgedruckt wurden, wird den Mitgliedsstädten seitens des Deutschen Städtetags eine innige Zusammenarbeit mit dem Deutschen Studentenwerk und den Wirtschaftskörpern empfohlen. Als Basis für eine Zusammenarbeit zwischen den deutschen Städten und den studentischen Einrichtungen kommt danach auf dem Gebiet der Einzelfürsorge folgendes in Betracht:

a) Die örtlichen Wirtschaftskörper sollen sich mit den Städten ihres Bezirks in Verbindung setzen, damit die Erfahrungen beider Organisationen auf dem Gebiete der studentischen Fürsorgearbeit wechselseitig nutzbar gemacht werden.

b) Die Wirtschaftskörper sind bereit, auf Anfordern der Städte Gutachten über solche Studierende, die sich um Stipendien oder Studienbeihilfen der Städte beworben haben oder von diesen bereits unterstützt werden, zu beschaffen. Außerdem wird eine wechselseitige Unterrichtung der bewilligten Unterstützungen empfohlen.

c) Darüber hinaus sollen solche Studierende, die den Erfordernissen für eine Unterstützung durch eine der beiden Organisationen nicht entsprechen, deren Förderung trotzdem aber wichtig erscheint, der anderen Organisation zur Berücksichtigung vorgeschlagen werden.

Eine noch engere Arbeitsverbindung ist zwischen der „Stiftung Heimatdank", dem Landesverband Sachsen der Nationalstiftung-Berlin, die die Förderung der Erziehung von Kriegswaisen zur Aufgabe hat, und dem Deutschen Studentenwerk bzw. den sächsischen Wirtschaftskörpern geschaffen worden. Die Stiftung Heimatdank übergibt dem Deutschen Studentenwerk danach alle eingehenden Gesuche von Studierenden; der zuständige Wirtschaftskörper beschafft die für die Entscheidung nötigen Zeugnisse und Urteile der Dozenten und übergibt sie zusammen mit einer Beurteilung der wirtschaftlichen und persönlichen Verhältnisse des Bewerbers der Stiftung Heimatdank. Auf diese Weise ist eine einheitliche Bewertung der Gesuche gewährleistet.

Auch mit Kirchenbehörden, Provinzialverwaltungen und Stiftungen sind ähnliche Abkommen, z. T. für bestimmte Bezirke mit den Wirtschaftskörpern unmittelbar zustande gekommen, durch die in allen Fällen eine Verbesserung der Auswahlmethode erzielt und Doppelunterstützungen vermieden wurden. In diesem Zusammenhange ist es angebracht, auch auf das bereits seit 1927 laufende entsprechende Abkommen mit dem Verein für das Deutschtum im Auslande betr. die Vereinigte Stipendienfürsorge hinzuweisen. Die Herstellung von Verbindungen zu allen übrigen Stipendienstellen wird auch künftig Aufgabe bleiben. Das Gebot, die vorhandenen Mittel so sparsam wie möglich zu verwalten, wird in Zeiten der Not und finanziellen Spannungen nur dringlicher. Es ist das Schicksal jeder privaten Fürsorge, daß in Zeiten wirtschaftlicher Depression die Mittel geringer fließen und auf der anderen Seite Zahl und Dringlichkeit der Gesuche um Unterstützung zunehmen. Der aus dieser Schwierigkeit erwachsende Schaden muß durch planmäßige engste Zusammenarbeit aller Stipendienverteiler und insbesondere zwischen den Wirtschaftskörpern gebannt werden.

Studienförderung

Das Deutsche Studentenwerk hat diesen Gesichtspunkten nicht nur durch Beschlüsse, sondern auch durch praktische Maßnahmen Rechnung getragen. Die zu Beginn des Winter-Semesters 1930/31 unter der Bezeichnung „Studienförderung" eingeleitete Zusammenfassung der verschiedenen Unterstützungsmöglichkeiten zur Sicherung einzelner Studiengänge kann trotz einsemestriger Erfahrung als ein wesentlicher Fortschritt zur Ueberwindung der Zersplitterung des Stipendienwesens angesehen werden.

Durch Konzentration auf einzelne besonders würdige Studierende vermag der Wirtschaftskörper dafür zu sorgen, diese Studenten unter Heranziehung aller anderen denkbaren Zuschußmöglichkeiten, wie Gebühren- und Kolleggelderlaß, städtischen und staatlichen Stipendien, vor allem auch der Zuschüsse von Eltern und Verwandten und der Erträgnisse aus eigener Erwerbsarbeit finanziell ausreichend zum Studium auszustatten. Die Höhe des Stipendiums wechselt deshalb individuell. Es ist beabsichtigt, mit der Gewährung des Stipendiums die dauernde Förderung bis zum Abschluß des Studiums zu unterstellen, die nur entzogen werden soll, wenn sich die Voraussetzungen für die Unterstützung ändern. Selbst bei Hochschulwechsel soll das Stipendium möglichst von dem auswählenden Wirtschaftskörper weitergewährt werden. Hierdurch kann den Folgen einer verschiedenartigen Beurteilung vorgebeugt und neben die Planmäßigkeit im Umfang der Hilfe die zeitliche Planmäßigkeit gestellt werden. Weiterhin werden hierdurch die Wirtschaftskörper durch fremde Auswahl nicht finanziell überlastet.

Die Durchführung dieser Neuordnung der Fürsorge kann verständlicherweise nicht plötzlich vorgenommen werden, es ist vielmehr an eine stufenweise Verwirklichung gedacht. Die Einzelfürsorge-Ausschüsse der Wirtschaftskörper werden entsprechend dieser Entwicklung durch Heranziehung aller für studentische Stipendien am Ort in Frage kommenden Stellen zweckmäßig zu umfassenden örtlichen Förderungs-Ausschüssen gestaltet. Die bereits erwähnten Abkommen mit anderen Stipendienstellen sind eine wichtige Voraussetzung hierfür.

Um den Wirtschaftskörpern die Aufnahme und Durchführung dieser mit der „Studienförderung“ aufgestellten Betreuungsformen zu erleichtern, hat das Deutsche Studentenwerk erstmalig im Winter-Semester 1930/31 besondere Mittel in Höhe von 50 000,— RM. bereitgestellt, aus denen den Wirtschaftskörpern die Hälfte des von ihnen übernommenen Betrages ersetzt wird. Voraussetzung ist dabei, daß von den Wirtschaftskörpern im einzelnen Unterstützungsfalle der Bedarf des Studierenden für das ganze Semester einschließlich der darauffolgenden Ferien errechnet und zur Deckung des notwendigen Betrages alles herangezogen wird, was aus eigenen Mitteln des Studierenden, häuslichen Zuschüssen oder sonstigen Unterstützungen aufgebracht werden kann.

Um eine gerechte Verteilung des Gesamtbetrages unter die Wirtschaftskörper zu erzielen, ist dieser in Anrechtsanteile für die Wirtschaftskörper nach der Kopfzahl der Studierenden ihrer Hochschule aufgeteilt worden. Zur Erleichterung der Bearbeitung dieser Fälle und zur Erzielung gleichmäßiger Behandlung ist ein Formblatt aufgestellt worden, das sowohl die persönlichen Tatsachen anfordert, als auch die Vorlage eines Semester-Haushaltplanes ermöglicht. In späteren Semestern genügt die Nachreichung neuer Haushaltpläne.

Im ersten Semester des Bestehens der neu eingerichteten Studienförderung sind von den Wirtschaftskörpern bereits 534 Fälle für diese planmäßige Unterstützung berücksichtigt worden. Die Vervollkommnung der Methode und die schrittweise Weiterentwicklung will auch verhindern, daß die Fürsorge der studentischen Wirtschaftskörper zu einer von vielen Stellen studentischer Stipendien wird. Sie sichert den Wirtschaftskörper in seiner Berechtigung zur Führung und Federführung der studentischen Hilfsmaßnahmen an seinem Hochschulort und widerlegt den Eindruck, als ob es sich bei den Wirtschaftskörpern nur um rein wirtschaftliche Funktionen handle. Gerade das Gleichgewicht zwischen fürsorgerischen und wirtschaftlichen Aufgaben muß für einen gesunden Bestand der studentischen Selbsthilfearbeit als ausschlaggebend angesehen werden.

VI. Gesundheitsdienst.

Tuberkulose-fürsorge

Das Aufgabengebiet des studentischen Gesundheitsdienstes hat im Laufe der Berichtszeit keine grundlegenden Aenderungen erfahren. In seinem Mittelpunkt stand nach wie vor die Bekämpfung der Tuberkulose unter den Studierenden Deutschlands. Eine frühzeitige Erfassung der Tuberkulösen im Stadium des Beginns der Erkrankung, in der die Behandlungsmöglichkeit günstiger als späterhin, kann als das Ergebnis der allgemeinen Gesundheitsuntersuchungen, die jetzt an 25 Hochschulen pflichtmäßig, an 9 weiteren freiwillig durchgeführt werden, festgestellt werden. Zu der Forderung der systematischen Reihenuntersuchungen, zumindest aller Neuimmatrikulierten, ist im Laufe der Berichtszeit die der gleichzeitigen Röntgendurchleuchtungen getreten. In vorbildlicher Weise arbeiten in Erfüllung dieser Forderung München, Jena, Hannover und Heidelberg. Da die Arbeit in Hannover des Vorteils einer Universtätsklinik entbehrt, ist dort eine eigene Untersuchungsstelle mit neuzeitlicher Röntgeneinrichtung geschaffen worden.

Die studentische Krankenfürsorge setzt ein, wenn die dem Patienten persönlich und aus der akademischen Krankenversicherung zur Verfügung stehenden Mittel nicht ausreichen, um eine Sanatoriumskur bis zur Ausheilung durchzuführen. Drei wesentliche Momente bedürfen in jedem einzelnen Falle sorgfältiger Prüfung: die wirtschaftliche Bedürftigkeit des Kranken, seine studentisch-wissenschaftliche Würdigkeit und die Aussichten auf Gesundung sowie der damit zusammenhängenden Studienfähigkeit. Erfordern schon die beiden ersten Punkte ein hohes Verantwortungsgefühl des Sachbearbeiters gegenüber den hilfesuchenden Kommilitonen, so ist die vom Arzt zu treffende Entscheidung über die Frage der baldigen Wiederherstellung der Studienfähigkeit zumeist noch viel schwerer zu fällen. Fehleinweisungen werden sich bei den oft schwierigen Diagnosenstellungen nie ganz vermeiden lassen. In allen Fällen, die eine finanzielle Beteiligung aus zentralen Mitteln nötig machten, stand uns Medizinalrat Prof. Dr. Saupe helfend zur Seite. Ihm gebührt für seine unermüdliche Mitarbeit an der Lösung der Aufgaben des studentischen Gesundheitsdienstes, die er neben einer ihn stark beanspruchenden Berufstätigkeit ausübt, unser aufrichtigster Dank. Er war dem Deutschen Studentenwerk in allen Zweifelsfällen, bei Kurverlängerungen, Verlegungen und den übrigen Maßnahmen der studentischen Gesundheitspflege ein unentbehrlicher Berater.

Ergebnisse

Aus der vorigen Berichtszeit wurden in die laufende 64 noch nicht abgeschlossene Kuren übernommen. Hinzu kamen 931 neue Anträge, so daß insgesamt 995 Fälle bearbeitet wurden. Die Zahl der Ablehnungen bzw. der Zurücknahme von Anträgen belief sich auf 86, mithin wurden 909 Kuren durchgeführt. Unter diesen 909 Fällen befanden sich 787 männliche und 122 weibliche Studierende, 33 Kriegsteilnehmer und 17 Mitglieder der Studienstiftung des deutschen Volkes.

Bei den 909 Fällen handelte es sich um 11 Verdachtsfälle auf Tuberkulose, bei 830 Studenten um erkannte tuberkulose Lungen:

402mal bestand offene,
421mal bestand geschlossene Tuberkulose,
in 7 Fällen war eine genaue Feststellung nicht möglich.
219mal lag einseitige und
610mal lag doppelseitige Tuberkulose vor.
1mal unbestimmt.

In 34 weiteren Fällen lag neben der Lungenerkrankung gleichzeitig noch eine andere Tuberkuloseerkrankung vor (Kehlkopf-, Nieren-, Darmtuberkulose usw.), 1 mal Zuckerkrankheit. Außerdem kamen 24 Knochen-, 4 Augentuberkulöse und 5 Patienten mit Weichteiltuberkulose zur Behandlung.

Zur erstmaligen Kur wurden 702 Kranke eingewiesen, 178 Patienten führten eine Wiederholungskur durch, 27 Studierende unterzogen sich zum dritten und 2 zum vierten Male einem Heilstättenverfahren.

567 Kuren wurden im deutschen Mittelgebirge absolviert und 342 in der Schweiz. Auf die einzelnen Orte verteilten sie sich folgendermaßen:

Deutschland:

St. Blasien:	Nordrach:	Schömberg:	Görbersdorf:	andere Sanatorien:
138	195	67	36	131

Schweiz:

Agra:	Arosa:	Davos:	Leysin:
90	142	98	12

Die Steigerung der Inlandkuren im Vergleich zu früheren Jahren ist zum großen Teil dem anerkennenswerten Entgegenkommen der leitenden Aerzte der vorerwähnten Heilstätten hinsichtlich der Preisgestaltung zu danken.

Die Kurerfolge sind erfreulich, auch in schwereren Fällen konnte — oft durch operative Behandlung der Kranken und Verlängerung der

Kurdauer — meistens die Wiederherstellung und Arbeitsfähigkeit erreicht werden. Zur Entlassung kamen 765 Studierende, und zwar mit folgenden Ergebnissen:

Geheilt	Gebessert und studienfähig oder teilweise studienfähig	Studienfähig	Tot	Unbekannt
141	536	60	19	9

In der Zusammenarbeit mit den Akademischen Krankenkassen traten an einzelnen Hochschulen Verbesserungen ein; es soll auch nicht unerwähnt bleiben, daß verschiedene Kassen durch erhöhte Leistungen die Sicherstellung finanziell gefährdeter, aber medizinisch aussichtsreicher Fälle besonders unterstützten. Neben den Akademischen Krankenkassen wurden in verstärktem Maße alle in Frage kommenden Hilfsquellen (Reichs-, Staats- und Kommunalbehörden, die Verwaltungen, wie Bahn, Post usw.) herangezogen. In besonders erfreulicher und nachahmenswerter Weise erleichterte das Sächsische Arbeits- und Wohlfahrtsministerium durch Bewilligung beachtlicher Beihilfen die Durchführung von Heilverfahren Studierender sächsischer Staatsangehörigkeit. Von privater Seite wurde eine Spende in Höhe von RM 500,— überwiesen. Finanzierung

Mit einem Kostenaufwand von

RM 1 047 544,59

wurden die vorerwähnten 909 Kuren finanziert. Im einzelnen teilt sich dieser Betrag folgendermaßen auf:

Patienten	RM	315 395,06	= 30,2 %
Wirtschaftskörper	„	227 664,14	= 21,7 %
Akademische Krankenkassen .	„	108 624,42	= 10,4 %
Wohlfahrtsorganisationen . .	„	156 514,82	= 14,9 %
Deutsches Studentenwerk . .	„	239 346,15	= 22,8 %

Nicht einbegriffen in die vom Deutschen Studentenwerk zur Verfügung gestellte Summe sind Pauschalzuweisungen an einzelne Studentenhilfen, die von sich aus eine Reihe weiterer Tuberkulosekuren durchführten. Der zentral hierfür bewilligte Betrag beläuft sich auf rund RM 34 000,—. Der von den Wirtschaftskörpern aufgebrachte Betrag von rd. RM 227 700,— verdient unter Hinweis auf die in dem Sonderabschnitt behandelte allgemeine Arbeit der örtlichen Studentenhilfen besondere Würdigung.

Die an Hand vielfältiger Erfahrungen als dringend notwendig erkannte Aufgabe, die Zusammenarbeit zwischen Krankenfürsorge und Krankenkassen organisatorisch zu lösen, hat das Deutsche Studentenwerk veranlaßt, Vorschläge vorzubereiten, deren Behandlung bei den zuständigen Stellen eingeleitet ist.

Nach fünfjähriger Zusammenarbeit legte Herr Dr. Lichtenhahn am 1. Mai 1930 zugleich mit der Aufgabe der ärztlichen Leitung des Mittelstandssanatoriums in Arosa sein Amt als unser Vertrauensarzt nieder, um sich künftig ganz seiner neu erbauten Kinderklinik und der Privatpraxis zu widmen. Mit großem Bedauern sahen wir den unermüdlichen Berater unserer tuberkulösen Studierenden, den Freund und Förderer unserer Krankenfürsorgearbeit scheiden, nachdem ein Jahr zuvor auch Dr. Markowicz und Schwester Luise Voss, die ihm als wertvolle Helfer zur Seite standen, Arosa verlassen hatten. Die ärztliche Leitung des Mittelstandssanatoriums übernahm Herr Dr. Heinz, den wiederum ein Assistenzarzt und eine Krankenschwester in der Betreuung der Studierenden unterstützen.

Die Zunahme der Inlandkuren veranlaßte am 1. 2. 30 die Kündigung des Vertragsverhältnisses mit dem Mittelstandssanatorium Arosa. Daran sich anschließende Verhandlungen führten bei gleichbleibendem Kurkostensatz von frs. 9,50 und vorteilhafterer Unterbringung zu einer Herabsetzung der Pflichtbelegung von 25 auf 15 und neuerdings zu freier Bettenzahl.

Nach wie vor stand das Deutsche Studentenwerk in enger Zusammenarbeit mit der Deutschen Heilstätte in Agra und dem Deutschen Krieger-Kurhaus in Davos; in Deutschland mit dem Sanatorium St. Blasien, dem Kurhaus Nordrach und Dr. Römplers Sanatorium in Görbersdorf. Neu aufgenommen in die Reihe der Vertragssanatorien wurde die Deutsche Heilstätte in Wolfgang-Davos, leitender Arzt Dr. Peters, Neue Heilanstalt für Lungenkranke in Schömberg, Chefarzt Dr. Schröder, sowie die von Dr. Pigger geleitete Johanniter-Heilanstalt Sorge bei Benneckenstein im Harz. In besonders gelagerten Einzelfällen erfolgt auch Unterbringung in den Privatheilanstalten von Schömberg im Schwarzwald, die unter ärztlicher Leitung von Dr. Wahl stehen.

An Knochentuberkulose erkrankte Studierende wurden wiederholt nach Leysin zu Dr. Rollier eingewiesen; in zwei anderen Spezialfällen erfolgte Unterbringung in Dr. Werdenbergs Augensanatorium in Davos.

Dank der verständnisvollen und tatkräftigen Unterstützung des Deutschen Generalkonsuls in Zürich sowie der leitenden Aerzte der ständig mit uns in Verbindung stehenden Heilstätten hat die geistige Betreuung der oft monatelang kurmachenden Studierenden durch die Möglichkeit des kostenlosen Leihbezugs aller wissenschaftlichen Werke der Zentralbibliothek in Zürich und der Bücherei der Eidgenössischen Technischen Hochschule in Zürich wesentliche Fortschritte gemacht. Die Fachbibliothek des Deutschen Krieger-Kurhauses, die alle Wissensgebiete umfaßt, hat eine wesentliche Erweiterung erfahren. In Nordrach konnte der Grundstock einer studentischen Bücherei gelegt und in Arosa die bereits bestehende durch Einverleibung weiterer Werke ergänzt werden.

Aus eigener Initiative, aber mit tatkräftiger Unterstützung von Dr. Alexander, haben die in Agra befindlichen Studenten eine wissenschaftliche Arbeitsgemeinschaft gegründet. Sie versuchen durch Veranstaltung von Vorträgen und daran anschließende Diskussionen einem Nachlassen der geistigen Regsamkeit vorzubeugen und zu einer Förderung der Allgemeinbildung zu kommen.

Prof. Dr. Bacmeister ist es gelungen, mit finanzieller Unterstützung des Reichsministeriums des Innern und des Badischen Kultusministeriums Hochschulkurse in St. Blasien einzuführen. Freiburger Hochschullehrer halten fortlaufend monatlich zwei Vorlesungen[1]).

Es ist uns ein aufrichtiges Bedürfnis, den leitenden Aerzten aller mit uns in Verbindung stehenden Heilstätten und deren Mitarbeitern für ihre aufopfernde Hilfe unseren herzlichsten Dank auszusprechen. Den gleichen Dank bringen wir dem deutschen Gesandten in Bern, Herrn Dr. Müller, und dem kürzlich ausgeschiedenen deutschen Generalkonsul in Zürich, Herrn Ministerialdirektor z. D. Heilbron, zum Ausdruck; ebenso gedenken wir in Dankbarkeit der selbstlosen steten Hilfsbereitschaft des 1928 verstorbenen Herrn Kratzsch von der Deutschen Gesandtschaft in Bern.

Erholungsaufenthalte und -kuren

Es ist nicht möglich, die Menschen hinsichtlich ihres Gesundheitszustandes einfach in gesunde und kranke aufzuteilen, zwischen beiden sind die Erschöpften, in ihrer Leistungsfähigkeit Beeinträchtigten, einzugliedern. In Erschöpfungserscheinungen sind Warnungssignale zu erblicken; es gilt, die Ursachen der körperlich-seelisch-geistigen Leistungsminderung zu erkennen und durch geeignete Maßnahmen einer drohenden Erkrankung vorzubeugen. Der studentische Gesundheitsdienst ist sich der Wichtigkeit dieser vorbeugenden Fürsorge stets bewußt gewesen und hat sie von Anfang an in sein Aufgabengebiet einbezogen. Sie wirkt sich während der Semester hauptsächlich durch Ernährungsverbesserung aus. Die Wirtschaftskörper geben an Studierende, die unter ungünstigen Bedingungen und ohne ausreichende Verpflegung leben, Nahrungsmittelpakete aus. Sie gewähren Freitische, Milchzulagen sowie sonstige Kräftigungsmittel und verabreichen den Rekonvaleszenten oder an chronischen Krankheiten leidenden Studierenden Diät und eigens kräftig gekochte Nahrung. In besonders schwierig gelagerten Fällen werden Erholungsaufenthalte durchgeführt.

Durchgeführte Aufenthalte

In den Frühjahrs- und Herbstferien der Berichtszeit veranstaltete das Deutsche Studentenwerk wie in früheren Jahren geschlossene Erholungsaufenthalte von vierwöchiger, in den Weihnachtsferien von

[1]) Sowohl Dr. Alexander (Agra) als auch Prof. Dr. Bacmeister (St. Blasien) haben in der Zeitschrift „Studentenwerk" die Maßnahmen für die geistige Förderung der eingewiesenen Studenten in ihren Häusern dargelegt; siehe Jg. IV, Seite 148 ff. und Seite 229 ff.

14tägiger Dauer in den verschiedensten Gegenden Deutschlands mit einem mehr oder minder großen Teilnehmerkreis.

Nachstehende Aufstellung gibt eine Uebersicht über die in der Berichtszeit durchgeführten zentralen Sammelaufenthalte und ihre Teilnehmerzahlen:

	Herbst 1928	Weihnachten 1928	Frühjahr 1929	Herbst 1929	Weihnachten 1929	Frühjahr 1930	Herbst 1930	Weihnachten 1930	Gesamtzahl
I. Seeaufenthalte:									
Kolberg a. d. Ostsee, Johannesbad . . .	23	—	—	—	—	—	15	—	38
Kölpinsee a. Usedom, Pension Seerose .	—	—	—	33	—	—	11	—	44
Nebel a. Amrum, Haus Westerheide . .	—	—	—	14	—	—	15	—	29
Nebel a. Amrum, Nordseesanatorium . .	—	—	—	—	—	—	10	—	10
II. Landaufenthalte:									
Saarow i. d. Mark, Hospiz zur Furche .	29	18	23	25	10	—	20	18	143
Braunschweig, Helmstedter Burse . . .	21	—	—	—	—	—	—	—	21
Marburg a. d. Lahn, Duisberghaus . . .	—	—	—	—	—	—	4	—	4
III. Mittelgebirgsaufenthalte:									
Bad Reinerz i. Schl., Pension Silberquelle	31	18	21	22	16	25	21	—	154
St. Märgen i. Schwarzw., Kurhaus Goldene Krone	—	21	28	30	18	—	33	18	148
Eppenhain i. Taunus, Landschulheim . .	—	—	24	—	—	—	—	—	24
Oberhof i. Thür., Kurmittelheim	—	—	—	—	—	—	7	—	7
Eckertal b. Harzburg, Pension Eckermühle	—	—	—	—	—	—	—	5	5
IV. Hochgebirgs-Aufenthalte:									
Schloß Elmau, Oberbayern	115	—	—	105	—	76	—	—	296
Schloß Malseneck b. Kraiburg am Inn .	11	—	3	6	—	—	—	—	20
Aigenglas b.Salzburg,Erh.-Heim d.R.K.T.V.	4	—	7	—	—	—	—	—	11
Hirschegg-Riezlern, Petersenhaus	—	—	—	—	—	—	10	—	10
Zusammen:	234	57	106	235	44	101	146	41	964

Das Unvermögen der Studierenden, aus eigenen Mitteln einen Erholungsaufenthalt zu finanzieren, war nach wie vor Voraussetzung für die Bewilligung der Anträge. Die Auswahl hinsichtlich der menschlichen Würdigkeit und wissenschaftlichen Fähigkeiten wurde von den Fürsorgeausschüssen der Wirtschaftskörper getroffen. Die Erholungsbedürftigkeit wurde auf Grund eingehender Untersuchung von den Vertrauensärzten an den Hochschulorten festgestellt.

Aus den schriftlich niedergelegten Untersuchungsbefunden war häufig ersichtlich, daß nicht bei allen Erholungsbedürftigen die alleinige Anwendung der natürlichen Erholungsmittel, wie frische Luft (Sonnenbäder, Wanderung), gute Ernährung, Schlaf und ein auf Ruhe abgestelltes Leben genügen würden, die Gesundheitsschäden zu beseitigen und die Leistungsfähigkeit im umfassenden Sinne wieder herzustellen. Um dieses Ziel nach Möglichkeit zu erreichen, wurden die Erholungsbedürftigen unter die Obhut von Vertrauensärzten gestellt, die an den Aufenthaltsorten ansässig sind. Auf diese Weise erhielt jeder Studierende ärztlichen Rat über eine zweckmäßige Auswertung der natürlichen Erholungsmittel, bei sehr herabgesetztem Gesundheitszustand hatten sie sich besonderen Heilmaßnahmen, wie medizinischen Bädern, Bestrahlungen, Massagen usw., zu unterziehen. Häufig mußten Verlängerungen bewilligt werden, um das innerhalb der vier Wochen erreichte Ergebnis zu festigen und durch einen vorzeitigen Abbruch nicht wieder zunichte zu machen.

Bis auf einen kleinen Beitrag von RM 1,— bis RM 2,— pro Tag, der von den Erholungsbedürftigen selbst oder bei deren völliger Mittellosigkeit von den Wirtschaftskörpern beigesteuert wurde, bestritt das Deutsche Studentenwerk die Verpflegungskosten sowie die Ausgaben für ärztlich verordnete Zusatznahrung (Milch, Obst und Kräftigungspräparate). Die Kosten für in Anwendung gebrachte Heilmaßnahmen (medizinische Bäder, Massagen, Bestrahlungen usw.) wurden je zur Hälfte von den Wirtschaftskörpern und dem Deutschen Studentenwerk getragen. Finanzierung

Aus nachfolgender Liste sind die Gesamtkosten der zentralen Sammelaufenthalte vom Herbst 1928 bis Weihnachten 1930 und die vom Deutschen Studentenwerk dafür verwendeten Beträge ersichtlich:

	Gesamtzahl der Teilnehmer	Gesamtkosten der Aufenhalte	Kosten, die das Deutsche Studentenwerk getragen hat
Herbst 1928 . . .	234	38 275,15	25 441,50
Weihnachten 1928 .	57	5 472,05	4 398,25
Frühjahr 1929 . .	106	16 855,40	11 372,15
Herbst 1929 . . .	235	38 594,60	29 230,40
Weihnachten 1929 .	44	3 448,—	3 079,55
Frühjahr 1930 . .	101	19 148,90	14 969,90
Herbst 1930 . . .	146	24 873,09	16 211,34
Weihnachten 1930 .	41	3 175,20	2 444,70
Zusammen:	964	149 842,39	107 147,79

Für Einzelaufenthalte und an Pauschalzuweisungen an Wirtschaftskörper, die von sich aus Erholungsaufenthalte durchführten und bei den vom Deutschen Studentenwerk veranstalteten nicht berücksichtigt wurden, bewilligte die Zentrale insgesamt

RM 12 820,—.

Außerdem wurden für 51 langwierige Erkrankungen, wie Magen-, Nieren- und Leberleiden, schwere nervöse Erschöpfungen, Herzkrankheiten usw., wo Durchführung einer regelrechten Erholungskur notwendig war,

RM 7446,55

verausgabt.

Die Erfolge der gesamten Erholungsfürsorge waren im allgemeinen sehr gut. Trotz der außerordentlichen Bedeutung, die diesem Fürsorgezweig — vor allem in prophylaktischer Beziehung — allgemein beigemessen wird, mußte für das kommende Geschäftsjahr 1931/32 infolge der schwierigen Finanzlage eine Kürzung der Mittel für Erholungsaufenthalte vorgenommen werden, so daß ein Verzicht auf zentrale Sammelaufenthalte im Frühjahr 1931 nötig wurde. Um die Härte dieses Ausfalls zu mildern und wenigstens in den allerdringendsten Fällen zu helfen, wurden gemäß dem Ersuchen vieler Wirtschaftskörper zentrale Mittel zur Durchführung von „Erholungskuren" bereitgestellt. Die Dauer dieser Kuren soll nicht mehr als 4 Wochen betragen; es werden jedoch in schweren Fällen Aufenthaltsverlängerungen unvermeidbar sein.

Unterbringung

In der Hauptsache mußten tuberkulös gefährdete Studierende, besonders Rekonvaleszenten nach schweren Grippen und Lungenerkrankungen verschickt werden. Sehr groß war ferner die Zahl derer, die durch Unterernährung und Ueberarbeitung an schweren nervösen Erschöpfungen litten. Außerdem benötigten verschiedentlich Nieren- und Magenkranke, in einzelnen Fällen Herz-, Ischias- und Basedowleidende eine Kur in einem ärztlich empfohlenen Bade.

Die Bearbeitung dieser Aufenthalte, die hinsichtlich Dringlichkeit, Unterbringung und ärztlicher Aufsicht mehr kurgemäßen Charakter tragen, haben zwecks individuellerer Behandlung der einzelnen Fälle die örtlichen Studentenhilfen übernommen. Auf dieser Grundlage war es möglich, die Finanzierung — ähnlich wie bei Tuberkulosekuren — durch weitgehendste Heranziehung des Bewerbers und sonstiger Hilfsstellen, öffentlicher wie privater Art, zu erleichtern. In vielen Fällen stellten auch die Akademischen Krankenkassen nennenswerte Zuschüsse zur Verfügung.

Von den seit Einführung der Erholungskuren — 1. 3. 31 — bis zum Schluß der Berichtszeit, also im ersten Monat der neuen Regelung, eingegangenen 67 Gesuchen wurden 64 bewilligt, wofür das Deutsche Studentenwerk e. V. auf Grund der vom Wirtschaftskörper vorgeschlagenen Kostenverteilung insgesamt

RM 3102,75

in Form von Einzelbewilligungen bereitstellte. Die zentrale Beihilfe beträgt somit für eine Kur durchschnittlich RM 50,—, während die Gesamtkosten einer Erholungskur einschließlich aller Nebenausgaben, wie Kosten für Reise, ärztliche Behandlung, Kurmittel usw., mit ungefähr RM 160,— angesetzt werden müssen. Durch die Heranziehung fremder Stellen für die Finanzierung dieser Aufenthalte ist der Nutzen der aus studentischen Fürsorgemitteln für diese Arbeit aufgewendeten Beträge ebenso gestiegen, wie durch die strengere Auslese der hierfür berücksichtigten Studenten. Die Forderung der Würzburger Wirtschaftskörpertagung vom Oktober 1929, die studentische Krankenfürsorge nicht auf bestimmte Krankheitsarten zu beschränken, ist durch diese Abstellung auf individuelle Verschickung in der Erholungsfürsorge trotz der Rückläufigkeit der Mittel auf dem Wege zur Verwirklichung[1]).

[1]) Eine ausführliche Betrachtung der Leistungen der studentischen Krankenfürsorge seit dem Einsatze planmäßiger zentraler Arbeit bietet Dr. Tillmanns in der Zeitschrift „Studentenwerk", Jg. IV, Seite 22 ff.

VII. Die Studienstiftung des Deutschen Volkes.

Am Ende der diesjährigen Berichtszeit besteht die Studienstiftung sechs Jahre. Sie hatte sich 1925 bei der Gründung als Aufgabe gestellt, „jährlich eine Anzahl wissenschaftlich und persönlich besonders qualifizierte Abiturienten und Studenten aufzunehmen und sie während ihres ganzen Studiums unter möglichster Heranziehung anderer Hilfsquellen und eigener Werkarbeit nachhaltig zu unterstützen"[1]).

Sechs Jahre sind nun für ein Werk wie die Studienstiftung noch keine Zeit, an deren Ende sie schon von dem vollen Erfolge ihrer Arbeit berichten kann. Den endgültigen Beweis ihrer Berechtigung kann nur das Manneswerk derer erbringen, die sie als Studenten gefördert hat. Und doch mehren sich schon jetzt die Nachrichten, die uns von den ersten Erfolgen ihrer Mitglieder berichten. Mehrere haben sich bereits habilitiert, und zwar nach einer für heutige Verhältnisse außerordentlich kurzen Vorbereitungszeit; ein Mitglied ist an eine pädagogische Akademie berufen. Andere stehen führend in politischen Kreisen. Eine größere Anzahl ist nach Studienabschluß durch Preise und Stipendien wissenschaftlicher Forschungsgemeinschaften und Institute ausgezeichnet worden. Unter den Veröffentlichungen der Altmitglieder sind eine Anzahl, die auch über die Fachkreise hinaus starke Beachtung gefunden haben. — Erfreulich ist auch, daß bisher, trotz der schon seit langem sehr schwierigen Arbeitsmarktlage für Akademiker, alle Mitglieder bis auf wenige Ausnahmen sofort nach Studienabschluß Eingang in das Berufsleben gefunden haben.

Der letzte Geschäftsbericht, der die Jahre 1927 und 1928 umfaßte, legte Rechenschaft ab über eine Periode, die dem freien Aufbau des Werkes galt, vielgestaltigen Versuchen, an die man noch unbeschwert durch Enttäuschungen, und auch im ganzen mit einer erfreulichen wirtschaftlichen Großzügigkeit herangehen konnte. Jener Zeitabschnitt galt vor allem auch der Verankerung der Studienstiftung im öffentlichen Leben.

Ausbau

Der Periode des raschen A u f b a u e s folgt die des A u s b a u e s. Es galt in den drei Jahren der Berichtszeit die Ergebnisse der verschiedenen Versuche zu prüfen, die Erfahrungen mit den ersten Studienstiftungsjahrgängen, die in dieser Zeit ihr Studium im wesentlichen abschlossen, zu verwerten, und die im raschen Anlauf gewon-

[1]) Die „Wirtschaftshilfe der Deutschen Studentenschaft 1926—28", S. 33.

nene Stellung im öffentlichen Leben auszubauen. Das erforderte eine Menge Kleinarbeit von den Vertrauensdozenten, den Vorprüfern, den Wirtschaftskörpern und der Geschäftsführung. Dazu kam, daß dem Jahre 1928/29 die beiden ersten Jahre der allgemeinen wirtschaftlichen Notlage folgten. Sie zwangen die Studienstiftung zu Maßnahmen, die nicht bloß große, z. T. schwer tragbare Einschränkungen für die Mitglieder der Studienstiftung mit sich brachten, sondern mitunter geradezu das früher hergestellte Vertrauensverhältnis zur Stiftung zu erschüttern drohten[1]).

Zentraler Arbeitsausschuß

Gemäß dem Vorstandsbeschluß vom 16. Februar 1928[2]) wurde der bis dahin vorläufige Zentrale Arbeitsausschuß (Z. A. A.) auf Grund der früheren Erfahrungen in der Vorstandssitzung vom 4. Juni 1928 neu konstituiert. Die Unterscheidung von „Vor-“ und „Unterprüfern“ wurde aufgehoben und der Grundsatz, daß jeder persönliche Vorprüfer bei der Verhandlung des Z. A. A. anwesend sein muß, nahezu restlos durchgeführt. Dies hindert jedoch nicht, daß die Vorprüfer für ihre Arbeit weitere Vertrauensleute in freier Weise heranziehen, die allein den Vorprüfern verantwortlich sind. Dadurch wird eine wesentliche Bereicherung der Urteilsgewinnung erreicht. Es sei hier noch einmal kurz die Art der Prüfung der Gesuche geschildert. Mit den Vorprüfungen sind die regionalen Prüfer betraut, die also in der Regel Mitglieder des Z. A. A. sind und die Bewerber in einer persönlichen Begegnung kennenlernen. Sie geben schriftlich und gegebenenfalls im Z. A. A. mündlich ein Gesamtbild des Bewerbers und fassen ihr Urteil in einer der festgelegten Noten nach menschlich-geistiger und wirtschaftlicher Hinsicht zusammen. Der Vorprüfung folgt eine Gegenprüfung durch ein anderes Mitglied des Z. A. A. Diese Prüfung beschränkt sich in der Regel auf die Durcharbeitung der Akten; in wichtigen Fällen ist es jedoch, wo es örtlich möglich war, erfreulicherweise immer mehr in Uebung gekommen, daß der Bewerber noch von einem zweiten Mitglied des Z. A. A. oder einem sonstigen Vertrauensmann der Studienstiftung gesehen und so das Urteil wesentlich vertieft wurde. Ebenso

[1]) Ueber die Entwicklung der Studienstiftung wurde laufend im „Studentenwerk“ berichtet. Vgl. Jg. III, Heft 4, Hoffmann: „Fünf Jahrgänge Studienstiftung“ — Jg. IV, Heft 5, derselbe: „Aus der Arbeit der Studienstiftung.“ — Vgl. auch den Abschnitt über die Studienstiftung in dem Sammelwerk „Das akademische Deutschland“ 3. Bd., S. 471 ff. Ferner: W. Hoffmann, „Die Studienstiftung des Deutschen Volkes“ in: Mitteilungen des Verbandes der Deutschen Hochschulen, April 1930, und: derselbe, „Aus der Arbeit der Studienstiftung des Deutschen Volkes“ in: Zehn Jahre Markelstiftung, Stuttgart 1931.

[2]) Die „Wirtschaftshilfe der Deutschen Studentenschaft 1926—28“, S. 34.

tragen die regionalen Vorprüferbesprechungen zur Intensivierung der Vorprüfung bei. Eine dritte Prüfung nimmt die Geschäftsführung des Deutschen Studentenwerks vor.

Der Grundsatz der persönlichen Vertretung im Z. A. A. hat sich gerade bei der Steigerung der Anforderungen für die Aufnahme als so außerordentlich wertvoll und für die Sicherheit einer guten Auslese unerläßlich erwiesen, daß sich der Vorstand nach eingehenden Beratungen nicht entschließen konnte, den Z. A. A. zugunsten eines kleineren Auswahlgremiums, dessen Vorzüge in anderer Richtung nicht verkannt werden, preiszugeben.

Die Zusammensetzung des Z. A. A. wurde in folgender Weise festgesetzt:

I. Auf Grund ihrer Aemter:
1. die Mitglieder des Vorstandes des Deutschen Studentenwerks,
2. die Mitglieder des Kleinen Studienstiftungs-Ausschusses. Ihre Mitgliedschaft bestimmt sich nach der Zugehörigkeit zu dem genannten Organ.

II. Vom Vorstand des Deutschen Studentenwerks gewählt:
1. Vertreter des Reichsministeriums des Innern und der Unterrichtsministerien der Länder,
2. Persönlichkeiten, die für die Förderung der Arbeit besonders wesentlich sind. Sie werden hauptsächlich aus den Kreisen der Hochschullehrer, der Lehrer an höheren Schulen, den Vertretern der Wirtschaftskörper, den Männern aus der Wirtschaft, der Staats- und Kommunalverwaltungen gewählt.

Die Mitgliedschaft ist auf drei Jahre begrenzt, Wiederwahl ist zulässig.

Für die beiden letzten Gruppen hat der Kleine Ausschuß ein Vorschlagsrecht[1]).

Im Laufe der Berichtszeit schieden aus dem Z. A. A. aus:

Oberregierungsrat Jesinghaus, Weimar
Dr. Herbst, Königsberg
Geheimrat Körte, Leipzig
Dr. Kreppel, Dresden
Oberstudiendirektor Apel, Köln
Direktor Beck, München
Oberschulrat Tschersig, Breslau
Professor Dr. Mitgau, Frankfurt a. O.
Professor Nägel, Dresden.

---

[1]) Die gegenwärtige Zusammensetzung des Z. A. A. ist aus Anlage 1, Abs. 5, ersichtlich.

STUDENTENHAUSNEUBAUTEN IN KARLSRUHE, HANNOVER UND BRESLAU

STUDENTENHAUS-
NEUBAUTEN
IN WÜRZBURG (oben)
UND ERLANGEN (mitte)

Blick vom Saal in den Aufenthaltsraum des Würzburger Hauses

Es ist uns ein aufrichtiges Bedürfnis, den Ausgeschiedenen an dieser Stelle nochmals den herzlichsten Dank der Studienstiftung für ihre außerordentlich wertvolle ehrenamtliche Mitarbeit auszusprechen. Wir hoffen, sie auch in Zukunft zum Kreise der Freunde und Vertrauensleute der Studienstiftung zählen zu dürfen.

Die Aufnahmesitzungen fanden im Laufe der Berichtszeit wiederum in Dresden und zwar zu folgenden Zeiten statt:

Herbst	1928	8. bis 10. Oktober
Frühjahr	1929	12. bis 14. März
Herbst	1929	7. bis 9. Oktober
Frühjahr	1930	11. bis 13. März
Herbst	1930	30. September.

Im Herbst 1930 mußten infolge der Etatkürzungen, zu denen das Reich gezwungen war, die Neuaufnahmen ausfallen. Die Sitzung vom 30. September 1930 entschied lediglich über die Mitgliedsaufnahme der Vorsemester. Es war dazu ein kleinerer Ausschuß gebildet worden.

In Zukunft soll, wie unten näher ausgeführt werden wird, nur nur noch eine Aufnahmesitzung im Jahre stattfinden und zwar Anfang Januar.

Kleiner Studienstiftungs-Ausschuß

Der Charakter der Beratungen des Z. A. A. ist in den letzten Jahren zwangsläufig dadurch verändert worden, daß die Auslese infolge der Verringerung der Aufnahmezahlen immer strenger und darum die Verhandlungen ausführlicher werden mußten. So blieb immer weniger Zeit für die Beratung der allgemeinen Fragen. In der gleichen Richtung wirkte die starke Erhöhung der Mitgliederzahl des Z. A. A., der in den ersten Jahren nur 15—20 Mitglieder hatte. Endlich wuchs durch das Aelterwerden der Studienstiftung dadurch, daß die Zahl der Erfahrungen sich ständig vermehrte und mit den Abschlußergebnissen der Studenten neue Probleme auftauchten, der Stoff, den es zu bearbeiten gab, außerordentlich. Deshalb hatte man schon mehrmals, erstmalig im Herbst 1929, einen kleineren Kreis von Mitgliedern des Z. A. A. mit der Vorberatung bestimmter Probleme betraut. Da sich diese Beratungen als besonders fruchtbar erwiesen, ist in der Vorstandssitzung vom 5./6. Dezember 1930 ein ständiger Sachverständigen-Ausschuß eingesetzt worden, der dem Z. A. A. einige Aufgaben abnehmen, den Vorstand beraten und die Geschäftsführung laufend unterstützen soll. Er soll häufiger als der Z. A. A. zusammentreten und so auch zu einer Intensivierung der Arbeit beitragen.

Endgültig ist der Kleine Ausschuß als „Arbeitsausschuß des Deutschen Studentenwerks für die Fragen der Studienstiftung" in der Vorstandssitzung vom 7. bis 9. März 1931 eingesetzt worden. Der

„Kleine Studienstiftungs-Ausschuß“[1]) setzt sich zusammen aus den Vorsitzenden des Deutschen Studentenwerks oder dessen Vertreter, zwei vom Z. A. A. vorgeschlagenen Mitgliedern, einem Vertrauensdozenten, einem Altmitglied der Studienstiftung, einem Vertreter der Wirtschaftskörper, dem Hauptgeschäftsführer des Deutschen Studentenwerks und dem Geschäftsführer der Studienstiftung. Die Mitglieder des Kleinen Ausschusses werden auf drei Jahre vom Vorstand des Deutschen Studentenwerks gewählt, und zwar mit Ausnahme des Vertreters der Wirtschaftskörper auf Vorschlag des Z. A. A., dem sie als Mitglied angehören. Wiederwahl ist zulässig. Der Wirtschaftskörpervertreter wird jeweils nur für ein Jahr vom Vorstand des Deutschen Studentenwerks gewählt.

Organisation

Aus den Erfahrungen mit den ersten Jahrgängen der Studienstiftung ergab sich, daß die Arbeit intensiviert werden mußte. In der Geschäftsführung wurden die studierenden Mitglieder und Vorsemester, nach Jahrgängen gegliedert, jeweils einem bestimmten Referenten zur Bearbeitung zugeteilt, so daß infolge der so erreichten besseren Personenkenntnis eine individuellere Bearbeitung möglich wurde. Ebenso wurden die Neubewerbungen und die Altmitglieder je einem bestimmten Referenten zugewiesen.

Auch von den Wirtschaftskörpern ist der organisatorische Ausbau verbessert worden. An vielen Hochschulen verwalten ältere Mitglieder selbst die örtliche Studienstiftungsarbeit, was sich in jeder Hinsicht gut bewährt hat.

Ueber die Aufnahmen, gegliedert nach den Sitzungen des Z. A. A. geben folgende Tabellen eine Uebersicht:

Tabelle I. Neuaufnahmen (im wesentlichen Vorsemester).

	Abit.		Stud.		Gesuche	Aufgenommen	zurückgestellt	abgelehnt
1928 Herbst	44	+	88	=	132	52 (15)[1])	20	60
1929 Frühjahr	530	+	316	=	846	168 (5)	—	678
1929 Herbst	11	+	172	=	183	62 (29)	36	85
1930 Frühjahr	459	+	354	=	813	178 (14)	127	452
1930 Herbst	(—		186	=	186)[2])	— —	—	—
1931 Frühjahr	362	+	518[3])	=	880	160 (54)	81	639

[1]) in Klammern: als Mitglieder.
[2]) die Entscheidung über diese Gesuche wurde im Frühjahr 1931 gefällt.
[3]) hiervon Herbstgesuche (30 II) = 186
Frühjahrsgesuche = 332.

[1]) Die Zustimmung des Vorstandes zu den Vorschlägen über die Zusammensetzung und Kompetenzen ist erst am 2./3. 7. 31 endgültig gegeben worden.

Tabelle II. Mitgliedsaufnahmen.

	Z. Entsch. stehende Vors.	Aufgenommen	Zurückgestellt	Abgelehnt
1928 Herbst . . .	90	56	20	14
1929 Frühjahr . . .	224	130	77	17
1929 Herbst . . .	136	73	32	31
1930 Frühjahr . . .	176	102	51	23
1930 Herbst . . .	136	66	34	36
1931 Frühjahr . . .	75	47	12	16

Aus Tabelle I ergibt sich, daß die Zahl der Aufnahmen sich in den letzten Jahren außerordentlich verringert hat. Wenn auch durch die Vorstandsbeschlüsse vom Jahre 1929 im Interesse einer besseren Auslese eine gewisse Verringerung der Aufnahmezahlen erstrebt wurde, so ging diese doch durch die Etat-Kürzungen des Reichs weit über das wünschenswerte Maß hinaus. War vom Gesichtspunkt der Bewerber und der einreichenden Stellen schon das frühere Verhältnis 1 : 4 ein solches, daß z. B. auch von sehr eifrig mitarbeitenden Schulen manche Entscheidung nicht verstanden wurde, so mußte sich dieser Zustand in der Folgezeit verschärfen. Insbesondere für das ursprüngliche Hauptauswahlbecken, wenn man so sagen darf, die höheren Schulen, wird das durch folgende Tatsachen deutlich: Die Studienstiftung hat in immer stärkerem Maße auch Gesuche von Studenten berücksichtigt, wodurch natürlich die Zahl der Abiturientenaufnahmen noch stärker zurückging, als dies ohnehin bei sämtlichen Aufnahmen der Fall war. Anderseits hat sich seit 1925 die Abiturientenzahl in Deutschland mehr als verdoppelt, so daß das Verhältnis ein noch ungünstigeres wurde. Gleichwohl hat sich die Zahl der Schulgesuche verringert. Der Grund dafür ist natürlich nicht darin zu suchen, daß etwa die Zahl begabter oder bedürftiger Abiturienten abgenommen hätte, sondern darin, daß die Schulen mehr und mehr der Studienstiftung gegenüber resigniert haben, weil sie der Jahr für Jahr fortgesetzten vergeblichen Versuche, einen ihrer Schüler in die Studienstiftung hineinzubringen, müde geworden sind. Es ist begreiflich, daß die Studienstiftung angesichts der Finanznot eine Lösung dieser Frage noch nicht hat finden können. Sie ist sich aber dessen bewußt, daß hier eine Schwierigkeit besteht, die den ganzen Unterbau ihrer Arbeit beeinträchtigt, und die deshalb in absehbarer Zeit behoben werden muß.

Auch Tabelle II zeigt, daß die Auswahl der Studienstiftung eine strengere geworden ist. Hier wirkt sich vor allem auch die verstärkte Mitarbeit der Hochschulen aus, die zu den erfreulichsten Tatsachen gehört, von denen diese Zeilen berichten dürfen.

Ausgeschlossen mußten in den letzten 3 Jahren 24 Mitglieder werden, darunter zwei, die außer von der Studienstiftung ein großes laufendes Stipendium von anderer Seite bezogen und dies beiden Stellen verschwiegen hatten. 9 Mitglieder sind gestorben.

Fakultäts-Statistik der Studienstiftung.

Sommer 1931.

Jahrgang:	1925		1926		1927		1928		1929		1930			1931			Ausgeschied. Ausgetreten Verstorb. usw.	Insgesamt				%	% in der Gesamt-student.-schaft
Fakultät	A	M	A	M	A	M	A	M	A	M	A	M	V	A	M	V		A	M	V	Sa.		
Theologie	36	3	14	6	3	14	3	21	—	15	—	1	8	—	1	11	—	56	61	19	136	8·62	6·92
Rechtswissenschaft	46	6	36	6	22	11	5	25	—	26	—	11	13	—	7	14	4	109	92	27	228	14·42	16·7
Volkswirtschaft	4	1	2	2	1	5	—	5	—	6	—	1	5	—	1	3	1	7	21	8	36	2·28	2·8
Wirtschaftswissenschaft	—	—	—	1	—	3	—	4	—	4	—	—	2	—	—	1	—	—	12	3	15	0·94	3·9
Medizin	12	5	5	19	6	20	2	17	—	19	1	8	10	—	5	10	1	26	93	20	139	8·79	13·69
Medizin — Tierheilkunde	1	1	—	—	—	1	—	2	—	—	—	—	—	—	—	1	—	1	4	1	6	0·38	1·02
Mathematik—Naturwissenschaft	25	15	18	19	2	28	3	31	—	27	—	8	12	—	4	18	3	48	132	30	210	13·28	8·26
Philologie	66	33	24	59	14	80	15	80	2	73	1	33	37	—	27	34	12	122	385	71	578	36·62	15·36
Chemie	4	6	2	2	1	1	—	2	—	3	—	1	3	—	2	2	1	7	17	5	29	1·83	3·44
Ingenieure - Bauingen. - Architekt.	18	14	8	17	3	10	1	22	—	14	—	7	8	—	4	10	4	30	88	18	136	8·62	13·02
Technische Physik	1	—	1	2	—	1	—	1	—	1	—	2	—	—	1	—	—	2	8	—	10	0·63	—,—
Physik	1	1	—	4	—	1	—	2	—	3	—	1	2	—	—	—	—	1	12	2	15	0·94	1·90
Musikwissenschaft	—	3	—	—	—	1	1	1	—	—	—	—	—	—	2	1	—	1	7	1	9	0·51	0·55
Forstwirtschaft	1	—	4	—	—	—	1	—	—	—	—	—	—	—	—	—	—	6	—	—	6	0·38	0·42
Landwirtschaft	—	—	—	—	—	—	—	—	—	1	—	—	—	—	—	1	—	—	1	1	2	0·12	1·17
Abgeschlossen (A)	215		114		52		31		2		2			—				416	933	206	1555	98·36	89·15*
																		*Ausgetr. usw.			26	1·64	
Noch unterstützte Mitglieder (M)		88		137		176		213		192		73			54								
Vorsemester (V)													100			106		Summe			1581	100·00	
Ausgetret.-Ausgeschied.-Verstorb.																	26						
Insgesamt also:	303		251		228		244		194		175			160			26=1581						

*) Die bei der Gesamtstudentenschaft fehlenden 10,85 % setzen sich zusammen aus: Pharmazie und Zahnheilkunde, die in der Studienstiftung jetzt überhaupt nicht mehr vertreten sind, und Volksschullehrern, von denen jetzt in der Studienstiftung nur noch 12—15 sind. Sie sind unter Philologie mitgezählt. Das Prozentverhältnis der Philologen wird dadurch kaum berührt.

Die Fakultätszusammensetzung ergibt sich aus vorstehender Tabelle, die zugleich einen Ueberblick über die Stärke der Jahrgänge und den gegenwärtigen Stand der Unterstützten gibt.

Eine ausführliche Sozialstatistik wird erst im Rahmen einer jetzt noch in Arbeit befindlichen allgemeinen Statistik der Studienstiftung erfolgen, für die die sehr sorgfältigen Erfahrungen und gründlichen Auswertungen noch nicht abgeschlossen sind. Hier sei nur erwähnt, daß sich im Wintersemester 1930/31 unter 1065 studierenden Mitgliedern und Vorsemestern 146 Arbeiterkinder und außerdem 15 Selbstarbeiter, d. i. 15,11 %, befanden. In der Gesamtstudentenschaft betrug der Prozentsatz 3,0 %. Von den Bewerbern im März 1931 waren 13,7 % Arbeiterkinder.

Finanzfragen

Besonders schwierig gestaltete sich in den letzten beiden Jahren der Berichtszeit die finanzielle Lage der Studienstiftung infolge der Kürzungen, die das Reich im Etat des Deutschen Studentenwerks vornehmen mußte. Folgende Uebersicht gibt ein Bild der finanziellen Entwicklung:

Ausgaben der Studienstiftung 1925/26 bis 1930/31.

Jahr	Gesamt-ausgabe	Davon Dar-lehnskasse	Zahl der Unter-stützten *)	Ausgabe pro Kopf
S. S.			349	
W. S.			418	
1925/26	253 200,—		(385)	658,—
S. S.			619	
W. S.			641	
1926/27	490 000,—		(628)	796,—
S. S.			857	
W. S.			885	
1927/28	848 000,—	45 912,—	(870)	971,—
S. S.		104 308,—	1102	
W. S.		134 476,—	1111	
1928/29	1 168 443,—	238 784,—	(1107)	1 160,—
S. S.		131 188,—	1206	
W. S.		158 225,—	1180	
1929/30	1 179 235,—	289 413,—	(1193)	990,—
S. S.		128 748,—	1058	
W. S.	1 048 134,—	140 167,—	946	
1930/31		268 915,—	(1002)	1 046,—

*) Die Jahreszahl der Unterstützten ist lediglich eine Rechenzahl.

Ausgaben

Vom Sommer-Semester 1929 ab wurden die Monatswechsel um RM 10,— gekürzt, außerdem für Sonderstudien (besonders Ausland) weniger bewilligt.

Im Jahre 1930/31, in dem diese 10-Mark-Kürzung beibehalten wurde, war die Finanzlage ganz besonders schwierig. Es konnten fast keinerlei Sonderbewilligungen gegeben werden, insbesondere mußten die Auslandsstudien aufs stärkste eingeschränkt werden. Die Kopfsumme hat sich aber dennoch um RM 56,— erhöht, weil infolge eintretender Arbeitslosigkeit, sonstigen Verdienstausfalles und der Verminderung anderer Stipendien, die im Haushaltplan in Anrechnung gebrachten häuslichen Zuschüsse außerordentlich stark zurückgingen. Dazu kam noch, daß die Bedürftigkeit bei den Neuaufnahmen gestiegen ist. Es mußten z. B. für die drei Sommerferienmonate 1930 im ganzen etwa RM 70 000,— an Ferienunterstützungen ausgezahlt werden[1]), wobei im wesentlichen nur Mitglieder berücksichtigt werden konnten, die kurz vor dem Examen standen oder die nicht bei ihren Angehörigen wohnen konnten. Die Mitgliedermonatswechsel, die sich früher nach den Ortsklassen von RM 115,— bis RM 140,— einschl. RM 10,— Bücher- und RM 10,— Kleiderzulage bewegten, wozu für ältere Semester noch eine Zulage von RM 10,— für Naturwissenschaftler und Techniker eine weitere von RM 5,— kam, wurden herabgesetzt. Der Grundwechsel beträgt jetzt[2]) RM 90,—, wozu nach fünf Ortsklassen gestaffelt eine Zulage bis zu RM 25,— kommt. Dazu kommt in der Regel ein Bücherzuschuß, der im Sommersemester RM 30,—, im Wintersemester RM 40,— beträgt. Die Kleiderzulage von RM 15,— monatlich wird nur nach Bedürftigkeit bewilligt. Einzelbewilligungen für besondere Anschaffungen werden nur bei ganz dringendem Bedarf gegeben.

Infolge der schwierigen Finanzlage mußten im Herbst 1930 die Neuaufnahmen vollständig ausfallen, eine Maßnahme, die in allen Kreisen eine außerordentliche Enttäuschung hervorgerufen hat.

Im Zusammenhang mit der unten näher dargestellten starken Trennung der Vorsemester von den Mitgliedern wurde das Vorsemesterstipendium vom Sommersemester 1930 ab stark herabgesetzt, wobei vor allem daran gedacht war, daß die Vorsemester sich durch andere Hilfsquellen, besonders durch eigenen Verdienst, Mittel beschaffen sollten. Die Verschlechterung der allgemeinen Wirtschaftslage im Sommer 1930 zwang uns aber, die Vorsemesterunterstützungen vom Wintersemester ab wieder zu erhöhen. Der vorläufige Kleine Ausschuß hat für die Zukunft beschlossen, für die Vorsemesterzeit Gesamtstipendien zu bewilligen, was allerdings auf die Höhe ohne Einwirkung sein dürfte. Vom Herbst 1930 ab sind in der Geschäftsführung alle Einzelakten auf eine Neufestsetzung der häuslichen

[1]) Die Summe erhöht sich 1931 wegen der Unmöglichkeit jedes Ferienverdienstes noch.

[2]) Beschluß des vorläufigen Kleinen Ausschusses am 27./28. Februar 1931 in Berlin.

Zuschüsse geprüft worden, die den gegenwärtigen strengen Anforderungen der Studienstiftung entsprechen. So konnte das Geschäftsjahr 1930/31 abgeschlossen werden, ohne den Voranschlag zu überschreiten. Es war sogar möglich, einen Betrag einzusparen, der sich durch frühere Studienabschlüsse zahlreicher Mitglieder ergab. So ist am Ende der Berichtszeit durch rigorose Maßnahmen die finanzielle Grundlage der Studienstiftung in einer den veränderten Verhältnissen entsprechenden Weise stark verengt worden. Insbesondere ist die allgemeine Unterstützung gesenkt. Wenn nicht ganz unerwartete Kürzungen eintreten, ist es aber anderseits dadurch wieder möglich geworden in den Fällen, wo eine Bewährung im Sinne der Studienstiftung vorliegt, Sonderbewilligungen, wie Studienverlängerung, Promotion, Auslandsstudium u. ä. zu bewilligen und so der vornehmsten Aufgabe der Studienstiftung wieder gerecht zu werden.

Betrachtet man die Studienstiftungs-Arbeit nach einer Gliederung, die immer mehr für sie bezeichnend wird, so ergeben sich drei Gruppen: Auswahlarbeit

1. die Bewerber,
2. die studierenden Mitglieder und Vorsemester,
3. die Altmitglieder.

1. Das Kernproblem für die Studienstiftung ist die Auswahlarbeit. Sie wird es sein, solange die Studienstiftung besteht. Die vom Z. A. A. im Herbst 1925 beschlossenen Richtlinien stecken einen allgemeinen und weiten Rahmen, innerhalb dessen die hauptsächliche Gewähr für die Auswahl die Persönlichkeiten des Auswahlausschusses bieten.

In der Herbstsitzung des Z. A. A. 1929 wurden auf Grund der inzwischen gemachten Erfahrungen die grundsätzlichen Fragen der Auswahlarbeit der Studienstiftung aufs neue geprüft nach Vorschlägen, die ein Sonderausschuß beraten hatte. Es wurde noch einmal ausdrücklich hervorgehoben, daß es „Aufgabe der Studienstiftung sei, einer begrenzten Zahl hochqualifizierter junger Menschen, deren akademische Ausbildung im Gesamtinteresse liege, das Studium zu ermöglichen“. Um diesem Ziele näher zu kommen, wurde beschlossen, die Aufnahmezahl, die früher im Jahre etwa gegen 300 betragen hatte, auf etwa 200 herabzusetzen und auf eine Kontingentierung hinzuarbeiten. Vor allem wurden die Vorsemester stärker von den Mitgliedern abgetrennt. Die Vorsemesterzeit von 3, bei Studenten von 2 Semestern, ist in sich abgeschlossen; die Unterstützung endet mit dem Ablauf dieser Zeit. Eine Mitgliedaufnahme setzt eine ausdrückliche Neubewerbung voraus, zu der dieselben Unterlagen wie für jeden Studentenneubewerber notwendig sind.

Durch diese Regelung soll vor allem erreicht werden, daß die Vorsemester nicht mehr wie früher von vornherein mit der Mitgliedaufnahme rechnen, wenn sie nicht geradezu versagt haben, sondern daß umgekehrt nur diejenigen für die Mitgliedaufnahme überhaupt vorgeschlagen werden, die sich wirklich bewährt haben. Das hat, wie die Tabelle II auf Seite 57 zeigt, tatsächlich zu einer Verschärfung der Auslese geführt. Eine weitere Möglichkeit, die Auslese zu intensivieren, liegt in einer Verfeinerung des Ausleseverfahrens. So wurden vor allem die Versuche, regionale Vorprüferbesprechungen als Vorbereitung und Vereinfachung der Beratungen des Z. A. A. eingeführt, die sich sehr gut bewährt haben. In diesen Besprechungen konnten im Unterschied zu den Sitzungen des Z. A. A. sämtliche Gesuche des betreffenden Bezirks durchgesprochen und auch Persönlichkeiten, die nicht dem Z. A. A. angehören, zugezogen werden.

Schließlich liegt ein weiteres Mittel der Auslese in der Beobachtung während des Studiums. Individualisierung der Sonderbewilligungen je nach der Bewährung und eventuell Ausschluß einzelner Fälle sind die Möglichkeiten, die sich hier in erster Linie bieten. Die geschilderte Schwierigkeit, die bei den Schulgesuchen eingetreten ist, hat sich nun infolge der Verschlechterung der Lage auf dem gesamten Arbeitsmarkt und bei der Verringerung der sonstigen Stipendienmittel noch mehr erhöht. Viele Bewerber konnten nach ihrer im März erfolgten Ablehnung durch die Studienstiftung keine Möglichkeiten mehr zum Studieren oder zur Wahl eines anderen Berufes finden. Es ist daher beschlossen worden, in Zukunft die Abiturientenaufnahmen auf den Januar vorzuverlegen, damit im Falle der Ablehnung die Bewerber noch genügend Zeit für die in vielen Fällen notwendige Umstellung haben. Auf denselben Termin werden auch die bisher im Herbst und im Frühjahr stattfindenden Studentenaufnahmen zusammengelegt. Um wenigstens in den dringendsten der Fälle, die abgelehnt werden mußten, eine Hilfe zu schaffen und auch die intensive und sorgfältige Vorprüfungsarbeit nicht ganz nutzlos bleiben zu lassen, hat der Z. A. A. in den letzten Sitzungen im Ablehnungsfalle gelegentlich eine Empfehlung zur Unterstützung an andere Stellen beschlossen. Das wurde zum ersten Male in der Frühjahrssitzung 1931 in größerem Umfange durchgeführt, da die stark ausgebaute Abteilung Einzelfürsorge des Studentenwerks eine Reihe von Fällen übernehmen konnte. Eine Uebersicht über das Verhältnis der Ablehnungen und der Empfehlungen an die Einzelfürsorge, die Wirtschaftskörper und die Darlehnskasse bietet folgende Tabelle:

Empfehlung an andere Stellen

Uebersicht der Empfehlungen des Zentralen Arbeitsausschusses an andere Stellen in der Frühjahrssitzung 1931.

(Nachtragsentscheidungen sind berücksichtigt, nicht aber Zurückstellungen).

Zahl der Bewerbungen		904
Aufnahmen (Mitgl. und Vorsemester)		154
Empfehlungen an andere Stellen		106
Einzelfürsorge	55	
Wirtschaftskörper	33	
Darlehnskasse	18	

Es ergibt sich, daß 11,7 % der vorliegenden Gesuche bei Nichtaufnahme an andere Stellen empfohlen wurden. Da die Zahl der Aufnahmen 17,04 % beträgt und die genannten Stellen den Empfehlungen fast ausnahmslos in irgendeiner Weise nachgekommen sind, ist die Zahl der „positiven" Entscheidungen auf 28,74 % gegen 17,04 % gestiegen.

Mit der Erschließung dieses Weges ist ein außerordentlich bedeutsamer Schritt für den Ausbau der Studienstiftung getan. Es wäre zu wünschen, daß die schon im Jahre 1925 in Aussicht genommene Zusammenarbeit auch mit Stipendienorganisationen anderer Stellen, vor allem der Städte und des Staates, in ähnlicher Weise aufgenommen werden könnte.

Was das zweite Hauptgebiet, die Durchführung der Aufgabe der Studienstiftung an den Studierenden selbst betrifft, so ging hier mitunter ein lebhafter Meinungskampf hin und her. Der persönlichen und individuellen Methode, die die Studienstiftung als etwas ihr Eigentümliches ausgebildet hat, und die sich in der individuellen Festsetzung der Beihilfen, in dem Semesterbericht des Studenten an die Leitung, in seinen persönlichen Beziehungen zum Vertrauensdozenten und Wirtschaftskörper, ja auch zur Leitung selbst äußert, ist wiederholt als allein wünschenswert, würdig und die individuelle Freiheit achtend gegenübergestellt worden eine völlig unpersönliche und freie Art der Beziehung, welche sich auf die Auswahl und Geldhingabe beschränkt, während wieder von anderen Seiten im Gegenteil eine noch sehr viel stärkere Bindung auch der Mitglieder untereinander befürwortet wurde, als sie die Leitung der Studienstiftung selbst erstrebt.

In einem Bericht, der sich auf die Erzählung von Tatsachen und Erfahrungen beschränkt und nicht Probleme erörtern kann, kann hierzu folgendes gesagt werden: Eine wirklich sinnvolle Verteilung der Mittel im Gegensatz zu einer schematischen, die den Erfolg dem Zufall überlassen würde, ist nur möglich, wenn die über die Verteilung entscheidenden Organe die einzelnen Studenten kennen, und zwar möglichst gut kennen. Allein aus diesem sachlichen und ökonomischen Gesichtspunkt, d. h. dem Willen, den verfügbaren Mitteln den größtmöglichen Wirkungsgrad zu verleihen, ist eine regelmäßige und intensive Beobachtung der Studienentwicklung unserer Mitglieder erforderlich. Nur so ist es möglich, bei entsprechender Bewährung im Sinne der Studienstiftung ihrer eigentlichen Aufgabe in den Fällen gerecht zu werden, wo besondere Unterstützungen, wie Promotion, Studienverlängerung, Auslandsaufenthalte, am Platze sind. Umgekehrt ist es nur so möglich, rechtzeitig auf Fehlentwicklungen aufmerksam zu werden, die nicht nur an sich und im Interesse des Studenten selbst, sondern auch aus finanziellen Gründen verhindert werden sollten, soweit es möglich ist. Es hat sich gezeigt, daß eine intensivere Bearbeitung der Einzelfälle in der Geschäftsführung schon nach kurzer Zeit durch Ausscheidungen und Studienkürzungen solcher Mitglieder, die den Erwartungen nicht entsprechen, die für diese Bearbeitung aufgewendeten Kosten um das Vielfache hereingeholt wurden.

Aber auch von anderen Gesichtspunkten erscheint eine menschliche und akademische Förderung der Studienstiftungs-Mitglieder dringend erwünscht. Nur auf diesem Wege kann z. B. denen, die mit Schwierigkeiten bei dem Eindringen in das ihnen neuartige Leben an der Hochschule zu ringen haben — es trifft dies in besonderem Maße die Aufstiegsstudenten —, durch individuelle Behandlung und Zuleitung zur Beratung an verständnisvolle und geeignete Persönlichkeiten in ihrem Studium geholfen werden.

Vertrauensdozententagung

Selbstverständlich kann diese verantwortungsvolle Aufgabe nicht von der Geschäftsführung allein, ja im Einzelfall nicht einmal von ihr in erster Linie erfüllt werden. Es ist dies, abgesehen von den Mitgliedern des Z. A. A., vor allem die Aufgabe der Wirtschaftskörper und Vertrauensdozenten. Ihre ungewöhnlich rege und intensive Mitarbeit darf zu den erfreulichsten Erfolgen der Studienstiftungsarbeit der letzten Jahre gerechnet werden. Sie wurde insbesondere angeregt durch die Vertrauensdozententagung am 30. und 31. Mai 1930 im Harnack-Haus in Berlin, zu der die allgemeinen Vertrauensdozenten fast aller Hochschulen erschienen waren. Im Mittelpunkt standen die Ausführungen von Herrn Professor Spranger über „Probleme der Begabtenförderung"[1]) und von Herrn Professor v. Soden über „Die Aufgaben des Vertrauensdozenten". Die sehr fruchtbar verlaufene Aussprache hat nachhaltig gewirkt und war in der täglichen Arbeit der Studienstiftung in der glücklichsten Weise spürbar. An einer Anzahl Hochschulen haben die allgemeinen Vertrauensdozenten Fakultätsvertrauensdozenten für die Mitarbeit gewonnen, während die aus der ersten Zeit stammende Einrichtung eines persönlichen, vom Mitglied gewählten Vertrauensdozenten mehr in den Hintergrund gerückt ist.

---

[1]) Abgedruckt im „Studentenwerk", Jg. V, Heft 5.

Zusammenarbeit

Auch die Verbindung der Geschäftsführung mit den einzelnen Hochschulen wurde weiter gepflegt; sie gehört zu den unerläßlichen Voraussetzungen einer richtig durchgeführten Büroarbeit in Dresden. Im ersten und zweiten Berichtsjahr wurde durch Reisen an die Hochschulen die persönliche Fühlung zu Dozenten, Wirtschaftskörpern und Studienstiftungsgruppen ausgebaut. Leider mußte das im dritten Jahre wegen der zu geringen Mitarbeiterzahl in der Geschäftsführung fast ganz unterbleiben. An Treffen und Wanderungen von Studienstiftungsgruppen einzelner Hochschulen seien besonders erwähnt eine Tagung der Leipziger Studienstiftung in Miltenberg am Main vom 4.—17. April 1929, die Zusammenkünfte vom 30. 6. bis 1. 7. 1928 in Maulbronn und vom 15. bis 17. 2. 1929 in Manderscheid (Eifel). Aus eigener Initiative aus dem Kreise der Mitglieder wurden zahlreiche Zusammenkünfte und Wanderungen veranstaltet oder Arbeitsgemeinschaften gebildet.

Besondere Bewilligungen

Von den vielen Einzelfragen sei noch erwähnt, daß die Promotionsbewilligung jetzt in der Weise geregelt ist, daß sie nur auf besonderen Antrag und bei ausreichender Befürwortung durch die in Betracht kommenden Dozenten bewilligt wird, soweit es sich nicht um den allgemein üblichen Abschluß durch Promotion handelt (Mediziner). Auch die Unterstützung aus Darlehnsmitteln ist insofern neu geregelt worden, als nicht mehr, wie bisher, 2 Semester von dem frühesten Examensmeldetermin ab bis zu RM 1200,— die Beträge als Darlehn gegeben werden. Das Darlehn wird vielmehr ein Semester vor Studienabschluß bis zu RM 1200,— festgesetzt. Es darf jedoch nicht mehr als 50 % der Gesamtunterstützung betragen, wodurch die Mitglieder berücksichtigt werden, die erst spät in die Studienstiftung kommen.

Auslandsstudien

In diesem Zusammenhang sei ferner noch erwähnt, daß im Frühjahr 1929/30 und 31 jeweils eine Gruppe der Mitglieder der Studienstiftung an den internationalen Hochschulkursen in Davos teilnahmen, wobei sich eine engere Fühlungnahme zu den Schülern der Ecole Normale Supérieure in Paris angebahnt hat. Selbstverständlich studierte in den Berichtsjahren wieder ein größerer Teil in Oesterreich: 1928/29 25, 1929/30 34, 1930/31 26. Eine Uebersicht über das Auslandsstudium gibt die nachstehende Tabelle.

Auslands-Studium.

Jahr	England	Frankreich	Holland	Indien	Island	Italien	Lettland	Schwed.	Schweiz	Spanien	CSR.	USA. Chile	Insgesamt	V. H. der Mitglied.
1927/28 . .	4	11	—	—	—	1	1	1	2	—	—	6/1	27	3,14
1928/29 . .	13	25	—	1	—	3	—	1	10	1	—	3/1	58	5,27
1929/30 . .	11	15	1	1	1	—	—	1	3	—	1	4/1	39	3,00
1930/31 . .	7	5	1	—	—	1	—	1	3	—	—	4/1	23	1,74

Sie zeigt, daß in den letzten Jahren der Prozentsatz der im Ausland studierenden Mitglieder infolge der finanziellen Schwierigkeiten leider zurückgegangen ist. Die Mitglieder der Studienstiftung erhielten seit dem letzten Jahre der Berichtszeit größere Auslandsstudien im allgemeinen nur durch Vermittlung des Akademischen Austauschdienstes, mit dem sich ein erfreuliches Arbeitsverhältnis angebahnt hat.

Ergebnisse

Das dritte Gebiet endlich, die Verbindung zu den Abgeschlossenen, ist im wesentlichen noch eine Zukunftsaufgabe. Es zeigt sich aber immer mehr, wie notwendig gerade hier ein Ausbau ist. Immerhin dürfen die ersten Tatsachen als durchaus erfreulich und ermutigend bezeichnet werden. Wir geben hier, obwohl die Studienstiftung natürlich nicht der Meinung ist, daß eine endgültige Bewährung aus Examensergebnissen abgelesen werden kann, zunächst eine Statistik der bis zum 1. 6. 31 gemeldeten Examensergebnisse der Mitglieder der Studienstiftung. Das Gesamtergebnis ist im Vergleich zu den Ergebnissen allgemein sehr günstig.

Examens-Ergebnisse bis 1. 6. 1931.

Fakultät	I		II		III		IV		o. Ang.		Zusammen	
	St.E.	Pr.	St.E.	Pr.	St.E.	Pr.	St.E.	Pr.	St.E.	Pr.	St.E.	Pr.
Jura u. Volksw. . . .	11	4	38	8	49	4	13	1	11	—	122	17
Math. u. Nat.-Wiss. . .	25	13	22	10	4	2	—	—	—	1	51	26
Medizin	17	6	11	6	1	—	—	—	—	—	29	12
Phil. (u. Päd.)	26	14	48	17	12	6	—	2	2	—	88	39
Technik (u. Arch.) . .	13	1	13	—	3	—	—	—	1	—	30	1
Landwirtsch.u.Forstwiss.	2	1	2	—	1	—	—	—	—	—	5	1
Theol.	3	—	27	4	13	—	—	2	3	—	46	6
	97	39	161	45	83*	12	13	5	17	1	371	102

Erklärung: St.E. = Staatsexamen oder entsprechendes
Pr. = Promotion
I, II, III, IV = Noten
„ohne Angabe" = umfaßt vor allem Fälle, in denen keine Noten erteilt werden.

*) Die hohe Zahl der III-Abschlüsse ist besonders durch die mit den anderen Noten nicht völlig vergleichbaren Ergebnisse der preußischen Justizreferendarprüfungen zu erklären. Unter Berücksichtigung dieser Tatsache wird das Gesamtbild noch wesentlich verbessert.

Anschaulicher dürfte die Tatsache sein, daß allein aus dem Jahrgang 1925 etwa 35 Mitglieder Assistentenstellen an Hochschulinstituten innehaben, aus späteren Jahrgängen zusammen z. Zt. ungefähr 20. Daraus dürfte hervorgehen, daß die wissenschaftliche Bewährung der Studienstiftungs-Mitglieder eine außerordentlich gute ist. Wenn dem hinzugefügt werden kann, daß mehrere Mitglieder angesehene wissenschaftliche und andere Stellungen im Ausland erhalten haben, zwei an bedeutenden politischen Zeitschriften ganz verschiedener Richtung als Schriftleiter, andere sonst im politischen Leben tätig sind, ein Mitglied zum Generalsekretär einer bedeutenden politischen Studiengesellschaft ernannt worden ist, so beweisen solche Beispiele die Tatsache, daß die Studienstiftung nicht nur für die Gelehrtenarbeit, sondern auch für die praktische Wirksamkeit im Leben fähige Mitglieder ausgewählt hat. Als Beispiele seien hier noch einige Daten aus der Entwicklung einiger Mitglieder der Studienstiftung angeführt, die ihren Weg mit Erfolg zurückgelegt haben:

A. ist 1906 als Sohn eines Hamburger Volksschullehrers geboren. Im Herbst 1925 in die Studienstiftung aufgenommen und Studien begonnen. Doktorexamen hat er nach sechssemestrigem Studium mit „magna cum laude" bestanden. Zum Staatsexamen auf besonderen Antrag bereits nach sechs Semestern zugelassen und in jedem Fache mit „Auszeichnung" bestanden. Vom August 1928 bis Dezember 1929 mit Unterstützung der Notgemeinschaft der Deutschen Wissenschaft in Frankfurt am Institut für physikalische Grundlagen der Medizin tätig, später in Utrecht mit einem Stipendium der C.-Duisberg-Stiftung. Danach Assistentenstelle am Botanischen Institut in Jena. A. hat eine größere Anzahl Arbeiten veröffentlicht. — Zu Ende Sommersemester 1930 Habilitation an der mathematisch-naturwissenschaftlichen Fakultät einer mitteldeutschen Universität. Seine Antrittsvorlesung findet zu Beginn des Wintersemesters statt. Die Habilitationsschrift behandelt das Thema: „Ueber die autonomen tagesperiodischen Bewegungen der Primärblätter von Phaseolus multiflorus."

B. ist Holsteiner. 1904 geboren. Vater Prokurist in Hamburg. 1915 gestorben. B. nahm im S. S. 1924 das Studium der Physik in Darmstadt auf. 1925 Aufnahme in die Studienstiftung. Bereits nach 6 Semestern bestand er das Diplomexamen mit der besten Note aller Studierenden. Promotion im 9. Semester, nachdem bereits mehrere Arbeiten über das Nachleuchten von Stickstoff veröffentlicht waren. Zur Vervollständigung der theoretischen Ausbildung ging er nach Göttingen und arbeitete im Kreise von Professor Frank. Besuche deutscher und ausländischer Gelehrter, die Physikertagungen in Hamburg und Prag gaben ihm Anregungen. Auf Grund eines Research-Studentship ging er im September 1929 für ein Jahr an das Physikalische Institut nach Bristol. 1930 habilitierte er sich an einer süddeutschen Technischen Hochschule und arbeitet seitdem mit Hilfe der Notgemeinschaft der Deutschen Wissenschaft an einer Untersuchung über Bandenspektren zwei- und mehratomiger Molekel.

C. wurde 1902 im Lippeschen geboren. Vater Bauführer, 1910 verstorben. 1923 schloß seine Ausbildung auf dem Seminar ab; er arbeitete im Schuldienst und in der Volkshochschule. Studienbeginn 1925 in Berlin. Herbst 1928 Aufnahme in die Studienstiftung. 1929 promovierte er bei Professor Spranger „Ueber den fruchtbaren Moment im Bildungsprozeß" und wurde im Frühjahr 1931 als Dozent an eine Pädagogische Akademie berufen.

D. wurde 1904 in Kiel geboren. Vater Konteradmiral. Ausbildung auf dem Katharineum in Lübeck. Von 1924 bis zu seiner Aufnahme in die Studienstiftung Ostern 1928 studierte er Geschichte und promovierte über „Bassermann und die Blockpolitik". Dann Studium der Staatswissenschaften. 1930

Referent in einem Industrieverband. Er ist als Mitbegründer einer politischen Partei bekannt geworden.

E. wurde 1903 geboren. Vater Postsekretär in Aschersleben. Seit 1922 studierte er an der Technischen Hochschule Charlottenburg Bergbau. 1925 Aufnahme in die Studienstiftung. S. S. 1927 Diplomexamen. Er erhielt eine Stellung als Geophysiker bei einer Kasseler Firma und arbeitete in ihrem Auftrage in England und ein Jahr in Australien. Die Arbeit ist beschrieben in: Colin Roß, „Der unvollendete Kontinent" im Kapitel „Deutsche Oelsucher in Roma". Nach seiner Rückkehr Promotion auf Grund magnetischer Untersuchungen im Erzgebirge. Seine Firma beschäftigt ihn seither bei Oelbohrungen in Norddeutschland.

F. wurde 1908 geboren. Vater Archivar in Berlin, 1914 gefallen. Matur 1926 am Gymnasium Lichterfelde, gleichzeitig Aufnahme in die Studienstiftung. Nach Studien in Berlin und München Referendarexamen am Kammergericht in Berlin mit „gut". Neben seiner Referendarausbildung war er Assistent im Institut für internationales Privatrecht. Er promovierte „magna cum laude" bei Professor M. Wolf über die „Gesetzliche Erbfolge von Verwandten in rechtsvergleichender Darstellung".

G. wurde 1906 in Oschatz geboren; Vater war Berufsschullehrer. Ausbildung an der Fürstenschule in Grimma. S. S. 1925 in München Naturwissenschaften, dann Leipzig. Herbst 1927 Aufnahme in die Studienstiftung. Im 9. Semester Promotion mit „summa cum laude" über „Untersuchungen über Herkunft und Determination des regenerativen Materials bei Amphibien". Er setzte seine wissenschaftliche Arbeit in Tornio und Neapel fort. Im August 1929 war er Assistent am Zoologischen Institut einer süddeutschen Universität. Mit Hilfe eines Honorary Fellowships, der C.-Duisberg-Stiftung und anderer Stellen wurde ihm Gelegenheit gegeben, in Newhawn, USA., unter Leitung von Professor Harrison zu arbeiten. Nach kurzem Aufenthalt in Deutschland erhielt er eine Austauschassistentenstelle in Chile. Er erweiterte seine Untersuchungen über Amphibien beträchtlich, mußte aber infolge der Staatsumwälzung zurückkehren. Er ist mit der Verarbeitung des Materials beschäftigt.

Blicken wir zurück, so dürfen wir sagen: Die vergangenen Jahre waren die schwersten der Studienstiftung; denn auf die Periode der Hoffnung und eines auch wirtschaftlich freien Aufbaus folgte eine Zeit stärkster finanzieller Einengung und der ersten Feuerproben auf den Gebieten der sachlichen Arbeit selbst, Proben, die, wie die Ausführungen über die Auswahl zeigen, geradezu zu einer Krise der Arbeit zu werden drohten. Gerade die Tatsache, daß trotz diesen Schwierigkeiten der Ausblick auf die ersten Ergebnisse und den jetzigen Bestand der Stiftung selber ein erfreulicher ist, gibt aber der Studienstiftung, allen ihren Mitarbeitern und nicht zuletzt ihren Mitgliedern selbst Mut und Kraft für die Weiterarbeit. Und so kann die Studienstiftung, innerlich gefestigt, nun in ihre eigentlichen Mannesjahre hineingehen mit der Zuversicht, an ihrem bescheidenen Teil etwas beizutragen zur Gesundung und zum Aufbau der deutschen Verhältnisse.

VIII. Amerika-Werkstudenten-Dienst.

Der vorliegende Tätigkeitsbericht umfaßt zeitlich den größeren Teil der bisherigen Geschichte des Amerika-Werkstudenten-Dienstes. Auf die Gründungsjahre 1926 und 1927 folgten Jahre des Ausbaus und der Organisation, Jahre des Ordnens, Formens und Festigens. Resultate wurden sichtbar. Die ersten größeren Gruppen kehrten nach abgeschlossenem Amerika-Aufenthalt in die Heimat zurück. In Leverkusen traten sie im Meinungsaustausch mit Wirtschaftlern, Professoren und Politikern zum ersten Male nach außen in Erscheinung[1]). Erleichterungen beim Wechsel des Arbeitsplatzes gewährten unseren Werkstudenten größere Beweglichkeit und versprachen einen höheren Wirkungsgrad des Amerika-Aufenthaltes. Junge Amerikaner kamen auf dem Wege der Gegenseitigkeit nach Deutschland. Die gegen Ende 1929 in Amerika plötzlich einsetzende ungewöhnliche Wirtschaftskrise, die zu unmittelbaren Erschütterungen auf dem Arbeitsmarkt führte, wirkte sich dann im Jahre 1930 für die Durchführungsmöglichkeit der Arbeit außerordentlich ungünstig aus.

Insgesamt sind bis zum Schluß der Berichtsperiode 313 deutsche Akademiker als Werkstudenten in die Vereinigten Staaten ausgereist. Mußte 1928 die Zahl infolge der Präsidentenwahl und der damit verbundenen Unsicherheit auf dem amerikanischen Arbeitsmarkt niedrig gehalten werden, so wurde 1929 ein günstiges Jahr; die uns zustehende Einreisequote von 100 konnte erstmalig voll erreicht werden. Außerdem ließ sich der Versuch der Ausdehnung der Arbeit auf Kanada durch eine Gruppe von Landwirten erstmalig verwirklichen. Für das Jahr 1930 mußte allerdings die Zahl der neuausreisenden Werkstudenten infolge der katastrophalen Arbeitsmarktlage auf 35 reduziert werden. Es ist zu befürchten, daß bei weiterer Verschlechterung des Arbeitsmarktes oder auch schon dann, wenn eine ganz wesentliche Besserung nicht eintreten sollte, an die Durchführung einer Neuausreise nicht gedacht werden kann.

---

[1]) Vgl. „Deutsche Werkstudenten in Amerika — Bericht über die Leverkusener Tagung der aus Amerika zurückgekehrten Werkstudenten", herausgegeben von der Wirtschaftshilfe der Deutschen Studentenschaft e. V. (Deutsches Studentenwerk), Verlag Walter de Gruyter & Co., Berlin und Leipzig, 1928, 118 S., 8°.

Ausreise- und Rückkehrzahlen

In der Berichtsperiode fanden folgende Auswahlsitzungen statt: Am 8. März und 10. September 1929 und am 19. Februar 1930. Auf den ersten beiden Sitzungen wurden die 100 im Jahre 1929 in die Vereinigten Staaten und die 6 nach Kanada ausgereisten Bewerber aufgenommen, während auf der Februarsitzung 1930 die für die Ausreise 1930 vorgesehenen Bewerber ausgewählt wurden. Die Teilnehmer an der Ausreise 1928 waren bereits in den beiden Sitzungen der vorangegangenen Berichtszeit berücksichtigt worden. Der „kleine Arbeitsausschuß“ trat am 4. Mai und 6. November 1928, am 6. Februar 1929 und am 18. Februar 1930 zusammen.

Insgesamt sind bis zum 31. März 1931 ausgereist: 313. Davon in die Vereinigten Staaten: 307, und zwar:

221 Diplom-Ingenieure
46 Diplom-Landwirte
20 Volkswirte und Kaufleute
20 andere Berufe.

Nach Kanada: 6 Diplom-Landwirte.

Im Mai 1928 kehrte die erste größere Gruppe von Amerika-Werkstudenten in die Heimat zurück. Ihre Zahl vergrößerte sich in der Berichtszeit laufend und beträgt am Schluß 190, und zwar:

135 Diplom-Ingenieure
32 Diplom-Landwirte
14 Diplom-Volkswirte und Kaufleute
9 andere Berufe.

Tätigkeit des New Yorker Büros

Für die Durchführung der erforderlichen Arbeiten in den Vereinigten Staaten war auch in der Berichtszeit die Geschäftsstelle in New York verantwortlich.

Im Frühjahr 1928 sah sich das New Yorker Büro gezwungen, unter Bezugnahme auf die Präsidentenwahl und die damit eintretenden Schwierigkeiten auf dem amerikanischen Arbeitsmarkt eine vorübergehende Verkleinerung der Ausreisegruppen zu fordern. Diese Zeit wurde von New York aus benutzt, um einen möglichsten Ausbau des Netzes der mitarbeitenden amerikanischen Firmen zu erreichen und damit die Beschäftigungsmöglichkeiten für unsere Werkstudenten auf eine sichere Basis zu stellen.

Arbeitsplatzbeschaffung

Der bedeutendste Schritt zur weiteren Konsolidierung der Arbeit in Amerika war die Gewährung größerer Freiheit seitens des amerikanischen Arbeitsministeriums für die selbständige Arbeitssuche unserer Werkstudenten. War es bis dahin notwendig gewesen, daß alle Arbeitsplätze ausschließlich durch die New Yorker Geschäftsstelle vermittelt wurden, so stimmte jetzt das Labor Department auf Grund der guten Erfahrungen zu, daß die Werkstudenten selbständig ihre

DAS JENENSER STUDENTENHAUS:
Straßenansicht — Blick in den großen Saal

DAS ROSTOCKER STUDENTENHAUS:
Eingang zur Mensa — Mensa

Stellungen suchten, wobei sie allerdings nach wie vor verpflichtet waren, von ihrer Eigenschaft als deutscher Werkstudent und der Tatsache ihrer zeitlich begrenzten Aufenthaltserlaubnis Mitteilung zu machen und ihre Anschrift sowie die des Arbeitgebers sofort nach New York zu berichten. Das New Yorker Büro war seinerseits nach wie vor angewiesen, laufend die Anschriften der Werkstudenten an das Labor Department mitzuteilen. Diese Erleichterung wurde für die fruchtbare Ausgestaltung des Amerika-Aufenthaltes der Werkstudenten außerordentlich bedeutungsvoll, waren doch nun gewisse Schranken und Bedingungen gefallen, die vorher in jedem Falle als besonderer Mangel empfunden worden waren. Es darf aber nicht verschwiegen werden, daß dadurch dem Streben nach ungewöhnlichen Verdienstmöglichkeiten neue Nahrung und neue Möglichkeiten gegeben wurde, was in einzelnen Fällen vorübergehend zu Ueberspitzungen und Schwierigkeiten führte. Durch die bereits eingangs erwähnte ungewöhnliche Verschlechterung des Arbeitsmarktes sah sich das amerikanische Arbeitsministerium Anfang 1930 genötigt, die in günstigeren Zeiten für die Arbeitssuche der Werkstudenten bewilligten Zugeständnisse wieder aufzuheben.

Rundbriefe

Einen weiteren Ausbau fanden die Rundbriefe, die unter Benutzung der Berichte der einzelnen Werkstudenten von der New Yorker Geschäftsstelle bearbeitet und zusammengestellt wurden und die ursprünglich in loser Form erschienen. Sie wurden systematischer gestaltet, erhielten ihr eigenes Gesicht und erfreuen sich in steigendem Maße der Beliebtheit und Mitarbeit seitens der Werkstudenten. Auch in Deutschland, wo sie in einigen hundert Exemplaren an die Freunde unserer Arbeit versandt wurden, fanden diese Rundbriefe freudige Aufnahme.

Für die Werkstudenten liegt die besondere Bedeutung dieser Rundbriefe neben anderem darin, daß sie das Gemeinschaftsleben stärken und den Gedankenaustausch von Gruppe zu Gruppe fördern. Aus diesen Erfahrungen erwuchs in den Reihen der Werkstudenten der Wunsch, durch einen aus ihrer Mitte gewählten Beauftragten, der den Namen „Reiseonkel“ erhielt, eine ganz persönliche Verbindung zwischen den Ortsgruppen zu schaffen. Dieser „Reiseonkel“ fuhr dann auch 3 Monate lang mit seinem Auto von Stadt zu Stadt, von Farm zu Farm, unterrichtete sich an Ort und Stelle von den Schwierigkeiten und Möglichkeiten der Arbeit, ließ sich die persönlichen Schicksale erzählen und faßte das Ganze dann in einem sehr ausführlichen Reisebericht zusammen. Die Kosten für diese Reise wurden von den Werkstudenten freiwillig durch eine Umlage aufgebracht.

Krankenkasse

Ein weiterer organisatorischer Ausbau der Arbeit in Amerika bestand in der Einrichtung einer Krankenkasse auf Gegenseitigkeit. Die Unsicherheit auf dem amerikanischen Arbeitsmarkt hat in letzter Zeit wieder bewiesen, wie groß die Verantwortung ist, junge Akademiker all den Schwierigkeiten eines Lebenskampfes in fremdem Land auszusetzen. Besonders bei Arbeitslosigkeit und Krankheit sind die Folgen häufig schwer zu tragen — obwohl der einzelne oft gut verdient und Ersparnisse machen kann. Um hier helfen zu können, wurde schon zu Beginn eine Krankenversicherung auf Gegenseitigkeit lose gegründet, die ihre Beiträge im Bedarfsfalle durch Umlage erhob. Nachdem nunmehr ausreichende Erfahrungen vorlagen und jedem Werkstudenten ein Entwurf zur Stellungnahme und Kritik vorgelegt worden war, wurde eine alle Werkstudenten während des Amerika-Aufenthaltes bindende Regelung in einem besonderen Statut festgelegt.

Arbeit in Kanada

Der Plan, den Austausch von Werkstudenten in der Zukunft auch mit anderen, dafür geeigneten Ländern einzurichten, konnte im Frühjahr 1929 durch Ausdehnung der Arbeit auf Kanada als Versuch erstmalig verwirklicht werden. Diese Bestrebungen wurden wesentlich gefördert durch einzelne kanadische Professoren, durch den Norddeutschen Lloyd und die Canadian National Railroad. Die vereinbarte grundsätzliche Gegenseitigkeit ist bisher ausgeblieben, da es offenbar auf kanadischer Seite an der nötigen Organisation für Propagierung eines Werkarbeitsaufenthaltes in Deutschland fehlt, während maßgebende kanadische Persönlichkeiten von dem Werte eines solchen Aufenthaltes, insbesondere für die Ausbildung junger Landwirte, durchaus überzeugt sind. Die Erfahrungen der 6 deutschen Landwirte, die im April 1929 die Ausreise als Werkstudenten nach Kanada antraten, haben zunächst erwiesen, daß die Durchführung der gestellten Aufgabe in Kanada weit schwieriger als in den Vereinigten Staaten ist. Allerdings war der Sommer 1929 für die Landwirtschaft durch die ungewöhnliche Trockenheit besonders ungünstig und verursachte dadurch schon vor Eintritt der allgemeinen Wirtschaftskrise große Stockungen auf dem Arbeitsmarkt. Unter diesen Verhältnissen wurde den ersten 6 Kanada-Landwirten zugesichert, daß sie auf Wunsch nach Ablauf des ersten Jahres durch unsere Vermittlung in die Vereinigten Staaten übersiedeln dürften. Während einer dieser 6 Kanada-Landwirte zur Uebernahme einer aussichtsreichen Tätigkeit bereits nach einem Jahre nach Deutschland zurückkehrte, machten die anderen fünf im Verlaufe des Sommers 1930 von der Möglichkeit der Uebersiedlung in die Vereinigten Staaten Gebrauch. Ein vorläufiges Urteil über diesen Versuch der Ausdehnung unserer Arbeit auf ein anderes Land läßt sich nur dahingehend abgeben, daß die dauernde Verschlechterung des kanadischen Arbeitsmarktes die praktische Durchführung außerordentlich erschwerte und die Fortsetzung zunächst unmöglich machte.

Der Berichterstatter hat die traurige Pflicht, noch zweier Amerika-Werkstudenten zu gedenken, die während der Berichtsperiode in

Amerika durch den Tod abberufen wurden. Diplom-Ingenieur Heinz Lübelsmeyer starb am 27. Mai 1928 in Bethlehem infolge einer Lungenentzündung; er war vor seiner Ausreise nach Amerika Leiter des Amerika-Werkstudenten-Dienstes in Dresden. Diplom-Ingenieur Karl Bassow verunglückte tödlich auf einer Baustelle.

Unterbringung Zurückgekehrter

In der Berichtszeit kehrten 190 Werkstudenten in die Heimat zurück. Es war deshalb eine neue wichtige Aufgabe, den zurückgekehrten Ingenieuren und Landwirten geeignete Wirkungsmöglichkeiten zu erschließen, damit sie ihre mannigfaltigen reichen praktischen Erfahrungen in den Dienst der deutschen Wirtschaft stellten. Einige konnten in ihre früheren Stellungen wieder einrücken. Soweit die übrigen nicht durch eigene Beziehungen einen geeigneten Wirkungskreis fanden, bedienten sie sich unserer Vermittlung. Die Erschließung geeigneter Tätigkeiten wurde uns im wesentlichen dadurch ermöglicht, daß der Reichsverband der Deutschen Industrie, der Verein Deutscher Ingenieure und andere Zentralstellen der Industrie und Landwirtschaft sich durch Nachweis und Vermittlung geeigneter Arbeitsmöglichkeiten in dankenswerter Weise zur Verfügung stellten. Der Erfolg dieser Bemühungen des Dresdener Büros, die noch von Einzelpersönlichkeiten unterstützt wurden, war, daß die meisten der zurückkehrenden Werkstudenten schon nach kurzer Zeit passende Stellungen finden konnten, in denen ihnen die Auswertung ihrer besonderen Amerika-Erfahrungen möglich ist, so daß der Anreiz zur Rückwanderung nach Amerika fortfällt. Allerdings sind die Erwartungen, die an Verdienst und Aufstiegsmöglichkeiten geknüpft wurden, nicht in allen Fällen restlos erfüllt worden; auch war das Wiedereinleben in die engeren deutschen Verhältnisse nicht immer leicht.

Zusammenschluß Zurückgekehrter

Daneben erschien es notwendig, die zurückgekehrten Werkstudenten zusammenzuschließen, um auch weiterhin mit ihnen in Verbindung zu bleiben. Hatte man ursprünglich vielleicht an die Form eines Vereins oder Klubs gedacht, so kam man doch sehr bald wieder davon ab und versuchte, dieses Ziel auf andere Weise zu erreichen. Ein Weg ist der des regelmäßigen Versandes von Anschriftenverzeichnissen der Zurückgekehrten, der sich als recht fruchtbar erwiesen hat. Fernerhin werden die in New York angefertigten und besondere Dresdener Rundbriefe in einigermaßen regelmäßigen Zeitabschnitten verschickt, die eine Fülle wertvoller Information enthalten. Darüber hinaus wird der Zusammenhalt der Zurückgekehrten durch regelmäßige Ortsgruppen-Zusammenkünfte gefördert, wie diese in Berlin, Dresden, Heidelberg und an anderen Orten oder gelegentlich größerer industrieller und landwirtschaftlicher Tagungen und Ausstellungen schon des öfteren stattgefunden haben.

Die größte bisherige Zusammenkunft zurückgekehrter Werkstudenten fand am 6. und 7. Juni 1928 in Leverkusen statt. Die Tagung wurde ermöglicht durch eine Einladung von Herrn Geheimrat Prof. Dr. C. Duisberg, wofür wir auch an dieser Stelle unserem hochverehrten Förderer aufrichtigen Dank sagen. 37 Amerika-Werkstudenten, 12 Austausch-Studenten und 88 geladene Gäste nahmen an dieser Tagung teil, die äußerst anregend verlief und für die zukünftige Arbeit von grundlegender Bedeutung wurde.

Amerikanische Werkstudenten in Deutschland

Im Sommer 1928 trafen die ersten amerikanischen Werkstudenten in Deutschland ein; damit wurde ein schon lange gehegter Plan verwirklicht, als Gegenleistung für die zuvorkommende Hilfsbereitschaft der Amerikaner eine Anzahl junger Akademiker nach Deutschland einzuladen, um ihnen deutsche Methoden in Wissenschaft und Praxis zu zeigen und ihnen als den Boten von Volk zu Volk ein wahres Bild der deutschen Wirtschaftslage zu geben. Die Schwierigkeiten für die Einrichtung und Durchführung dieser Gegenseitigkeitsaktion waren besonders groß, da eine eigene amerikanische Stelle für die Bekanntgabe dieser Möglichkeit eines Werkarbeits-Aufenthaltes in Deutschland, für die Entgegennahme von Gesuchen und für eine gründliche Auswahl der Bewerber nicht bestand und nicht organisiert werden konnte. So mußten diese Aufgaben durch das New Yorker Büro mit übernommen werden. Als besonderer Mangel erwies sich bei den nach Deutschland kommenden Amerikanern das Fehlen ausreichender deutscher Sprachkenntnisse; auch mangelte es in einzelnen Fällen an den für die Ueberfahrt notwendigen und an den für den Aufenthalt in Deutschland benötigten zusätzlichen Geldmitteln; auf letztere waren die Amerikaner aber infolge der geringeren deutschen Verdienstmöglichkeiten angewiesen. Das Dresdener Büro versuchte durch die Vermittlung von Einladungen in deutsche Familien möglichst schnell unsere amerikanischen Freunde mit deutschen Verhältnissen vertraut zu machen. Besondere Anerkennung gebührt der deutschen Industrie, die in dankenswerter Weise Arbeitsplätze zur Verfügung stellte. Die gastliche Aufnahme und die wertvolle Bereicherung während ihres Aufenthalts in Deutschland wurde von den jungen Amerikanern dankbar anerkannt. Die Gegenseitigkeitsaktion kann als voller Erfolg bezeichnet werden.

Notwendig erscheint der Ausbau einer entsprechenden Zentralstelle in Amerika, die für die Auswahl garantiert und die Vorarbeiten leistet. Bis dahin wird die Gegenseitigkeit nur in kleinem Rahmen durchführbar sein.

Im April 1929 bot sich für den Leiter der Dresdner Geschäftsstelle, Dr. Bredemann, eine günstige Gelegenheit, durch eine Reise nach den Vereinigten Staaten mit der New Yorker Arbeit in persönliche Verbindung und Erfahrungsaustausch zu treten und gleichzeitig durch ausgedehnte Reisen ein lebendiges Bild über die Lage an Ort und Stelle zu gewinnen. Dr. Bredemann stellte sich Herrn Geheimrat Prof. Dr. Aereboe für eine Reise, die dem Studium der amerikanischen landwirtschaftlichen Verhältnisse diente, als Reisebegleiter zur Verfügung. Auf diese Weise konnten fast sämtliche in Amerika weilenden Werkstudenten an ihren Arbeitsplätzen oder Wohnorten aufgesucht, ein bedeutungsvoller Erfahrungs- und Gedankenaustausch ermöglicht und wertvolle persönliche Verbindungen hergestellt werden. Die Ausreise nach Amerika erfolgte gemeinsam mit einer Gruppe von 28 neu ausreisenden Werkstudenten. In enger Zusammenarbeit mit der Leitung des New Yorker Büros konnten Richtlinien für die künftige Durchführung der Arbeit aufgestellt werden.

Vortragsdienst

Besondere Beachtung wurde der Propagierung der Ideen des Amerika-Werkstudenten-Dienstes und der Verbreitung der Amerika-Erfahrungen in Deutschland geschenkt. Es wurde ein Vortragsdienst eingerichtet, der unter gemeinsamer Mitwirkung der Geschäftsführung, der AWD.-Ortsgruppen und einzelner Amerika-Werkstudenten zahlreiche Veransaltungen, Vorträge und Diskussionsabende durchführen konnte. Durch Anlage einer umfangreichen Lichtbildersammlung und Bereitstellung eines von Dr. Bredemann in Amerika aufgenommenen Filmes „Deutsche Werkstudenten in Amerika" konnten derartige Veranstaltungen wesentlich bereichert werden; das Bildmaterial steht jedem Werkstudenten für Vortragszwecke zur Verfügung und wird häufig angefordert. In einigen Fällen verarbeiteten die zurückgekehrten Werkstudenten ihre amerikanischen Arbeitserfahrungen zu Dissertationen und anderen wissenschaftlichen Arbeiten. Durch Vorträge der AWD.-Landwirte gelang es ferner, auch in landwirtschaftlichen Kreisen Deutschlands Eingang zu finden und dort die Amerika-Erfahrungen zu verbreiten. Die Erfahrungen unserer amerikanischen Landwirte konnten Anfang 1931 in Buchform der Oeffentlichkeit übergeben werden. Das Buch wendet sich in erster Linie an die deutsche Landwirtschaft und hat freudige Aufnahme gefunden[1]).

Rückblick und Ausblick

Der Amerika-Werkstudenten-Dienst ist die einzige Einrichtung in Deutschland, die jungen deutschen Akademikern einen längeren Arbeitsaufenthalt in den Vereinigten Staaten ermöglicht, der infolge der Einreiseschwierigkeiten auf einem anderen Wege mit dem gleichen Nutzeffekt nicht zu erreichen sein würde. Es besteht seitens der deut-

[1]) „Landwirte im Overall", Berichte deutscher Landwirte aus amerikanischer Werkarbeit, herausgegeben vom Deutschen Studentenwerk e. V. (Wirtschaftshilfe der Deutschen Studentenschaft). Bearbeitet von Dr. F. Bredemann. Mit 89 Abbildungen und 2 Karten. Verlag Walter de Gruyter & Co., Berlin und Leipzig, 1931, Groß-Oktav, 247 Seiten.

schen Jungakademiker eine so große Nachfrage nach einem amerikanischen Arbeitsaufenthalt, daß das Deutsche Studentenwerk nur einem kleinen Teil dieser Wünsche gerecht werden kann. Ein längerer Auslandsaufenthalt ganz allgemein und insbesondere ein zweijähriger, ausgesprochener Arbeitsaufenthalt in Nordamerika wird in seiner Bedeutung für die Erweiterung des Gesichtskreises, für die Persönlichkeitsentfaltung und Charakterschulung, für die Bereicherung der Handarbeits- und der beruflichen Erfahrungen und die Erlernung einer wichtigen Fremdsprache — Auswirkungen, denen von maßgebenden Persönlichkeiten in Deutschland und Amerika stets besondere Bedeutung beigemessen wird — auch von den zurückgekehrten Amerika-Werkstudenten vollauf bestätigt. Allerdings hat sich immer wieder erwiesen, daß diejenigen Amerika-Werkstudenten, die mit ausgesprochen einseitigen beruflichen Interessen ausreisten und lediglich eine Bereicherung ihrer speziell beruflichen Fachkenntnisse erstrebten, durch den Amerika-Aufenthalt weniger befriedigt worden sind als diejenigen, die sich weit darüber hinaus auf einer möglichst breiten Basis um ein tieferes Verständnis des amerikanischen Volkes, seiner Geschichte, seiner Wirtschaft, seines Denkens und Handelns und seiner künftigen Entwicklung bemühten.

Die richtige Auswahl der Amerika-Werkstudenten ist deshalb nach wie vor eine der entscheidendsten Voraussetzungen für den Enderfolg; gute Handfertigkeit und gute kameradschaftliche Gesinnung sind auch in der Zukunft unerläßliche Forderungen. Von seiten der Industrie und Landwirtschaft muß erwartet werden, daß sie Verständnis für die besondere Lage der zurückgekehrten Amerika-Werkstudenten aufbringen und diesen die Möglichkeit zur bestmöglichen Auswertung ihrer wertvollen Auslandserfahrungen geben. Es muß für die Zurückgekehrten eine befriedigende — auch finanziell befriedigende — Arbeit gefunden werden, damit sie nicht mutlos der Heimat den Rücken kehren.

Die bisherigen Erfahrungen haben bewiesen, daß die Durchführungsmöglichkeiten der Arbeit abhängig sind von der wirtschaftlichen Lage in Deutschland und in Amerika. Eine weitere Zuspitzung der kritischen Verhältnisse auf den entsprechenden Arbeitsmärkten kann die Arbeiten des Amerika-Werkstudenten-Dienstes erheblich erschweren und zu einer Weiterführung auf zeitweise stark verkleinerter Grundlage zwingen.

IX. Schrifttum — Berufsberatung — Statistik.

Der Ausbau und die Ausbreitung des Schrifttums des Studentenwerks hat sich in den Berichtsjahren besonders erfreulich gestaltet. Die Zeitschrift „Studentenwerk" erscheint nunmehr im 5. Jahrgang. Sie dient den Problemen der studentischen Selbsthilfe und Gemeinschaftsarbeit, den Erziehungsaufgaben der Hochschule, den Fragen der Hochschulreform, des Ausländerstudiums, den Problemen der Auslese, des Aufstiegs, der Begabtenförderung, der Berufskunde und auch des Hochschul- und Bildungswesens des Auslandes. Während das „Studentenwerk" ursprünglich nur viermal jährlich erschien, konnte inzwischen zu einer sechsmaligen Erscheinungsweise übergegangen werden, so daß jetzt zweimonatlich ein Heft herausgebracht wird. Der Bezieherkreis ist ständig gewachsen, am Schluß der Berichtszeit betrug die Auflage 30 000 Exemplare. Diese hohe Auflageziffer konnte dadurch erreicht werden, daß auf Beschluß des Verwaltungsrates der Darlehnskasse des Deutschen Studentenwerks diejenigen Darlehnsnehmer, die ihr Darlehn noch nicht zurückgezahlt haben, laufend das „Studentenwerk" zugestellt erhalten. Durch diese Regelung bleiben gegenwärtig rund 16 000 junge Akademiker in lebendigem Kontakt mit unserer Arbeit und den aktuellen Hochschul- und Universitätsfragen. Wie mannigfaltig der Problem- und Aufgabenkreis ist, den die Zeitschrift laufend behandelt, ist aus der beigefügten Inhaltsübersicht zu ersehen. Studentenwerk

Besondere Beachtung in der Oeffentlichkeit fand die im Juliheft 1930 der Zeitschrift veröffentlichte Rundfrage: „Wo findet die deutsche Jugend neuen Lebensraum?" Auf diese Rundfrage sind 217 Beiträge eingegangen, die eine Fülle beachtenswerter Anregungen und Vorschläge enthalten. In einer besonderen Veröffentlichung, die im Herbst 1931 erscheinen soll, werden diese Vorschläge der Oeffentlichkeit übergeben werden. Wir haben die Hoffnung, daß auch nur eine teilweise Verwirklichung der wesentlichsten Anregungen dazu beitragen kann, die junge Generation wenigstens teilweise wieder in das Berufsleben einzugliedern. Der äußere Anlaß für die Veranstaltung der Lebensraumrundfrage war die schon im letzten Geschäftsbericht erwähnte Beschäftigung mit dem Problem der Ueberfüllung der Hochschulen[1]). In der öffentlichen Diskussion über diese Frage Lebensraum-rundfrage

[1]) Auf eine Darlegung des gegenwärtigen Standes der Hochschulüberfüllung, der Ursachen und Abwehrmaßnahmen muß aus Raummangel verzichtet werden. Wir verweisen hierfür auf: „Studentenwerk", Jg. III, Heft 1, Sikorski: Die Zahlen der Studierenden an den deutschen Hochschulen — Ent-

neigte man vielfach dazu, das übersteigerte Berechtigungswesen, die überflüssige Akademisierung, die unser Berufsleben erfahren hat, die Betreuung unserer Hochschulen mit immer neuen Bildungsaufgaben, Frauenstudium und das Streben nach gesellschaftlicher Besserstellung durch akademische Titel und Grade in allererster Linie verantwortlich zu machen für den ständig wachsenden Zudrang der Abiturientengeneration zu den Hochschulen. Zweifellos sind alle diese Gründe von ausschlaggebender Bedeutung und sicherlich befinden sich unter den 125 000 deutschen Studierenden viele, die nicht Neigung und Eignung, sondern falsche Motive zum Hochschulstudium getrieben haben. Trotzdem muß mit aller Deutlichkeit immer wieder festgestellt werden, daß die Kategorie derjenigen Studierenden wesentlich größer ist, die aus reiner Verlegenheit ein Studium begonnen haben. Nachdem alle ihre Versuche, in einem außerakademischen Beruf unterzukommen, für dessen Ergreifung das Reifezeugnis, die Primareife oder die mittlere Reife Voraussetzung sind, gescheitert sind, standen sie vor der verzweifelten Situation, das Schicksal mit den Millionen Arbeitslosen zu teilen, oder — nicht aus freiem Entschluß, sondern der Not gehorchend — sich auf einer deutschen Hochschule fortzubilden, in der Hoffnung, daß vielleicht in absehbarer Zeit die Lage auf dem Arbeitsmarkt günstiger sein wird. Wir sind deshalb überzeugt, daß die Zahl der Studierenden an unseren Hochschulen innerhalb weniger Monate ganz erheblich zurückgehen würde und das Ueberfüllungsproblem weitgehend gelöst wäre, wenn in den mittleren Berufen oder in der öffentlichen Verwaltung oder in der Wirtschaft Berufsmöglichkeiten zur Verfügung ständen. Die Erkenntnis, daß nur durch Erschließung neuer Berufsmöglichkeiten für die junge Generation das Ueberfüllungsproblem einer Lösung nähergebracht werden kann, war für das Deutsche Studentenwerk zwingende Veranlassung, das Problem des Lebensraumes für die deutsche Jugend in seinen Betrachtungskreis zu ziehen.

Studienberatung

Daneben wurde auch weiterhin der erforderlichen Aufklärungsarbeit bei den höheren Schulen, insbesondere den Abiturienten, verstärkte Aufmerksamkeit geschenkt. In der Berichtszeit sind vom Deutschen Hochschulführer die 11., 12. und 13. Ausgabe herausgebracht worden, und wie in den früheren Jahren fand der Hochschulführer immer wieder wohlwollendste Aufnahme bei Abiturienten und Studenten. Der beste Beweis hierfür war die Tatsache, daß

---

wicklung und Wertung. — Jg. IV, Heft 5, Spranger: Probleme der Begabtenförderung. — Litt: Zur Auslese der Begabten. — Sikorski: Ueberfüllung der Hochschulen und Begabtenförderung. — Heft 8, Sikorski: Bemerkungen zur Entwicklung des Hochschulstudiums. — Jg. V, Heft 3, Schreiber: Verkümmerung des akademischen Lebensraumes. — Heft 4, Nießen: Der Lebensraum für den geistigen Arbeiter.

jede Ausgabe in einer Auflage von 12—14 000 Exemplaren abgesetzt wurde.

Berufliche Aufklärungsarbeit

Als Ergänzung zum Deutschen Hochschulführer haben wir außerdem erstmalig im Winter 1928 die Schrift: „Wohin, Ein Ratgeber zur Berufswahl der Abiturienten" herausgegeben, die in erster Linie der berufskundlichen Aufklärung dienen soll. In der genannten Schrift wurde der Versuch unternommen, für die Abiturienten, ihre Eltern und Lehrer und für alle diejenigen, die aus Neigung oder Beruf beratend oder helfend bei der Berufsberatung mitwirken, die unendlich schwierigen Probleme der Berufslage und der Berufswahl in den Grundzügen so einfach und klar wie möglich zusammenzustellen. Wir haben uns in der Schrift nicht darauf beschränkt, nur die akademischen Berufsmöglichkeiten darzulegen, sondern durch sachkundige Persönlichkeiten auch die außerakademischen Berufsmöglichkeiten für Abiturienten und Abiturientinnen so eingehend wie möglich dargestellt. Die rasche Verbreitung der Schrift „Wohin" war uns die beste Bestätigung, daß die Herausgabe der Schrift einem dringend vorhandenen Bedürfnis Rechnung trug und daß die Tendenz der Schrift Billigung gefunden hat, „nicht dem einzelnen die Entscheidung über die Berufswahl abzunehmen, sondern ihm Mittel in die Hand zu geben für diese verantwortungsvollste Entscheidung im Leben eines jeden jungen Menschen". Nachdem die erste Ausgabe in einer Auflage von 8000 Exemplaren schon nach wenigen Monaten vergriffen war, haben wir im Herbst 1930 eine zweite Ausgabe in erweiterter und überarbeiteter Form herausgegeben, die gegenwärtig ebenfalls fast völlig abgesetzt ist, so daß heute annähernd 24 000 Exemplare der Schrift innerhalb 1½ Jahr abgesetzt sind.

Auch bei den Aufrufen, die kurz vor Ostern jeweils an die Abiturienten gerichtet werden, haben wir uns niemals mit Warnungen begnügt, denn mit Warnungen ist u. E. weder der Abiturientengeneration noch Volk und Staat gedient. Wir haben vielmehr immer wieder darauf hingewiesen, daß die künftige berufliche Leistung eines Menschen abhängig davon ist, ob er einen Beruf gewählt hat, der seiner Begabung, seiner Eignung und seiner Neigung in vollem Umfang entspricht, und daß sich jeder Berufsuchende immer der Tatsache bewußt bleiben muß, daß das Hochschulstudium nicht *der* Lebensweg, sondern einer neben vielen anderen ist.

„Jeder Beruf, der dem inneren Wesen des Menschen entspricht, macht ihn reich und glücklich und führt ihn dem Ziele der in sich selbst ruhenden Persönlichkeit näher. Jeder Beruf aber, der aus äußeren und zufälligen Motiven erwählt wird, ohne der Natur des Menschen zu entsprechen, ist der Anfang einer Lebenskatastrophe." Dieser Schlußsatz aus dem Vorwort der ersten Ausgabe des „Wohin" zeigt die Richtung, die für das Deutsche Studentenwerk bei seiner gesamten berufskundlichen Aufklärungsarbeit und für die Studentenhilfen, die vielfach Träger der akademischen Studien- und Berufsberatung sind, maßgebend ist.

Zusammenarbeit mit der Reichsanstalt für Arbeitsvermittlung

Eine ins einzelne gehende Beratung von Abiturienten und Studenten ist vom Deutschen Studentenwerk grundsätzlich abgelehnt worden und ist auch für die Zukunft nicht beabsichtigt, da eine solche Aufgabe nur regional erfüllt werden kann. Wir haben aber, soweit es in unseren Kräften stand, die örtlichen Studentenhilfen, die vielfach eine Studien- und Berufsberatungsstelle sich angegliedert haben oder mit dieser Stelle in engster Zusammenarbeit stehen, so weitgehend wie möglich mit sachkundigem Material versorgt und sie in ihrer Arbeit unterstützt. Durch enge Zusammenarbeit mit der Reichsanstalt für Arbeitsvermittlung und Arbeitslosenversicherung, die der maßgebende Träger für die gesamte Berufsberatung ist, und durch enge Zusammenarbeit der örtlichen Wirtschaftskörper mit den zuständigen Berufsberatungsabteilungen der Landesarbeitsämter und Arbeitsämter ist auch auf diesem Gebiet versucht worden, Abiturienten und Studierenden vor Beginn des Studiums, beim Studienwechsel oder beim vorzeitigen Verlassen der Hochschule ratend und helfend zur Seite zu stehen.

Besonders bedeutungsvoll ist die Zusammenarbeit mit den Berufsberatungsabteilungen der öffentlichen Arbeitsverwaltung in allen den Fällen, in denen Studierende in einen außerakademischen Beruf überzugehen beabsichtigen. Auch in Zukunft wird das Deutsche Studentenwerk und die ihm angeschlossenen Wirtschaftskörper bestrebt sein, den neu hinzutretenden Studentengenerationen ratend und dienend zur Seite zu stehen. Wir nehmen nicht für uns in Anspruch, auf diesem Gebiet allein tätig sein zu wollen. Wir sind im Gegenteil bestrebt, mit allen Stellen, die sich mittelbar oder unmittelbar mit den Fragen der Berufsberatung der Abiturienten befassen, aufs engste zusammenzuarbeiten, soweit sie wirklich von der Tendenz geleitet sind, der heranwachsenden Jugend bei der großen und verantwortungsvollen Entscheidung über die Frage der Berufswahl ohne Rücksicht auf irgendwelche Interessengesichtspunkte zu dienen, und soweit diese Stellen mit uns darin übereinstimmen, daß die Berufswahl die verantwortlichste Selbstentscheidung des jungen Menschen ist, und ihre Aufgabe nur darin sehen, dem Berufsuchenden die Unterlagen, die ihm eine solche Berufsentscheidung erleichtern oder überhaupt erst möglich machen, zur Verfügung zu stellen.

Sonstige Veröffentlichungen

Auch zwei andere Veröffentlichungen des Deutschen Studentenwerks sind über das engere Arbeitsgebiet der studentischen Wirtschaft- und Fürsorgearbeit hinausgegangen. Im Juni 1928 konnten wir der Oeffentlichkeit ein Buch übergeben: „Deutsche Werkstudenten in Amerika". In dieser Schrift wurde das Ergebnis einer Aussprache zusammengefaßt, die auf Einladung von Herrn Geheimrat

„Deutsche Werkstudenten in Amerika"

Duisberg in Leverkusen stattfand und die ersten Eindrücke der nach zweijährigem Arbeitsaufenthalt in Amerika nach Deutschland zurückgekehrten Amerika-Werkstudenten widerspiegelt. Zu Beginn des Jahres 1931 erschien die Schrift: „Landwirte im Overall, Berichte deutscher Landwirte aus amerikanischer Werkarbeit". Sie enthält 13 Aufsätze von Landwirten, die durch den Amerika-Werkstudenten-Dienst die Möglichkeit hatten, durch zweijährigen Arbeitsaufenthalt in den Vereinigten Staaten die Arbeitsmethoden der amerikanischen Landwirtschaft in weitestem Umfang zu studieren. Beide Bücher haben eine freundliche Aufnahme in der Oeffentlichkeit und eine zustimmende Kritik in Fachkreisen gefunden. „Landwirte im Overall"

Anläßlich des zehnjährigen Bestehens des Deutschen Studentenwerks wurde dank Spenden der örtlichen Wirtschaftskörper die Herausgabe einer Bilder-Festschrift ermöglicht, die einen lebendigen Eindruck von dem Werden und Wirken des studentischen Selbsthilfewerkes im ersten Jahrzehnt seines Bestehens vermittelt. Festschrift

Im Rahmen der in der Berichtszeit auf dem allgemeinen Büchermarkt erschienenen Buchveröffentlichungen über akademische und Hochschulfragen wurden stets der studentischen Selbsthilfearbeit die gebührende Beachtung geschenkt. Hervorgehoben zu werden verdient die Aufnahme eines umfassenden Beitrages aus der Feder von Dr. Schairer und Professor Schlink über: „Die Studentische Wirtschaftshilfe" in dem 1930 erschienenen Band III des Akademischen Deutschlands. Auf die überreiche Zahl von Aufsätzen über Fragen der studentischen Selbsthilfe und Wirtschaftsarbeit in Zeitschriften und Zeitungen kann hier nicht eingegangen werden. Es sei verwiesen auf die periodenweise Zusammenfassung in der Aufsatzschau der Zeitschrift „Studentenwerk". Fremde Veröffentlichungen über unsere Arbeit

Statistik

Von umfassenden Statistiken mußte in der Berichtszeit aus finanziellen Gründen Abstand genommen werden. Die letzte große Statistik über die wirtschaftliche Lage der deutschen Studierenden wurde zu Beginn des Wintersemesters 1927/28 angestellt, ihr Ergebnis konnte im Frühjahr 1929 der Oeffentlichkeit übergeben werden. Es sei darauf verzichtet, die Resultate hier im einzelnen anzuführen und auf die Veröffentlichung im „Studentenwerk" verwiesen[1]). Nur soviel sei auch an dieser Stelle festgestellt: obwohl die statistische Erhebung 1927/28 vorgenommen wurde, zeigt sie, wie verzweifelt die wirtschaftliche Lage weitester Kreise der deutschen Studierenden schon damals war. In der Zwischenzeit hat sich diese Situation der Studentenschaft

[1]) Vgl. „Studentenwerk", Jg. III, Heft 2, Sikorski: Die wirtschaftliche Lage der deutschen Studierenden — Ein Beitrag zum Gutachten Parker Gilberts.

nicht gebessert, sondern weitgehend verschlechtert. Denn die wirtschaftliche Lage der Studentenschaft ist abhängig von der Situation breitester Volksschichten, und noch immer stammt der größte Teil der deutschen Studierenden, wie auch die Hochschulstatistik lehrt, aus der sog. Mittelschicht und dem wirtschaftlich noch schlechter stehenden Bevölkerungsteil. Da sich die wirtschaftliche Gesamtsituation in den letzten beiden Jahren verschlechtert hat, nicht zuletzt durch Arbeitslosigkeit, Abbau- und Gehaltskürzungsmaßnahmen, hat die Not unter den Studierenden, die schon damals außerordentlich ernst war, sich weiter verschärft. Bei der Veröffentlichung der seinerzeitigen Statistik wurde die Feststellung getroffen, daß trotz der künstlichen Hilfsmaßnahmen eine grundlegende Besserung der wirtschaftlichen und gesundheitlichen Lage der deutschen Studierenden erst eintreten wird, wenn die ungeheuren Lasten, die dem deutschen Volke in seiner Gesamtheit auferlegt sind, eine Erleichterung erfahren haben. Die inzwischen eingetretene Verschärfung der wirtschaftlichen Notlage der Studierenden, die Aussperrung großer Teile der jungen Generation aus dem Berufs- und Wirtschaftsprozeß bestätigen die Richtigkeit dieser seinerzeitigen Feststellung. Diese schwierige Situation des akademischen Nachwuchses ist zwingende Veranlassung, die bisher getroffenen Maßnahmen des Deutschen Studentenwerks auch in der Zukunft so intensiv wie möglich fortzuführen. Denn die Zukunftsentwicklung unseres Volkes wird wesentlich abhängen von einem gesunden, menschlich und geistig hochstehenden akademischen Nachwuchs.

Inhaltsübersicht der wichtigsten „Studentenwerk"-Aufsätze.

„Der Student in der neuen deutschen Gesellschaft." Von Prof. Dr. Keßler, Leipzig.

„Vom Sinn der civitas academica." Von Prof. Dr. Vogt, Tübingen.

„Staat und Student." Von Ministerialdirektor Prof. Dr. Richter, Berlin.

„Der Weg durch die Hochschule ins Leben." Von Prof. Dr. Riebensahm, Berlin.

„Die Hochschule in der Krise der Zeit." Von Dr. W. Kotschnig, Genf.

„Not und Dienst — ein Wort an die akademische Jugend Deutschlands." Von Reichskanzler Dr. H. Brüning, Berlin.

„Selbsthilfe." Von Dr. h. c. Elsa Brändström, Neusorge.

„Sinn und Aufgaben der studentischen Wirtschaftsarbeit." Von Dr. Reinhold Schairer, Dresden.

„Die wirtschaftliche Lage der deutschen Studierenden", Ein Beitrag zum Gutachten Parker Gilberts. Von Dr. Hans Sikorski, Dresden.

„Wo findet die deutsche Jugend neuen Lebensraum?" — Eine Rundfrage.

„Probleme der Begabtenförderung." Von Prof. Dr. E. Spranger, Berlin.

„Zur Auslese der Begabten." Von Prof. Dr. Theodor Litt, Leipzig.

„Ueberfüllung der Hochschulen und Begabtenförderung." Von Dr. Hans Sikorski, Dresden.

„Der deutsche Akademiker in Uebersee." Von Prof. Dr. A. Timpe, Berlin.
„Landwirtschaftliche Siedlung und Lebensraum." Von Regierungsrat a. D. K. Maßmann, Berlin.
„Lebensraum in Brasilien?" Von Dr. W. Mohr, Porto Allegre.
„Argentinien als Auswanderungsziel?" Von Dr. W. Luetge, Buenos Aires.

„Soziale Mannschaften." Von R. Garric, Paris.
„Zur Geschichte der sozial-studentischen Bewegung." Von Dr. F. Kloidt, Berlin.
„Karl Sonnenschein." Von Dr. Reinhold Schairer, Dresden.
„Aus der sozial-studentischen Vorkriegs- und Nachkriegsarbeit in München." Von Fritz Beck, München.
„Student und Arbeiter." Von Karl Ullrich, Dresden.

„Das deutsche Studentenhaus." Von Dr. R. Tillmanns, Dresden.
„Aufgaben des deutschen Studentenhauses." Von Prof. Dr. h. c. C. Duisberg, Leverkusen.
„Sinn und Aufgabe des Studentenhauses." Von Dr. R. Schairer, Dresden.
„Das Studentenhaus in Würzburg." Von Oberregierungsbaurat Dr. Lommel, Würzburg.
„Studentinnenheime." Von. Dr. A. v. Zahn-Harnack, Berlin.
„Studienheime." Von Prof. Gerber, Tübingen.
„Von alten und neuen Studienheimen." Von Prof. Dr. H. Hermelink, Marburg.
„Alpines Studentenheim." Von Geheimrat Prof. O. Berndt, Darmstadt.

„Fünf Jahrgänge Studienstiftung." Von Dr. W. Hoffmann, Dresden.
„Aus der Arbeit der Studienstiftung." Von Dr. W. Hoffmann, Dresden.

„Studentische Krankenfürsorge." Von Dr. R. Tillmanns, Berlin.
„Die Bedeutung von Beschäftigung und Arbeit im Behandlungsplan der Lungentuberkulose." Von Dr. Alexander, Argra.

„Die Darlehnskasse der Deutschen Studentenschaft in Zahlen — Fünf Jahre Begabtenförderung an deutschen Hochschulen." Von H. Merkel, Dresden.
„Fünf Jahre Darlehnskasse der Deutschen Studentenschaft." Von Dr. E. G. v. Stauß, Berlin.
„Die berufliche Entwicklung der Darlehnsnehmer." Von H. Merkel, Dresden.
„Die Idee der Selbsthilfe in der Darlehnskasse." Von Dr. Reinhold Schairer, Dresden.
„Zur sozialen Lage der Studierenden." Von H. Merkel, Dresden.

„Zum Werkstudententum", Ausführungen von Reichsminister Dr. h. c. Severing, Reichsminister Dr. Stresemann, Reichsminister a. D. Dr. Becker, Prof. Dr. Drevermann, Geheimrat Prof. Dr. C. Duisberg, Josef Joos, M. d. R., Alexander Knoll, Theodor Leipart, Prof. Dr. Schlink, O. Thiel, Oberstudiendirektor Dr. Paeckelmann.
„Die Amerika-Werkstudenten." Von Prof. Dr. G. Schreiber, Münster.
„Arbeiter und Studenten auf Auslandsfahrt." Von Dr. Helmut Wiese, Hamburg.
„Studentische Arbeitskolonien." Von J. Neubert, Freiberg.
„Das erste norddeutsche Arbeitslager." Von R. Gothe, Kiel.
„Freiwilliger studentischer Arbeitsdienst in der Schweiz — Möglichkeiten in Deutschland." Von E. Warber, Stuttgart.

„Vom Sinn der akademischen Berufsberatung." Von Ministerialrat Dr. L. Niessen, Berlin.

„Die Zahlen der Studierenden an den deutschen Hochschulen — Entwicklung und Wertung." Von Dr. Hans Sikorski, Dresden.

„Grundsätzliches zur Berufswahl der Abiturienten." Von Ministerialrat Dr. L. Niessen, Berlin.

„Bemerkungen zur Entwicklung des Hochschulstudiums." Von Dr. Hans Sikorski, Dresden.

„Umfang und Richtung des Ausländerstudiums." Von Dr. H. Scurla, Dresden.

„Studentenhilfe in aller Welt." Von Dr. H. Sikorski, Dresden.

„Neue Formen und Ideen internationaler studentischer Zusammenarbeit." Von Dr. G. G. Kullmann, Dresden.

„Studentenaustausch zwischen Deutschland, England, Frankreich und den Vereinigten Staaten." Von H. Scurla, Berlin.

„Die akademische Jugend der pazifischen Welt." Von Dr. A. Selig, Berlin.

„Das internationale Studentinnenheim in Paris." Von Marianne Volkringer, Paris.

„Der japanische Student." Von Dr. R. Schinzinger, Osaka.

„Darlehn für Studierende in anderen Ländern." Von H. Merkel, Dresden.

„Die Indo-europäische Konferenz des Weltstudentenwerks." Von Dr. R. Schairer, Dresden.

„Internationale Studentenhaustagung in Warschau." Von Dr. H. Streit, Dresden.

Schrifttum über studentische Wirtschaftsarbeit.

I. Bücher und Broschüren:

a) Spezielle Veröffentlichungen:

Streit, Dr. Hanns: „Das Deutsche Studentenwerk 1921—1931", Dissertation der Philosophischen Fakultät der Friedrich-Wilhelms-Universität zu Berlin, Privatdruck, Dresden, 1931, 176 Seiten.

Menzel, Dr. Hans L.: „Wirtschaftliche Grundlagen des Studiums vor und nach dem Kriege", unter besonderer Berücksichtigung des deutschen Studentenhilfswerks, Dissertation der Philosophischen Fakultät der Friedrich-Wilhelms-Universität zu Berlin, Verlag Franz Weber, Berlin, 1931, 8°, 128 Seiten.

„Der Deutsche Hochschulführer", Lebens- und Studienverhältnisse an den Deutschen Hochschulen, herausgegeben vom Deutschen Studentenwerk e. V. (Wirtschaftshilfe der Deutschen Studentenschaft). Verlag Walter de Gruyter & Co., Berlin und Leipzig. 11. Ausgabe für 1929/30, 56 Seiten; 12. Ausgabe für 1930, 64 Seiten; 13. Ausgabe für 1931, 68 Seiten.

„Wohin — Ein Ratgeber zur Berufswahl der Abiturienten", herausgegeben vom Deutschen Studentenwerk e. V. (Wirtschaftshilfe der Deutschen Studentenschaft), bearbeitet von Dr. Hans Sikorski, Verlag Walter de Gruyter & Co., Berlin und Leipzig. 1. Ausgabe 1929, 120 Seiten; 2. erweiterte Ausgabe 1930, 173 Seiten.

„Tagungen der Studienstiftung des Deutschen Volkes“, aus Berichten ihrer Mitglieder, herausgegeben vom Deutschen Studentenwerk (Wirtschaftshilfe der Deutschen Studentenschaft) Dresden, 1929, 8°, 35 Seiten.

„Deutsche Werkstudenten in Amerika“, Bericht über die Leverkusener Tagung der aus Amerika zurückgekehrten Werkstudenten, herausgegeben von der Wirtschaftshilfe der Deutschen Studentenschaft e. V. (Deutsches Studentenwerk), Verlag Walter de Gruyter & Co., Berlin u. Leipzig, 1928, 118 Seiten.

„Landwirte im Overall“, Berichte deutscher Landwirte aus amerikanischer Werkarbeit, herausgegeben vom Deutschen Studentenwerk e. V. (Wirtschaftshilfe der Deutschen Studentenschaft), Verlag Walter de Gruyter & Co., Berlin und Leipzig, 1931, Groß-Oktav, 247 Seiten.

„Das Dr.-C.-Duisberg-Haus“, Privatdruck, Leverkusen 1930, 65 Seiten.

„Zehn Jahre Studentenwerk“, Festschrift zum zehnjährigen Bestehen des Deutschen Studentenwerks, Privatdruck, Dresden, 1931, Großoktav, 64 S.

M i t g a u, Dr. Hermann: „Familienschicksale und soziale Rangordnung“, Untersuchungen über den sozialen Aufstieg und Abstieg, herausgegeben von der Zentralstelle für Deutsche Personen- und Familiengeschichte e. V., Heft 10, Leipzig, 1928, 80 Seiten.

M i t g a u, Dr. Hermann: „Grundlagen des sozialen Aufstiegs“, 14 Seiten. Aus der Festschrift zum 60. Geburtstag von Alfred Weber.

B e h r e n d, Dr.: „Vom Sinn und Unsinn des Berechtigungswesens“, Verlag Quelle & Meyer, Leipzig, 1929, 135 Seiten.

B ä u m e r, Dr. Gertrud: „Schulaufbau, Berufsauslese, Berechtigungswesen“, Carl Heymanns Verlag, Berlin, 1930, 77 Seiten.

B i n d e r, Hermann: „Der deutsche Abiturient“, Deutsche Verlags-Anstalt Stuttgart, Berlin, 1931, 203 Seiten.

F r i e d r i c h, Theodor, und V o i g t, Woldemar: „Berufswünsche und Zukunftspläne der Jugend an höheren Schulen“, Ferdinand Hirt, Breslau, 1928, 405 Seiten.

K a t z, Dr. M.: „Die Berufsmöglichkeiten der Schüler höherer Lehranstalten — Die Berechtigungen der höheren Schulen“, Verlag Quelle & Meyer, Leipzig, 1930, 92 Seiten.

D r e g e r, A., und Z i m m e r m a n n, E.: „Die Berufswahl im Reichs- und Staatsdienst“, C. A. Kochs Verlagsbuchhandlung (H. Ehlers), Dresden und Leipzig, 1928, 328 Seiten.

v. d. G a b l e n t z, Ottoheinz, und M e n n i c k e, Carl: „Deutsche Berufskunde“, Ein Querschnitt durch die Berufe und Arbeitskreise der Gegenwart, Bibliographisches Institut, Leipzig, 1930, 520 Seiten.

K a r l s r u h e r S t u d e n t e n d i e n s t e. V.: „Zum technischen Studium“ — Aufsätze über das Studium an der Technischen Hochschule Karlsruhe, Verlag G. Braun, Karlsruhe, 1930, 106 Seiten.

H o r n, Dr. oec. publ. Werner: „Eignungsprüfung, Berufsberatung, Berufsfreude“, Verlag R. Oldenburg, München und Berlin, 1930, 159 Seiten.

S c h u l t h e ß, cand med. Peter: „Die Arbeitskolonien des Verbandes Schweizerischer Studentenschaften 1925—1928“, Misox, Bosco, Casaccia, Vicosoprano, 1929, 24 Seiten.

Waldvogel, Dr. T.: „Der Arbeitsdienst der Schweizer-Jugend“, seine Gönner und die bisher durchgeführten Versuche auf freiwilligem Wege, A.-G. Gebr. Lehmann & Co., Zürich, 1929, 56 Seiten.

„Die drei studentischen Arbeitskolonien im Wallis“ Bonatschesse, Plénaz-Jeux, Torgon 1929, Jahresbericht und Bilanz, herausgegeben vom Verband der Schweiz. Studentenschaften, 38 Seiten.

„Der studentische Hilfsdienst 1930“, Jahresbericht und Betriebsrechnung, herausgegeben vom Verband der Schweiz. Studentenschaften, 40 Seiten.

Gothe, Richard: „Bund der Freunde und Förderer der Arbeitslager für Arbeiter, Bauern und Studenten in Norddeutschland e. V.“, 8 Seiten.

„Die Deutsche Studentenschaft in ihrem Werden, Wollen und Wirken“, Herausgegeben vom Vorstand der Deutschen Studentenschaft, Selbstverlag, Berlin, 1928, 215 Seiten.

b) Verwandte Veröffentlichungen:

Niessen, Dr. Ludwig: „Der Lebensraum für den geistigen Arbeiter“, Ein Beitrag zur akademischen Berufsnot und zur studentischen Weltsolidarität, Aschendorffsche Verlagsbuchhandlung, Münster i. W., 1931, 72 Seiten.

Wienert, Dr. W.: „Wege zum akademischen Beruf“, Verlag Struppe & Winckler, Berlin, 1930, 68 Seiten.

Göpel, Dr. Kurt: „Die allgemeinen Bedingungen für das Studium in Deutschland“, 2. verbesserte Auflage, Verlag Hochschule und Ausland, G. m. b. H., Berlin-Charlottenburg, 1928, 19 Seiten.

„Zehn Jahre Markelstiftung 1920—1930“, herausgegeben vom Vorstand der Stiftung, Selbstverlag, Stuttgart, 1931, 93 Seiten.

Stäbler, F.: „Begabtenförderung und Berufsschicksal“, Heft 36 der Schriften zur Psychologie der Berufsberatung und des Wirtschaftslebens, herausgegeben von Otto Lippmann und William Stern, Johann Ambrosius Barth, Leipzig, 1930, 74 Seiten.

Kummerow, E.: „Begabtenförderung in Preußen“, Verlag Quelle & Meyer, Leipzig, 1931, 90 Seiten.

Schindler, Dr. Rudolf: „Das Problem der Begabtenauslese für die Industrie“, Verlag Gustav Fischer, Jena, 1929.

Hartnacke, Dr. Wilhelm: „Naturgrenzen geistiger Bildung“, Verlag Quelle & Meyer, Leipzig, 1930, 212 Seiten.

II. Berichte aus der Arbeit der örtlichen Wirtschaftskörper:

Berlin: 5 Jahre Studentenwerk Berlin e. V., 5. Bericht, Arbeitsjahr 1928/29, Berlin NW 24, Johannisstr. 1. 126 S.

— Studentenwerk Berlin e. V., 6. Bericht, Arbeitsjahr 1929/30, Berlin NW 24, Johannisstr. 1. 105 S.

VOM ERSTEN NORDDEUTSCHEN ARBEITSLAGER FÜR ARBEITER, BAUERN UND STUDENTEN IN DER LÜNEBURGER HEIDE

Heimweg von der Erntearbeit — Arbeit im Moor — Erholungspause

WERKSTUDENTEN VON 1931

Aus der Erwerbsvermittlung des Berliner Studentenwerk e. V.

Unter 200 Bewerbern für eine Stelle (im Kreis) muß das Los entscheiden (unten) Glückliche Gewinner (oben)

Bonn: Jahresbericht des Vereins Studentenwohl e. V., Bonn, Wirtschaftskörper der Universität Bonn und der Landwirtschaftlichen Hochschule Bonn-Poppelsdorf für das Geschäftsjahr 1927/28. 14 S.

— Jahresbericht des Vereins Studentenwohl e. V., Bonn, Wirtschaftskörper der Universität und der Landwirtschaftlichen Hochschule Bonn-Poppelsdorf für das Geschäftsjahr 1928/29. 12 S.

— Jahresbericht des Vereins Studentenwohl e. V., Bonn, Wirtschaftskörper der Universität und der Landwirtschaftlichen Hochschule Bonn-Poppelsdorf für das Geschäftsjahr 1929/30. 7 S.

Charlottenburg: 5. Geschäftsbericht des Vereins Studentenhaus Charlottenburg e. V. für die Zeit vom 1. 4. 1928 bis zum 31. 3. 1929. 36 S.

— 6. Geschäftsbericht des Studentenhaus Charlottenburg e. V. für die Zeit vom 1. 4. 1929 bis zum 31. 3. 1930. 20 S.

— 7. Geschäftsbericht des Vereins Studentenhaus Charlottenburg e. V. für die Zeit vom 1. 4. 1930 bis zum 31. 3. 1931. 24 S.

Darmstadt: Studentische Wirtschaftshilfe Darmstadt e. V., Festschrift anläßlich des 10jährigen Bestehens, 1931.

Erlangen: Geschäftsbericht der Erlanger Studentenhilfe e. V. 1928/29. 16 S.

Freiberg: Bericht über das dritte Geschäftsjahr 1927/28. 28 S.

— Bericht über das vierte Geschäftsjahr 1928/29. 26 S.

— Bericht über das fünfte Geschäftsjahr 1929/30. 26 S.

— Bericht über das sechste Geschäftsjahr 1930/31. 13 S.

Freiburg: Freiburger Studentenhilfe e. V. 1928/29. 22 S.

— Freiburger Studentenhilfe e. V. 1929/30. 23 S.

— Zehn Jahre Freiburger Studentenhilfe e. V. Jahresbericht 1930/31. 40 S.

Freising: Jahresbericht des Vereins Studentenhilfe e. V. der phil.-theol. Hochschule Freising über die Zeit vom 1. 4. 1928 bis 31. 3. 1929. 6 S.

Gießen: Tätigkeitsbericht der Gießener Studentenhilfe e. V. für das Jahr 1928. 24 S.

Göttingen: Geschäftsbericht für die Zeit vom 1. 4. 1928 bis 31. 3. 1929. 40 S.

— Tätigkeitsbericht für die Zeit vom 1. 4. 1929 bis 31. 3. 1930 (nicht gedruckt), 35 Schreibmaschinenseiten.

— Tätigkeitsbericht 1930/31 Studentenhaus Göttingen e. V. (nicht gedruckt), 11 Schreibmaschinenseiten.

Greifswald: Das Greifswalder Studentenhaus, 1930. 15 S.

Hamburg: Jahresbericht 1929 für die Hamburger Universitätsgesellschaft, Hamburger Studentenhilfe e. V., Akademische Auslandsstelle Hamburg, 1930. 79 S.

Hannover: Bericht über das Geschäftsjahr 1927/28. 23 S.

— Geschäftsbericht 1928/29 der Studentenhilfe Hannover e. V. (veröffentlicht in „Hannoverschen Hochschulblättern", Nr. 3, 10. Semesterfolge, Dezember 1929, S. 25).

— Geschäftsbericht über das Rechnungsjahr 1929/30. 5 S.

Jena: Geschäftsbericht des Vereins Jenaer Studentenhilfe vom 1. 4. 1928 bis 30. 3. 1929. 6 S.

Karlsruhe: Zum technischen Studium — Aufsätze über das Studium an der Technischen Hochschule Karlsruhe, 1930. 106 S.

Prag: 7. Jahresbericht des akademischen Wirtschaftskörpers an den deutschen Hochschulen in Prag. 1928. Selbstverlag. 29 S.

— 8. Jahresbericht des akademischen Wirtschaftskörpers an den deutschen Hochschulen in Prag. 1929. Selbstverlag. 31 S.

Regensburg: Verein Regensburger Studentenhilfe e. V. an der phil.-theol. Hochschule Regensburg Jahresbericht 1928. 4 S.

Tübingen: Achter Arbeitsbericht über das Geschäftsjahr 1927—1928. 77 S.

— Neunter Arbeitsbericht über das Geschäftsjahr 1928—1929. 8 S.

— Zehnter Arbeitsbericht über das Geschäftsjahr 1929—1930. 8 S.

III. Wirtschaftssondernummern von akademischen Zeitschriften:

10 Jahre studentische Wirtschaftsarbeit in Dresden 26. Oktober 1919—1929, Dresdner Hochschulblatt, Sonderheft, Dresden 1929.

Werkstudenten-Sondernummer, Bayerische Hochschulzeitung, Folge 11, 21. Semester, 11. 7. 1929.

Studentische Gesundheitsfürsorge, Academia, Sonderheft, Nr. 4, 43. Jahrgang, 15. 8. 1930.

Das Karlsruher Studentenhaus, Sondernummer der „Karlsruher Akademischen Mitteilungen" zur Feier der Einweihung am 21. Nov. 1930.

Das Jenaer Studentenhaus, Die Jenaer Studentenschaft, Nr. 6, 5. Jahrgang, 15. 1. 1931, W. S. 1930/31.

Sondernummer (Jubiläumsheft) anläßlich des zehnjährigen Bestehens des Vereins „Studentenheim Marburg", Marburger Hochschulzeitung, Nr. 5, 2. Jahrgang, 23. 2. 1931.

X. Finanzbericht
für die Jahre 1928/1929, 1929/1930 und 1930/1931.

In den Jahresrechnungen sind die Positionen entsprechend ihrer Wichtigkeit für die Arbeit und nicht wie sonst üblich der Liquidität nach aufgeführt. Die Beträge, welche den Gesamteingang sowie die Gesamtverteilung der Spenden und Beiträge betreffen, sind zusammengefaßt worden, um sie klarer hervorzuheben.

Gesamt-Eingänge 1928/29 (einschl. Vorträge): .		RM 3 438 879,02
Gesamt-Verteilungen (s. u.)	RM 3 104 951,—	
Gesamt-Unkosten (s. u.)	„ 231 821,—	„ 3 336 772,—
Der noch verfügbare Betrag von		RM 102 107,02
setzt sich wie folgt zusammen:		
Unverteilte Spenden des Reiches		RM 14 000,—
Unverteilte Beiträge der Studentenschaft		„ 24 115,47
Unverteilte sonstige Beiträge		„ 63 991,55
wie oben:		RM 102 107,02

Die Verteilung der Restsumme ist im Geschäftsjahr 1929/30 erfolgt.

Gesamt-Eingänge 1929/30 (einschl. Vorträge): .		RM 2 386 632,12
Gesamt-Verteilungen (s. u.)	RM 2 072 951,50	
Gesamt-Unkosten (s. u.)	„ 263 930,56	„ 2 336 882,06
Der noch verfügbare Betrag von		RM 49 750,06
setzt sich wie folgt zusammen:		
Unverteilte Spenden des Reiches		RM 17 500,—
Unverteilte Beiträge der Studentenschaft		„ 61 577,40
		RM 79 077,40
Am Stichtage noch ausstehende Spende des Freistaats Sachsen	RM 2 500,—	
Mehrverteilung aus sonstigen Beiträgen und Mehrausgaben für Unkosten . .	„ 26 827,34	„ 29 327,34
wie oben:		RM 49 750,06

Die zur Verfügung stehenden Beträge aus den Spenden des Reiches (RM 17 500,—) und aus den Beiträgen der Studentenschaft (RM 61 577,40) sind im Jahre 1930/31 zur Verteilung gelangt.

Jahresrechnung für 1928/1929.

Soll

1. Verteilungen aus Spenden, Beiträgen und sonstigen Einnahmen		RM 3 104 951,—
2. Gesamtunkosten		„ 231 821,—
Zwischensumme:		RM 3 336 772,—
3. Beteiligung		„ 1,—
4. Inventar		„ 29 200,—
5. Kasse, Bank- und Postscheckguthaben .		„ 229 684,17
6. Forderungen:		
a) Darlehen an Amerika-Werkstudenten . . .	RM 90 641,26	
b) Wirtschaftskörper in lfd. Rechnung	„ 79 166,48	
c) Verschiedene	„ 34 594,51	
d) Mitgl. d. Studienstiftung	„ 139 344,18	„ 343 746,43
7. Übergangsposten		„ 39 591,85
8. Kurzfristige Darlehen		„ 231 013,30
9. Unkündbare, unverzinsl. Darlehen	RM 1 232 210,—	
10. Bürgschaftsforderung	„ 120 000,—	
		RM 4 210 008,75

Haben

1. Spenden, Beiträge u. sonst. Einnahmen:		
a) Reich (einschl. RM 100 000,— Vortrag)	RM 2 937 000,—	
b) Verschiedene	„ 61 576,—	
c) Studentenschaft (einschl. RM 60 577,13 Vortrag)	„ 149 115,47	
d) Sonst. Beitr. u. Einnahm.	„ 291 187,55	RM 3 438 879,02
2. Fonds (verschiedene)		„ 364 712,65
3. Verbindlichkeiten:		
a) Darlehnskasse d. Deutsch. Studentenschaft e. V.	RM 132 511,39	
b) Wirtschaftskörper in laufender Rechnung . .	„ 2 252,15	
c) Verschiedene Gläubiger	„ 39 281,19	„ 174 044,73
4. Übergangsposten		„ 1 359,05
5. Aus Fondsmitteln gegebene kurzfrist. Darl.		„ 231 013,30
6. Aus Fondsmitteln gegebene unkündbare Darlehen . .	„ 1 232 210,—	
7. Bürgschaftsverpflichtung	„ 120 000,—	
		RM 4 210 008,75

Dresden, den 10. Mai 1929.

Deutsches Studentenwerk e. V.

gez. Schairer gez. Merkel

Jahresrechnung für 1929/1930.

Soll

1. Verteilungen aus Spenden, Beiträgen und sonstigen Einnahmen		RM 2 072 951,50
2. Gesamtunkosten		„ 263 930,56
Zwischensumme:		RM 2 336 882,06
3. Beteiligung		„ 1,—
4. Inventar und Einbauten		„ 35 029,55
5. Kasse, Bank- und Postscheckguthaben		„ 173 766,58
6. Forderungen:		
a) Amerika-Werkst.-Dienst	RM 24 572,67	
b) Darl. an Amerika-Werkst.	„ 98 035,11	
c) Wirtsch.-Körp. i. lf. Rechn.	„ 42 871,59	
d) Verschiedene	„ 55 396,87	„ 220 876,24
7. Übergangsposten		„ 48 348,14
8. Kurzfristige Darlehen		„ 153 023,70
9. Unkündbare Darlehen	RM 2 537 001,—	
10. Bürgsch.-Forderungen	„ 437 720,40	
		RM 2 967 927,27

Haben

	Verfügbar a. d. Vorjahr RM	Eingänge im Berichtsjahr RM	
1. Spenden, Beiträge und sonstige Einnahmen:			
a) Reich	14 000,—	1 860 110,—	
b) Verschiedene	—	58 441,50	
c) Studentenschaft	24 115,47	127 861,93	
d) Sonst. Beiträge und Einnahmen	63 991,55	238 111,67	
	102 107,02	2 284 525,10	RM 2 386 632,12
2. Fonds (verschiedene)			„ 50 292,43
3. Verbindlichkeiten:			
a) Dahrlehnsk. der Deutsch. Studentenschaft e.V.		RM 276 813,92	
b) Wirtschaftskörper i. lfd. Rechn.		„ 41 638,02	
c) Verschiedene Gläubiger		„ 34 764,69	„ 353 216,63
4. Schrifttum			„ 20 979,35
5. Übergangsposten			„ 3 783,04
6. Aus Fondsmitteln gegeb. kurzfr. Darlehen			„ 153 023,70
7. Aus Fondsmitteln gegeb. unkündbare Darlehen		RM 2 537 001,—	
8. Bürgsch.-Verpflichtungen		„ 437 720,40	
			RM 2 967 927,27

Dresden, den 10. Juni 1930.

Deutsches Studentenwerk e.V.

gez. Schairer gez. Merkel

Jahresrechnung für 1930/31.

Soll

1. Verteilungen aus Spenden, Beiträgen und sonstigen Einnahmen		RM 1939736,85
2. Gesamtunkosten		„ 238157,24
Zwischensumme:		RM 2177894,09
3. Inventar und Einbauten		„ 24907,25
4. Kasse, Bank- und Postscheckguthaben		„ 151881,30
5. Forderungen:		
a) Darlehen an Amerika-Werkstudenten	RM 70396,60	
b) Guthaben b. Geschäftsstelle New York d. AWD	„ 18275,16	
c) Wirtschaftskörper u. ä. Organisationen in lfd. Rechnung	„ 22489,72	
d) Verschiedene	„ 40338,07	„ 151499,55
6. Übergangsposten		„ 48375,53
7. Kurzfristige Darlehen		„ 128423,51
8. Unkündbare Darlehen	RM 3591201,—	
9. Bürgschaftsforderungen	„ 1001811,49	
		RM 2682981,23

Haben

	Verfügbar a. d. Vorjahr RM	Eingänge im Berichtsjahr RM	
1. Spenden, Beiträge und sonstige Einnahmen:			
a) Reich	49750,06	1678500,—	
b) Studentenschaft		134693,08	
c) Sonst. Beiträge und Einnahmen		344115,02	
	49750,06	2157308,10	RM 2207058,16
2. Fonds (verschiedene)			„ 146008,87
3. Aus Fondsmitteln gegeb. kurzfrist. Darlehen			„ 128423,51
4. Verbindlichkeiten:			
a) Darlehnsk. des Deutsch. Studentenwerks e.V.		RM 78777,86	
b) Wirtschaftskörper i. lfd. Rechnung		„ 52476,70	
c) Verschiedene Gläubiger		„ 41497,84	„ 172752,40
5. Schrifttum			„ 26252,72
6. Übergangsposten			„ 2485,57
7. Aus Fondsmitteln gegeb. unkündbare Darlehen		RM 3591201,—	
8. Bürgschaftsverpflichtung		„ 1001811,49	
			RM 2682981,23

Dresden, den 1. Juni 1931.

Deutsches Studentenwerk e. V.

gez. Schairer gez. Merkel

Der am 31. 3. 1930 noch ausstehende Beitrag des Freistaats Sachsen (RM 2500,—) ist 1930/31 eingegangen. Die Mehrverteilung und die Mehrausgaben für Unkosten (RM 26 827,34) sind im Jahre 1930/31 gedeckt worden.

Gesamt-Eingänge 1930/31 (einschl. Vorträge): .			RM	2 207 058,16
Gesamt-Verteilungen (s. u.)	RM	1 939 736,85		
Gesamt-Unkosten	„	238 157,24	„	2 177 894,09
Der noch verfügbare Betrag von			RM	29 164,07
setzt sich wie folgt zusammen:				
1. Tatsächliche Mehreinnahmen und Reste gegenüber den Schätzungen des Haushaltplanes:				
Reich und Sachsen je RM 5000,—	RM	10 000,—		
Studentenschaftsbeiträge	„	66 070,48		
Wirtschaftskörper- und sonstige Beiträge	„	2 829,86		
Zinsen	„	6 217,82	RM	85 118,16
2. Ersparnisse an Unkosten gegenüber dem laut Haushaltplan genehmigten Betrag			„	14 905,91
Mehreinnahmen, bzw. Minderausgaben:			RM	100 024,07
abzüglich:				
Genehmigte Ueberschreitung im Haushaltplan 1930/31:				
Einnahmen lt. Haushaltplan . .	RM	2 140 419,41		
Ausgaben lt. Haushaltplan	„	2 211 279,41	„	70 860,—
Verfügbar wie oben:			RM	29 164,07

Der am 31. 3. 1931 noch zur Verfügung stehende Betrag wird im Jahre 1931/32 zur Verteilung gelangen.

Den überwiegenden Anteil an den Zuwendungen in der Berichtszeit hat wieder das Deutsche Reich zur Verfügung gestellt, dem der besondere Dank des Deutschen Studentenwerks gebührt.

Verteilungen aus Spenden und Beiträgen.

1928/29	RM 3 104 951,—
1929/30	RM 2 072 951,50
1930/31	RM 1 939 736,85

Der Rückgang ist im wesentlichen auf die Verminderung der Mittel für Studentenhausbauten zurückzuführen. Es standen hierfür im Jahre 1928/29 RM 1 230 000,—, im Jahre 1929/30 RM 401 500,— und im Jahre 1930/31 nur RM 200 500,— zur Verfügung. Fast alle anderen Posten sind jedoch gleichfalls von Kürzungen betroffen worden. Näheres ist aus der folgenden Uebersicht zu entnehmen.

Die Eingänge haben im einzelnen folgende Verwendung gefunden:

I. Fonds:	1928/29 RM	1929/30 RM	1930/31 RM
Studienstiftung des Deutsch. Volkes	875 000,—	840 000,—	820 000,—
Studentenhausbauten	1 230 000,—	401 500,—	200 500,—
Studentenhausbau-Vorarbeiten . .	6 500,—	11 500,—	5 000,—
Einzelfürsorge, Begabtenförderung	32 000,—	20 000,—	70 350,-*
Krankenfürsorge	113 160,—	90 590,—	97 000,—
Erholungsaufenthalte	58 800,—	38 911,50	40 000,—
Hilfsfonds f. örtl. Wirtschaftsarbeit	21 375,—	10 000,—	5 000,—
Grenzlandarbeit	55 200,—	37 400,—	50 200,—
Darlehen für Betriebszwecke bzw. für Einzelfürsorge	4 000,—	—,—	8 000,—
Amerika-Werkstudenten-Dienst . .	73 421,—	43 150,—	83 496,85
Internationale Zusammenarbeit . .	6 300,—	3 122,90	5 000,—
Hauptrücklage	35 000,—	—,—	—,—
	2 510 756,—	1 496 174,40	1 384 546,85
II. Wirtschaftskörper: . .	522 500,—	516 500,—	482 000,—
III. Sonstige:			
Reichsbund Deutscher Kunsthochschüler, München	36 000,—	36 000,—	26 000,—
Weltstudentenwerk u. Internat. Institut für studentische Selbsthilfe	28 000,—	15 777,10	42 000,—
Verschiedene	7 695,—	8 500,—	5 190,—
	71 695,—	60 277,10	73 190,—
insgesamt:	3 104 951,—	2 072 951,50	1 939 736,85

Unkündbare Darlehn.

Hierbei handelt es sich um Beträge, die als Betriebsmittel oder zum Bau von Studentenhäusern ausgegeben werden. Sie erhalten zur Sicherung ihres Zwecks die Form von Darlehn.

Bürgschaften.

Die Bürgschaftsverpflichtungen entstehen im wesentlichen aus der Darlehnshingabe an Stipendiaten der Studienstiftung. Das Deutsche Studentenwerk übernimmt in diesen Fällen die Gesamtbürgschaft für die Summe jeden Jahres.

*) In diesem Betrag sind RM 50 000,— für „Begabtenförderung" enthalten.

Amerika-Werkstudenten-Dienst.

	Verfügbar am 1. 4. 1928:	RM	31 336,39
1928/29			
Zuweisungen	RM 73 421,—		
Zinsen	„ 1 442,13	„	74 863,13
		RM	106 199,52
Ausgaben			
Agrar-Stipendien	RM 3 150,—		
Darlehns-Ausbuchung wegen Todesfall .	„ 1 053,—		
Unkosten:			
a) bei der Geschäftsstelle Dresden .	„ 29 444,87		
b) bei der Geschäftsstelle New York .	„ 52 741,24	„	86 389,11
	Verfügbar am 1. 4. 1929:	RM	19 810,41
1929/30			
Zuweisungen	RM 43 150,—		
Zinsen	„ 2 845,61	„	45 995,61
		RM	65 806,02
Ausgaben			
Agrar-Stipendien	RM 4 180,—		
Unkosten:			
a) bei der Geschäftsstelle Dresden .	„ 48 465,20		
b) bei der Geschäftsstelle New York .	„ 50 156,77	„	102 801,97
	Ueberzogen am 1. 4. 1930:	RM	36 995,95
1930/31			
Zuweisungen		„	83 496,85
		RM	46 500,90
Ausgaben			
Unkosten:			
a) bei der Geschäftsstelle Dresden .	RM 29 957,63		
b) bei der Geschäftstelle New York .	„ 33 539,22	„	63 496,85
	Ueberzogen am 31. März 1931:	RM	16 995,95

Dieser Betrag wird laut Haushaltplan 1931/32 aus Mitteln des Deutschen Studentenwerks gedeckt.

Die Darlehnsausgabe und Rückzahlung zeigt folgendes Bild:

Außenstände am 1. 4. 1928		RM	96 760,45
Auszahlungen 1928/29		„	28 841,76
		RM	125 602,21
Rückzahlungen 1928/29	RM 35 916,87		
Ausbuchung wegen Todesfall	„ 1 053,—	„	36 969,87
	Stand am 1. 4. 1929:	RM	88 632,34

	Stand am 1, 4, 1929:	RM 88 632,34
Auszahlungen 1929/30	. . . .	„ 45 608,50
		RM 134 240,84
Rückzahlungen 1929/30	. . . .	„ 36 205,73
	Stand am 1. 4. 1930:	RM 98 035,11
Auszahlungen 1930/31	. . . .	„ 8 510,20
		RM 106 545,31
Rückzahlungen 1930/31	. . . .	„ 36 148,71
	Stand am 1. 4. 1931:	RM 70 396,60

Hiervon entfallen auf:

Zurückgekehrte AWD.er	RM 35 843,12
noch in Amerika befindliche AWD.er . .	„ 34 553,48
	RM 70 396,60

Für die Darlehnsausgabe stand ein besonderer Kredit der Darlehnskasse des Deutschen Studentenwerks in Höhe von RM 150 000,— zur Verfügung, so daß ein Kassendefizit des AWD. vermieden werden konnte.

Gegliedert nach den einzelnen Jahrgängen zeigen die Darlehen folgenden Stand:

Jahr	Auszahlungen	Rückzahlungen	Verluste	Noch ausstehend
1925/26	10 288,28	7 260,83	605,—	2 422,45
1926/27	66 643,73	56 409,73	—,—	10 234,—
1927/28	51 478,93	41 520,34	1 053,—	8 905,49
1928/29	22 393,—	7 054,94	—,—	15 338,06
1929/30	45 206,50	18 670,20	—,—	26 536,30
1930/31	8 912,20	1 952,—	—,—	6 960,20
	RM 204 922,64	132 868,04	1 658,—	70 396,60

Schrifttum.

Eine erfreuliche Entwicklung hat das Schrifttum genommen. Sowohl die Zeitschrift „Studentenwerk“ wie der Vertrieb der übrigen vom Deutschen Studentenwerk e. V. herausgegebenen Broschüren und Bücher (s. S. 77) hat Ueberschüsse abgeworfen, die für die sachliche Arbeit Verwendung finden können. Die Ueberschüsse betrugen jährlich:

1928/29 RM 12 571,61, 1929/30 RM 4 933,08, 1930/31 RM 5 273,37.

Spenden und Beiträge:

Spenden und Beiträge von Städten, Kreisen, Industrie, Banken, Einzelmitgliedern, Schulen und öffentlichen Körperschaften (außer Staatsbehörden und Wirtschaftskörpern) sind in den einzelnen Geschäftsjahren in folgender Höhe eingegangen:

	Spenden	Beiträge	Gesamt
1924/25	18 817,21	49 604,71	68 421,92
1925/26	55 580,50	60 772,65	116 353,15
1926/27	48 079,50	125 923,90	174 002,40
1927/28	13 450,—	137 110,70	150 560,70
1928/29	8 176,—	165 072,35	173 248,35
1929/30	7 551,50	104 182,07	111 733,57
1930/31	21 390,—	106 231,40	127 621,40

Trotz der Verschlechterung der wirtschaftlichen Lage hat sich der 1929/30 einsetzende Rückgang der laufenden Beiträge aufhalten lassen. Die Gesamtsummen setzten sich aus sehr viel kleinen Einzelbeiträgen zusammen. Diese Tatsache ist ein Beweis für die fortschreitende Verankerung der Arbeit in breitesten Schichten des Volkes.

Revisionen.

Die Buchhaltung des Deutschen Studentenwerks ist von der „Treuhand-Aktiengesellschaft Leipzig, Berlin, Dresden, Nürnberg" in allen 3 Berichtsjahren eingehend geprüft worden.

In den Prüfungsberichten wird bescheinigt, daß sich die Buchhaltung in guter Ordnung befindet und daß die Jahresrechnungen mit den ordnungsgemäß geführten Büchern übereinstimmen.

Die durch die Mitgliederversammlung gewählten Revisoren haben die vorgeschriebenen sachlichen Prüfungen für die Geschäftsjahre 1928/29 und 1929/30 ebenfalls vorgenommen und die Ordnungsmäßigkeit der Geschäftsführung und der Buchhaltung bestätigt. Die Revision des Geschäftsjahres 1930/31 hat z. Zt. der Drucklegung des Berichtes noch nicht stattgefunden.

Die Entlastung des Vorstands und die Genehmigung der Jahresabrechnungen durch die Mitgliederversammlung ist für die Geschäftsjahre 1928/29 und 1929/30 erfolgt.

Anlage 1
Die Ehrenmitglieder des Deutschen Studentenwerks.

Beck, Friedrich, Direktor des Studentenhauses München e. V.
Blüher, Bernhard, Dr., Oberbürgermeister a. D. der Stadt Dresden.
Gehrig, Hans, Prof. Dr., Dresden.
Michaelis, Georg, Exzellenz D. Dr., Reichskanzler a. D., Saarow.
Pellengahr, Ludwig, Ministerialdirektor im Reichsministerium des Inneren, Berlin.
Schwabach, Karl, Dipl.-Ing., Leipzig.
Tillmanns, Robert, Regierungsrat Dr., Berlin.

Die Organe des Deutschen Studentenwerks.

1. Der Verwaltungsrat:

Gruppe I: Vertreter der Wirtschaftskörper, die mehr als 500 Studierende umfassen, außerdem
Beck, Friedrich, Direktor des Studentenhauses München e. V.
Bauer, Hellmuth, Dr., Reichsverband der Deutschen Industrie, Berlin.
Mitgau, Johann Hermann, Prof. Dr. phil., Frankfurt a. d. O.
Schwabach, Karl, Dipl.-Ing., Leipzig.
Tillmanns, Robert, Regierungsrat Dr., Berlin.

Gruppe II: Ahle, Hanns, Studentenschaft der Universität München.
Welte, Konrad, Referendar, Asta der Universität München.
Schulz, Hans-Heinrich, Referendar, Berlin.
Kähler, Wilhelm, Prof Dr., Greifswald.
Schlink, Wilhelm, Prof. Dr., Darmstadt.
Schmidt, Richard, Geheimrat, Prof. Dr., Leipzig.

Gruppe III: Baltrusch, Friedrich, M. d. R. R., M. d. R. W. R., Geschäftsführer des Gesamtverbandes der christlichen Gewerkschaft Deutschlands, Berlin-Wilmersdorf.
Becker, Johann, Reichsminister a. D., Dr., Darmstadt.
Blüher, Bernhard, Oberbürgermeister a. D. Dr., Dresden.
v. Borsig, Ernst, Geh. Kommerzienrat, Berlin.
Bosch, Carl, Geheimrat Prof. Dr. h. c., Ludwigshafen.
Bosch, Robert, Dr. h. c., Stuttgart.
Bramann, Wilhelm, Direktor der Rhein. Bauernbank A.-G., Köln (Rh.).
Brandes, Wilhelm, Präsident der Preuß. Hauptlandwirtschaftskammer, Berlin.
Brändström-Ulich, Elsa, Dr. h. c., Dresden.
Brauweiler, Roland, Geschäftsführendes Präsidialmitglied der Vereinigung der deutschen Arbeitgeberverbände, Berlin.
Bruns, Victor, Prof. Dr., Berlin.
Bücher, Hermann, Geheimrat Dr., Berlin.
Duisberg, Carl, Geheimrat Prof. D. Dr., Leverkusen b. Köln (Rh.).
Ebart, Rudolf, Dr., Fabrikbesitzer, Spechthausen b. Eberswalde.
Frisch, Walter, Geh. Legationsrat, Dr., Direktor der Dresdner Bank, Berlin.

Frowein, Abraham, M. d. R. W. R., Generaldirektor der Elberfelder Textilwerke, W.-Elberfeld.
Giese, Else, M. d. L., Berlin.
Hagen, Louis, Geheimrat Dr., Köln (Rh.).
Hepp, Karl, Präsident des Reichslandbundes, M. d. R., Berlin.
Herle, Jakob, Dr., Geschäftsführer des Reichsverbandes der Deutschen Industrie, Berlin.
Hilger, E., Geheimrat Dr.-Ing. e. h., Charlottenburg.
Hoffmann, Ludwig, Dr.-Ing. h. c., Halle a. d. S.
Hölling, Wilhelm, Bergassessor, Fachgruppe Bergbau des Reichsverbandes der Deutschen Industrie, Berlin.
Kastl, Ludwig, Geheimrat Dr., Geschäftsführendes Präsidialmitglied des Reichsverbandes der Deutschen Industrie, Berlin.
v. Klemperer, Viktor, Dr., Direktor der Dresdner Bank, Dresden.
Knoll, Alexander, Allgemeiner Deutscher Gewerkschaftsbund, Berlin.
Krüß, Andreas Hugo, Geheimrat Prof. Dr., Generaldirektor der Preuß. Staatsbibliothek, Berlin.
Kotzenberg, Karl, Generalkonsul Dr., Frankfurt a. M.
Langen, Arnold, Dr., Generaldirektor der Motorenfabrik A.-G., Köln-Deutz.
Luther, Hans, Dr., Reichsbankpräsident, Berlin.
Matschoß, Carl, Prof. Dr., Direktor des Vereins Deutscher Ingenieure, Berlin.
Michaelis, Georg, Exzellenz D. Dr., Reichskanzler a. D., Bad Saarow (Mark).
Morsbach, Adolf, Oberregierungsrat a. D. Dr. Dr., Leiter des Deutschen Akad. Austauschdienst e. V., Berlin.
Moldenhauer, Paul, Prof. Dr., Reichsminister a. D., M. d. R., Charlottenburg.
Mulert, Oskar, Dr., Präsident d. Deutschen Städtetages, Berlin.
Nägel, Adolf, Prof. Dr.-Ing., Dresden.
Paeckelmann, Wolfgang, Oberstudiendirektor, Kassel.
Pellengahr, Ludwig, Ministerialdirektor im Reichsministerium des Innern, Berlin.
Richter, Wilhelm, Prof. Dr., Ministerialdirektor im Preuß. Ministerium für Wissenschaft, Kunst und Volksbildung, Berlin.
Schifferer, A., Dr., M. d. R., Charlottenhof b. Kiel.
Schlubach, Roderich, Dr., Hamburg.
Schmidt-Ott, Friedrich, Exzellenz Dr., Staatsminister a. D., Präsident der Notgemeinschaft der Deutschen Wissenschaft, Berlin.
Schreiber, Georg, Prälat Prof. Dr. D., M. d. R., Münster.
v. Stauß, E. G., Dr. Dr. h. c., Direktor der Deutschen Bank und Disconto-Ges., Berlin.
Stegerwald, Adam, Dr. h. c., Reichsarbeitsminister, M. d. R., Berlin.

Stinnes, Edmund, Dr., Berlin-Friedenau.
Ströbel, Wilhelm, Dr., Regierungsrat, Direktor der Württemb. Landwirtschaftskammer, Stuttgart.
Vögler, Albert, Dr. Dr. h. c., Generaldirektor, Dortmund.
v. Zahn-Harnack, Agnes, Dr., Berlin.
Wollf, Julius Ferdinand, Prof. Dr., stellv. Vorsitzender des Verbandes der Deutschen Zeitungsverleger, Dresden.
Caritasverband für das kath. Deutschland, Berlin, vertreten durch:
Hebing, Dr., Geschäftsführer der Deutschen Caritas für Akademiker e. V., Berlin.
Deutsches Rotes Kreuz, Berlin, vertreten durch:
Draudt, Paul, Oberstleutnant a. D., Generalsekretär des Deutschen Roten Kreuzes, Berlin.
Kommission für die Tuberkulosefürsorge im Mittelstand, Berlin, vertreten durch:
Seiffert, Ober-Reg.-Ober-Medizinal-Rat, Berlin.
Zentralausschuß für die Innere Mission, Berlin, vertreten durch:
Schlunck, Walter, Direktor, Berlin.

2. Der Vorstand:

Tillmann, Fritz, Prof. D. Dr., z. Zt. Vorsitzender des Vorstandes des Deutschen Studentenwerkes, Vorsitzender des Verbandes der Deutschen Hochschulen, Bonn.
Becker, Johann, Reichsminister a. D., Dr., Darmstadt.
Duisberg, Carl, Geheimrat, Prof. D. Dr., Leverkusen b. Köln (Rh.).
Pieper, Johannes, cand. chem., 1. Vorsitzender der Wirtschaftsselbsthilfe der Leipziger Studenten e. V., Leipzig.
Schulz, Hans-Heinrich, Referendar, Berlin.
v. Stauß, E. G. Dr. Dr. h. c., M. d. R., Direktor der Deutschen Bank und Disconto-Gesellschaft, Berlin.
Stiebeling, Otto, cand. mach., 2. Vorsitzender der Studentenhilfe Hannover e. V., Hannover.
Welte, Konrad, Referendar, München.

3. Die Aeltesten des Deutschen Studentenwerks:

Beck, Friedrich, Direktor des Studentenhauses München e. V.
Schwabach, Karl, Dipl.-Ing., Leipzig.
Tillmanns, Robert, Regierungsrat Dr., Berlin.

4. Der Beirat:

Eilert, Wilhelm, cand. jur., Geschäftsführer der Halleschen Studentenhilfe e. V., Halle a. d. S.
Herbst, Hellmut, Dr., Geschäftsführer des Vereins Studentenwerk e. V., Königsberg (Pr.).
Menzel, Hans L., Dr., Geschäftsführer des Studentenhauses Charlottenburg e. V.
Michel, Karl, cand. jur., Berlin.

5. Der Zentrale Arbeitsausschuß der Studienstiftung des Deutschen Volkes:

van Aubel, Peter, Dr., Berlin NW 40, Alsenstraße 7.
Becker, Johann, Exz., Reichsminister a. D., Darmstadt, Christiansweg 6.
Benecke, Otto, Dr., Berlin NW 40, Alsenstraße 7.
Bergsträßer, Arnold, Priv.-Doz. Dr., Heidelberg, Ziegelhäuser Landstraße 69.
Berve, Hellmut, Prof. Dr., Leipzig O 27, Ludolf-Colditz-Straße 14, I.
Blüher, Bernhard, Oberbürgermeister a. D. Dr., Dresden-A. 16, Berthelstraße 3.
Brink, Adolf, Oberschulrat Dr., Stettin, Schloß, Provinzial-Schulkollegium.
Brunstäd, Friedrich, Prof. D. Dr., Rostock, Paulstraße 48.
Döring, Wilhelm, Dr., Berlin W 10, Königin-Augusta-Straße 28.
Duisberg, Carl, Geh. Rat Prof. D. Dr., Leverkusen b. Köln (Rh.).
Hämel, Joseph, Prof. Dr., Würzburg, Weingartenstraße 14.
Hanner, Prof., Charlottenburg 2, Technische Hochschule.
Hartenstein, Hans, Regierungsrat Dr., Berlin W 10, Viktoriastraße 34.
Hoffmann, Alfred, Akademieprofessor, Beuthen (O.-S.), Redenstraße 8 a.
Kaußmann, Ernst, Dr., Leipzig C 1, Universität, Saal 5—7.
v. Klemperer, Viktor, Dr., Dresden-A., Johannstraße 3.
Leist, Erich, Min.-Rat Dr., Berlin W 8, Unter den Linden 4.
Löffler, E., Min.-Rat Dr., Stuttgart, Azenbergstraße 14.
Mittelstraß, Gustav, Prof. Dr., Karlsruhe-Rüppurr, Rosenweg 5.
Morsbach, Adolf, Oberreg.-Rat a. D. D. Dr., Berlin C 2, Schloß, Portal III.
Nohl, Hermann, Prof. Dr., Göttingen, Baurat-Gerber-Straße 7.
Nießen, Ludwig, Min.-Rat Dr., Berlin NW 40, Platz der Republik 6.
Paeckelmann, Wolfgang, Oberstud.-Dir., Kassel, Humboldtstraße 1 a.
Pellengahr, Ludwig, Min.-Dir., Berlin NW 40, Platz der Republik 6.
Pieper, Johannes, cand. chem., Leipzig C 1, Universität, Saal 5—7.
Renger, Ewald, Referendar, Dresden-A., Schnorrstraße 4.
Schairer, Reinhold, Assessor Dr. jur., Dresden-A. 24, Kaitzer Straße 2.
Schlink, Wilhelm, Prof. Dr., Darmstadt, Steinbergweg 37.
Schmidt, Eberhard, Prof. Dr., Hamburg, Feldbrunnenstraße 40.
Schreiber, Georg, Prälat Prof. Dr., M. d. R., Münster (W.), Kanalstraße 14.
Schulz, Hans-Heinrich, Referendar, Berlin SW 11, Großbeerenstraße 93.
Seeberg, Erich, Prof. D., Berlin-Wilmersdorf, Nikolsberger Platz 4.
v. Soden, Freiherr Hans, Prof. D., Marburg (Lahn), Wörthstraße 37.
Simons, Hans, Reg.-Präs. Dr., Liegnitz (Schl.), Schloßplatz 1.
v. Stauß, Emil Gustav, Dr. Dr. h. c., M. d. R., Berlin W 8, Mauerstraße 39.
v. Stengel, Freiherr Carl, Oberreg.-Rat, München, Salvatorplatz 2.
Stiebeling, Otto, cand. mach., Hannover, Welfengarten 1 a.
Stratenwerth, Gerhard, Pfarrer, Bethel bei Bielefeld.
Streit, Hanns, Dr., Dresden-A. 24, Kaitzer Straße 2.
Tillmann, Fritz, Prof. D. Dr., Bonn (Rh.), Hohenzollernstraße 3.
Tillmanns, Robert, Reg.-Rat Dr., Berlin-Lichterfelde, Holbeinstraße 63 a.
Trefftz, Erich, Prof. Dr., Dresden-A. 24, Kulmstraße 1.
Ulich, Robert, Min.-Rat Prof. Dr., Dresden-N., Carolaplatz 2.

W e d e m e y e r, Werner, Prof. Dr. Dr., Kiel, Lorentzendamm 36.
W e d e r, Karl, Pfarrer, Königsberg (Pr.), Burgkirchenplatz 8 a.
W e l t e, Konrad, Referendar, München, Universität, Zimmer 145.
v. Z a h n - H a r n a c k, Agnes, Dr., Berlin-Grunewald, Kunz-Buntschuh-Straße 2.
Z y l m a n n, Peter, Akademiedirektor Prof., Cottbus, Pädagog. Akademie.

6. D e r K l e i n e S t u d i e n s t i f t u n g s - A u s s c h u ß :

Vorsitzender: T i l l m a n n, Fritz, Prof. Dr., z. Zt. Vorsitzender des Vorstandes des Deutschen Studentenwerks, Bonn, Hohenzollernstr. 3.

van A u b e l, Peter, Dr., Berlin NW 40, Alsenstr. 7.
K a u ß m a n n, Ernst, Dr., Leipzig C 1, Universität, Saal 5—7.
P a e c k e l m a n n, Wolfgang, Oberstudiendirektor, Kassel, Humboldtstr. 1a.
R e n g e r, Ewald, Referendar, Dresden-A., Schnorrstr. 4.
v. S o d e n, Freiherr Hans, Prof. D., Marburg (Lahn), Wörthstr. 37.

Ferner:

Der H a u p t g e s c h ä f t s f ü h r e r des D e u t s c h e n S t u d e n t e n w e r k s.

Der L e i t e r der Abteilung „S t u d i e n s t i f t u n g d e s D e u t s c h e n V o l k e s".

7. D i e G e s c h ä f t s f ü h r u n g (Stand vom 1. 11. 1931):

Hauptgeschäftsführer: Assessor Dr. R. S c h a i r e r.

Abteilung I (örtliche Wirtschaftsarbeit, Studentenhäuser, Krankenfürsorge und Einzelfürsorge).
Leiter: Dr. H. S t r e i t.
Referent: Dipl.-Kaufm. K. W i l h e l m.

Abteilung II (Werbung, Presse, Schrifttum, „Studentenwerk" und Werkarbeit).
Leiter: Dr. H. S i k o r s k i.

Abteilung III (Studienstiftung des Deutschen Volkes).
Leiter: z. Zt. d. Hauptgeschäftsführer Dr. R. S c h a i r e r.
Referenten: Dr. O. R e i s e, Dr. Käthe G r u n e w a l d.

Abteilung IV (Amerika-Werkstudenten-Dienst).
Leiter: H. G. M e r k e l.

Abteilung V (Finanzen und innere Verwaltung).
Leiter: H. G. M e r k e l.

Anlage 2

Liste der studentischen Wirtschaftsorganisationen.

(Stand vom 15. Oktober 1931)

A. Wirtschaftskörper im Sinne der Erlanger Beschlüsse:

Lfde. Nr.	Hochschule	Name und Anschrift
1	Aachen Technische Hochschule	Verein Studentenwohl e. V., Aachen, Turmstraße 3, Haus der Studentenschaft
2	Bamberg Phil.-theol. Hochschule	Studentenhilfe Bamberg e. V., Bamberg, Heinrichsdamm 32
3	Berlin Universität Handelshochschule Landwirtschaftl. Hochschule Tierärztliche Hochschule Hochschule für Musik Staatl. Akademie für Kirchen- und Schulmusik Vereinigte Staatsschulen für freie und angewandte Kunst Deutsche Hochschule für Leibesübungen Staatliche Kunstschule	Studentenwerk Berlin e. V., Berlin N 24, Johannisstraße 1. (Im Studentenwerk Berlin sind die Wirtschafts- und Fürsorgeorganisationen der nebenstehenden Berliner Hochschulen zusammengeschlossen.) Wirtschafts- und Fürsorge-Ausschuß der Friedrich-Wilhelms-Universität, Berlin C2, Kaiser-Franz-Joseph-Platz, Universität, Zimmer 83—85, Neuer Westflügel
4	Charlottenburg Technische Hochschule	Studentenhaus Charlottenburg e. V., Charlottenburg 2, Kurfürstenallee 15
5	Bonn Universität Landw. Hochschule	Verein Studentenwohl e. V., Bonn, Lennéstraße 26
6	Braunschweig Technische Hochschule	Verein Braunschweiger Studentenhilfe e. V., Braunschweig, Technische Hochschule, Pockelstraße 4
7	Breslau Universität	Studentenhilfe Universität Breslau G. m. b. H., Breslau X, Annengasse 1, „Johannes Nikel-Haus“
8	Breslau Technische Hochschule	Wirtschaftsamt der Schlesischen Technischen Hochschule e. V., Breslau 16, Uferzeile 17, Studentenhaus
9	Clausthal Bergakademie	Clausthaler Studentenhilfe e. V., Clausthal-Zellerfeld 1, Sägemüllerstraße 4; Postanschrift: Schließfach 18
10	Danzig Technische Hochschule	Deutsches Studentenhaus Danzig e. V., Danzig-Langfuhr, Bosseweg 4

Lfde. Nr.	Hochschule	Name und Anschrift
11	Darmstadt Technische Hochschule	Studentische Wirtschaftshilfe Darmstadt e. V., Darmstadt, Alexanderstraße 22
12	Dillingen Phil.-theol. Hochschule	Theologenhilfe Hochschule Dillingen a. d. Donau e. V., Dillingen a. d. Donau, Klerikalseminar
13	Dresden Technische Hochschule	Dresdner Hochschulverein e. V., Dresden-A., Mommsenstraße 13
14	Eichstätt Phil.-theol. Hochschule	Studentenhilfe Eichstätt e. V. (Phil.-theol. Hochschule), Eichstätt i. B., Leonrodsplatz A 19
15	Erlangen Universität	Erlanger Studentenhilfe e. V., Erlangen, Puchtaplatz 4
16	Frankfurt Universität	Studentenhilfe Frankfurt a. M. e. V., Frankfurt a. M., Universität, Mertonstr. 17
17	Freiberg Bergakademie	Freiberger Studentenhilfe e. V., Freiberg i. Sa., Burgstraße 21, Zimmer 3 u. 4
18	Freiburg Universität	Freiburger Studentenhilfe e. V., Freiburg (Br.), Kaiserstraße 8
19	Freising Phil.-theol. Hochschule	Studentenhilfe e. V. der phil.-theol. Hochschule Freising, Freising
20	Gießen Universität	Gießener Studentenhilfe e. V., Gießen, Leihgesterner Weg 16
21	Göttingen Universität	Studentenhaus Göttingen e. V., Göttingen, Wilhelmsplatz 3
22	Greifswald Universität	Verein Studentenhilfe Greifswald e. V., Greifswald, Bahnhofstraße 50
23	Halle Universität	Hallesches Studentenwerk e. V. (Burse zur Tulpe), Halle a. d. S., Universitätsring 5, II.
24	Hamburg Universität	Hamburger Studentenhilfe e. V., Hamburg 36, Neue Rabenstraße 13, Studentenhaus
25	Hannover Technische Hochschule Tierärztl. Hochschule	Studentenhilfe Hannover e. V., Hannover, Welfengarten 1 A
26	Hann.-Münden Forstl. Hochschule	Mündener Studentenhilfe e. V., Hann.-Münden, Forstl. Hochschule

Lfde. Nr.	Hochschule	Name und Anschrift
27	Heidelberg Universität	Verein Studentenhilfe Heidelberg e. V., Heidelberg, Marstallhof 5, II.
28	Hohenheim Landw. Hochschule	Hohenheimer Studentenhilfe e.V., Hohenheim b. Stuttgart (Württ.), Landwirtschaftliche Hochschule
29	Jena Universität	Verein Jenaer Studentenhilfe (R. V.), Jena, Oberer Philosophenweg 20
30	Karlsruhe Technische Hochschule	Karlsruher Studentendienst e. V., Karlsruhe i. B., Parkring 7, Studentenhaus
31	Kiel Universität	Schleswig - Holsteinische Studentenhilfe e. V., Kiel, Hospitalstraße 21
32	Köln Universität	Kölner Studentenburse e. V., Köln a. Rh., Universität, Claudiusstraße 1
33	Königsberg Universität Handelshochschule	Verein Studentenwerk e. V., Königsberg, 3. Fließstraße 3—5, Palästra Albertina
34	Leipzig Universität Handelshochschule	Wirtschaftsselbsthilfe d. Leipziger Studenten e. V., Leipzig, Universität, Saal 5—7
35	Mannheim Handelshochschule	Förderungsgesellschaft an der Handels-Hochschule Mannheim e. V., Mannheim E 5, 16
36	Marburg Universität	Studentenheim e. V., Marburg, Marburg (Lahn), Reitgasse 11
37	München Universität Technische Hochschule Akademie der bildenden Künste Akademie der Tonkunst Staatsschule f. angewandte Kunst	Studentenhaus München e. V., München, Luisenstraße 67, III., Schließfach
38	Münster Universität	Studentenhilfe Münster e. V., Münster i. W., Domplatz 4
39	Nürnberg Hochschule für Wirtschafts- und Sozialwissenschaften (Handelshochschule)	Verein Studentenhilfe e. V. an der Hochschule für Wirtschafts- und Sozialwissenschaften (Handelshochschule) Nürnberg, Nürnberg, Findelgasse 7

Lfde. Nr.	Hochschule	Name und Anschrift
40	Paderborn Akademie	Paderborner Theologenhilfe e. V., Paderborn, Leostraße 21
41	Passau Phil.-theol. Hochschule	Studentenhilfe Passau e. V., Passau, Domplatz 5
42	Regensburg Phil.-theol. Hochschule	Regensburger Studentenhilfe e. V., Regensburg, Aegidienplatz 2
43	Rostock Universität	Studentenheim e. V., Wirtschaftskörper der Rostocker Studentenschaft, Rostock i. M., Universität, Hof, linker Seitenflügel
44	Stuttgart Technische Hochschule	Stuttgarter Studentenhilfe e. V., Stuttgart, Seestraße 6, I.
45	Tübingen Universität	Tübinger Studentenwerk e. V., Tübingen, Hafengasse 6
46	Weihenstephan Technische Hochschule München (Abt. für Landwirtschaft und Brauerei)	Studentenhilfe Weihenstephan e. V., Weihenstephan, Post Freising-Land
47	Würzburg Universität	Studentenhilfe Würzburg e. V., Würzburg, Jahnstraße 1, Raum 48

(Vorstehende 47 Wirtschaftskörper umfassen insgesamt 63 Hochschulen)

B. Sonstige studentische Wirtschaftsorganisationen:

Lfde. Nr.	Hochschule	Name und Anschrift
48	Braunsberg Staatliche Akademie	Wirtschaftsamt der Studentenschaft der Staatl. Akademie Braunsberg, Braunsberg (Ostpreußen)
49	Düsseldorf Med. Akademie	Studentenschaft der Medizinischen Akademie, Abtlg. Wirtschaftsamt, Düsseldorf, Moorenstraße 5
50	Eberswalde Forstliche Hochschule	Studentenhilfe d. Forstlichen Hochschule, Eberswalde, Schickelerstraße 5
51	Tharandt Technische Hochschule Dresden (Forstwissenschaftl. Abteilung)	Wirtschaftsamt der Studentenschaft der Forstl. Hochschule, Tharandt (Sa.)
52	Witzenhausen Kolonial-Hochschule	Studentenschaft der Kolonial-Hochschule Witzenhausen, Witzenhausen a. d. Werra

Anlage 3

Richtlinien für die Anerkennung der Wirtschaftskörper.

(Beschluß des Verwaltungsrates vom 26. 10. 1928.)

Bevor die Anerkennung eines Wirtschaftskörpers und seine Aufnahme als Mitglied der Wirtschaftshilfe ausgesprochen wird, soll geprüft werden, ob der betreffende Wirtschaftskörper in seinem Aufbau und seiner Arbeit folgende Voraussetzungen erfüllt:

A. Grundsätzliches.

1. Die Arbeit des Wirtschaftskörpers gilt der Gesamtheit der Studierenden der betreffenden Hochschule unter Wahrung völliger Neutralität in politischen, konfessionellen oder weltanschaulichen Fragen.

2. Die Arbeit des Wirtschaftskörpers ist getragen von dem Gedanken der studentischen Selbsthilfe und Mitverwaltung (d. h. Förderung der individuellen Selbsthilfe [Werkarbeit], Beteiligung der Studenten an der praktischen Arbeit dieses Wirtschaftskörpers; Vertretung der Gesamtheit der Studenten in den leitenden Organen des Wirtschaftskörpers).

3. Alle Unterstützungen an Studierende erfolgen unter dem Gesichtspunkt der Auslese der Besten und Tüchtigsten, unter Berücksichtigung der menschlichen und wissenschaftlichen Bewährung des Einzelnen.

B. Organisatorisches.

1. Die leitenden Organe des Wirtschaftskörpers setzen sich laut Satzungen zusammen aus Dozenten, Studenten und Freunden der Arbeit. Die Satzung soll die Möglichkeit geben, daß auch die in der praktischen Arbeit des Wirtschaftskörpers bewährten Studenten (Mitarbeiter) in dessen Organen vertreten sind.

2. Die Satzung soll Vorsorge treffen, daß enge Verbindung zwischen dem Wirtschaftskörper einerseits und Hochschule und Studentenschaft anderseits sichergestellt ist.

3. Der Wirtschaftskörper ist Rechtsperson.

C. Arbeitsaufgaben.

1. Der Wirtschaftskörper faßt möglichst alle Aufgabengebiete der studentischen Wirtschaftsarbeit an der Hochschule zusammen. Neben der Speisung und anderen Einrichtungen zur Verbilligung der Lebenshaltung hat er die Aufgabe der Arbeitsvermittlung, Einzel- und Krankenfürsorge.

2. Die Studentenspeisung wird vom Wirtschaftskörper selbst betrieben. Ihre Bewirtschaftung soll möglichst so erfolgen, daß sie sich ohne laufende Zuschüsse selbst trägt. Dasselbe gilt entsprechend für andere Betriebe des Wirtschaftskörpers.

Anlage 4

Die Studentenspeisungen.

	Sommer 1928		Wint. 1928/29		Sommer 1929		Wint. 1929/30	
	m[1])	a[2])	m	a	m	a	m	a
Aachen	345	190	396	238	368	196	439	240
Berlin, Johannisstr.	985	94	1075	123	682	101	799	104
„ Universität.	545	—	770	—	647	—	852	—
„ Schloßküche	166	—	187	—	333	—	474	—
„ Charité . .	78	—	115	—	73	—	111	—
„ Hand.-Hochsch.	131	—	165	—	158	—	150	—
„ Landw. Hochsch.	153	—	252	—	222	—	279	—
„ Borsigstr. .	—	—	—	—	78	—	203	—
Charlottenburg, Techn. Hochschule	1020	—	1198	—	1261	—	987	—
Charlottenburg, Verein. Staatssch.	—	—	557	—	436	—	594	—
Charlottenburg, Musik-Hochschule	—	—	—	133	—	135	—	70
Bonn	824	246	790	217	986	287	1036	239
Breslau, Universität	667	107	617	108	666	34	691	69
„ Techn. Hochsch.	111	25	202	39	217	33	212	47
Clausthal	108	25	94	32	100	43	95	42
Danzig	528	—	639	—	676	—	—	—
Darmstadt	471	243	533	273	524	250	575	285
Dresden	631	117	753	112	773	130	818	145
Eberswalde	—	—	—	—	33	16	31	18
Erlangen	278	130	310	192	360	212	366	222
Frankfurt	581	177	—	—	467	200	523	227
Freiburg	777	294	639	281	897	314	773	298
Gießen	267	105	281	108	249	90	284	76
Göttingen	758	164	672	176	721	234	650	246
Greifswald	465	75	346	52	460	76	341	47
Halle	312	64	333	74	450	155	450	155
Hamburg	600	—	664	—	744	—	672	—
Hannover, Techn. H.	370	92	481	215	505	230	654	318
„ Tierärztl. H.	—	—	—	—	—	—	—	—
Heidelberg	970	552	665	334	971	464	717	317
Jena	406	—	338	—	410	—	382	—
Karlsruhe	318	213	344	236	320	229	347	244
Kiel	742	322	418	193	837	392	544	134
Köln, Mensa . . .	600	280	535	245	600	207	512	226
„ Student.-Küche	91	58	105	85	129	109	65	53
Königsberg	666	119	521	—	736	—	596	—
Leipzig	1103	712	1319	835	1403	903	1476	1034
Mannheim	173	120	146	107	140	94	133	93
Marburg	533	48	359	40	497	50	421	32
München	1556	767	1615	809	1558	755	1559	759
Münster	539	403	562	456	585	445	641	478
Regensburg . . .	12	12	10	7	10	10	7	5
Rostock	252	60	153	15	231	37	292	49
Stuttgart	160	67	284	105	254	121	328	137
Tübingen	481	143	467	161	672	189	622	227
Würzburg	246	81	262	80	257	57	295	80
	19989	6105	20172	6081	22696	6798	21996	6716

[1]) m = mittags [2]) a = abends

Teilnehmerzahlen während der ganzen Berichtszeit und Essenspreis im S. S. 1928 und W. S. 1930/31

Anlage 4

	Sommer 1930		Wint. 1930/31		Abonnementspreis (in Pfg.) Sommer 1928		Winter 1930/31	
	m	a	m	a	m	a	m	a
Aachen	398	210	428	256	60	55	60	55
Berlin, Johannisstr.	593	81	601	79	50	20—35	55	25—45
„ Universität.	687	—	737	—	70	—	75	—
„ Schloßküche	387	—	380	—	70	—	55	—
„ Charité . .	69	—	97	—	70	—	75	—
„ Hand.-Hochsch.	135	—	137	—	65	—	60	—
„ Landw. Hochsch.	214	—	285	—	60	—	65	—
„ Borsigstr. .	198	—	245	—	—	—	55	—
Charlottenburg, Techn. Hochschule	862	—	861	—	60, 65	—	60, 65	—
Charlottenburg, Verein. Staatssch.	608	121	681	106	—	—	60, 65	—
Charlottenburg, Musik-Hochschule	—	54	—	56	—	—	—	55, 60
Bonn	1176	288	1000	213	55	45	55	45
Breslau, Universität	652	77	620	75	30—70	20—80	30,60,80	20—80
„ Techn. Hochsch.	186	28	228	41	30—70	40—70	30—70	30-150
Clausthal	88	34	76	26	50	40	60	50
Danzig	—	—	—	—	56	—	—	—
Darmstadt	487	220	525	226	50	50	60	60
Dresden	790	141	856	106	65	50	67	53
Eberswalde	28	13	36	11	—	—	60, 70	50
Erlangen	260	207	489	219	50	50	55	55
Frankfurt	600	232	684	264	40, 65	40, 65	45, 70	45, 70
Freiburg	916	287	684	185	50	50	50	50
Gießen	245	65	289	78	55	55	60	60
Göttingen	790	274	757	246	60—80	15—70	60, 80	15—80
Greifswald	475	65	477	74	60	50	60	50
Halle	462	83	461	75	60	50	60	50
Hamburg	771	—	689	—	70	—	70	—
Hannover, Techn. H.	594	205	618	228	60	40	60	40
„ Tierärztl. H.	126	20	123	19	—	—	60	40
Heidelberg	1055	507	781	338	50	50	60	60
Jena	390	—	518	—	55	—	60	—
Karlsruhe	326	229	453	272	40	40	55	75
Kiel	927	247	600	177	60	30	60	50
Köln, Mensa . . .	510	206	500	221	50	40	55	40
„ Student.-Küche	66	57	61	55	80	60	80	60
Königsberg	742	—	657	—	30, 60	30, 50	65	—
Leipzig	1290	963	1330	947	56	43	58	44
Mannheim	118	81	124	77	65	50	70	65
Marburg	501	70	438	70	55	55	60	60
München	1570	669	1479	586	50	50	25, 60	25, 60
Münster	654	424	538	427	60	20-100	60	20—90
Regensburg . . .	19	18	11	11	40	30	50	50
Rostock	464	130	267	47	50	40	60	50
Stuttgart	255	127	298	118	70	60	70	60
Tübingen	683	248	511	173	65	55	65	55
Würzburg	396	155	357	139	60	50	65	55
	22763	6836	21987	6241				

Übersicht über die an die Wirtschaftskörper verteilten Geldmittel.

	Geschäftsjahr 1928/29		Geschäftsjahr 1929/30		Geschäftsjahr 1930/31	
	Allgemeine Verteilung	Sonder-bewilligung	Allgemeine Verteilung	Sonder-bewilligung	Allgemeine Verteilung	Sonder-bewilligung
Aachen	4 310,—		3 870,—		3 900,—	
Bamberg	1 040,—	400,—	980,—		800,—	
Berlin	44 400,—		44 250,—	5 000,—	46 600,	
Charlottenb.	13 890,—	5 000,—	14 750,—	2 000,—	13 400,—	
Bonn	17 200,—		19 750,—		20 400,—	
Braunsberg	820,—		750,—		600,—	
Braunschweig	4 140,—		3 870,—		3 900,—	
Breslau U.	12 040,—		12 250,—		12 900,—	
Breslau T. H.	3 990,—	2 000,—	3 600,—		3 000,—	2 000,—
Clausthal	2 850,—		2 240,—		1 800,—	
Danzig	5 130,—		4 600,—	6 500,—	3 800,—	26 000,—
Darmstadt	8 460,—		7 470,—		7 000,—	
Dillingen	1 260,—		1 250,—		1 240,—	
Dresden	8 900,—		9 700,—	3 000,—	10 600,—	
Düsseldorf	430,—		1 610,—		1 445,—	
Eberswalde	1 040,—		930,—		755,—	
Eichstätt	1 330,—		1 320,—		1 200,—	
Erlangen	6 020,—		5 750,—		5 600,—	
Frankfurt	11 400,—	1 000,—	11 800,—		11 300,—	
Freiberg	2 180,—		1 700,—		1 200,—	
Freiburg	10 860,—		10 650,—		10 400,—	3 000,—
Freising	1 500,—		1 460,—		1 280,—	
Gießen	6 250,—	1 600,—	5 750,—		5 600,—	
Göttingen	12 150,—	3 000,—	11 500,—	1 350,—	11 800,—	
Greifswald	5 900,—		6 180,—		5 650,—	5 000,—
Halle	8 330,—		8 300,—	10 000,—	7 600,—	
Hamburg	8 700,—	3 000,—	9 650,—		10 600,—	
Hannover	7 980,—	8 000,—	7 180,—	7 000,—	7 000,—	7 500,—
Hann.-Münd.	1 370,—		1 160,—		1 040,—	
Heidelberg	9 350,—	8 000,—	9 900,—	20 000,—	9 600,—	
Hohenheim	1 830,—	2 500,—	1 430,—		1 040,—	
Jena	9 130,—		9 410,—		9 800,—	
Karlsruhe	5 380,—		4 660,—		4 400,—	
Kiel	7 670,—	20 000,—	8 350,—	14 000,—	8 000,—	
Köln	16 450,—		16 500,—		16 200,—	
Königsberg	9 470,—	12 000,—	9 300,—	10 000,—	11 100,—	20 000,—
Leipzig	19 200,—	6 500,—	19 950,—		20 500,—	6 000,—
Mannheim	3 140,—		2 560,—	1 000,—	3 000,—	
Marburg	10 400,—	25 000,—	11 450,—	10 000,—	11 400,—	
München	41 150,—	10 000,—	39 310,—	15 000,—	39 400,—	10 000,—
Münster	12 150,—		11 550,—		12 600,—	
Nürnberg	2 460,—		2 090,—		1 850,—	
Paderborn	1 920,—		1 920,—		1 820,—	
Passau	1 280,—		1 400,—		1 260,—	
Regensburg	1 630,—		1 580,—		1 420,—	
Rostock	5 410,—	6 000,—	5 500,—	6 000,—	5 700,—	
Stuttgart	6 600,—		5 850,—		6 100,—	
Tharandt	980,—		770,—		540,—	
Tübingen	10 250,—	2 000,—	11 350,—		11 200,—	8 000,—
Weihensteph.	1 830,—		1 650,—		1 560,—	
Würzburg	8 450,—		9 250,—	2 000,—	9 100,—	
	400 000,—	116 000,—	400 000,—	112 850,—	400 000,—	87 500,—

Anlage 6

Chronik der studentischen Wirtschaftsarbeit 1928—1931

1928

April

19. Sitzung des Studentenhaus-Ausschusses in Berlin. Für die Studentenhäuser in Danzig, Hamburg, Breslau, Karlsruhe, Gießen, Dresden, Halle, München, Rostock und Darmstadt werden Beihilfen in einer Gesamthöhe von RM 880 000,— bewilligt.

Mai

4. Der engere Arbeitsausschuß des A. W. D. erörtert die Fragen der Gegenseitigkeit, der Ausdehnung auf Kanada und des Ausbaues der Geschäftsstelle in New York.

16. Einweihung des Studentenhauses in Hamburg.

25. Einweihung des Studentenhauses in Danzig.

Juni

4. Sitzung des Vorstandes der Wirtschaftshilfe in Dresden. Der Vorstand beschließt Richtlinien und Bedingungen für die Vergebung von Beihilfen für Studentenhausbauten aus Reichsmitteln.

7. bis 9. Tagung der ersten aus Amerika zurückgekehrten Werkstudenten mit Vertretern des öffentlichen und Wirtschaftslebens auf Einladung von Geheimrat Duisberg in Leverkusen.

21. Grundsteinlegung des Studentenhauses der Technischen Hochschule Breslau.

Juli

14. Grundsteinlegung des Studentenhauses in Karlsruhe.

21. Die Wirtschaftshilfe stellt an das Reichsministerium des Innern einen Antrag auf Bewilligung von RM 2 000 000,—, davon RM 1 650 000,— für Studentenhäuser und RM 350 000,— für Studentenwohnheime.

Im Laufe des Sommers werden die Umbauten für die Studentenhäuser Halle und Rostock begonnen.

August

5. bis 12. Siebente Jahrestagung des Weltstudentenwerks in Chartres (Frankreich).

September

21. Sitzung des Vorstandes der Wirtschaftshilfe in Dresden. Der Vorstand bestätigt die in der Sitzung vom 16. bis 18. Februar 1928 in München gefaßten Beschlüsse betr. das Verhältnis der Wirtschaftshilfe zur Deutschen Studentenschaft und die Vertretung der Studentenschaft in der örtlichen Wirtschaftsarbeit.

22. Die Wirtschaftshilfe bezieht das von der Stadt Dresden erbaute und zur Verfügung gestellte Bürohaus Kaitzer Straße 2.

22. Grundsteinlegung des Studentenhauses in Würzburg.

Oktober

9. Sitzung des Zentralen Arbeitsausschusses der Studienstiftung (132 Bewerbungen, 51 Aufnahmen).

11. Sitzung des Studentenhaus-Ausschusses in Dresden. Es werden an Beihilfen für den Bau der Studentenhäuser in Breslau, Danzig, Erlangen, Jena, Rostock und Würzburg insgesamt RM 340 000,— verteilt. Weiterhin werden die „Richtlinien und Bedingungen für die Vergebung von Beihilfen für Studentenhausbauten aus Reichsmitteln" beschlossen.

24. u. 25. Vorbereitende Sitzung des Vorstandes der Wirtschaftshilfe in Berlin.

26. Sitzung des Verwaltungsrates und der Mitgliederversammlung der Wirtschaftshilfe in Berlin.

Verwaltungsrat und Mitgliederversammlung beschließen als Satzungsänderung die Einführung einer allgemeinen Wahl für die Vertreter der Studentenschaft im Vorstand und Verwaltungsrat für die Dauer der ungeregelten Verhältnisse der studentischen Selbstverwaltung in Preußen. Die Zahl der Mitglieder des Vorstandes wird um einen Altakademiker auf 9 erhöht.

Weiterhin werden Richtlinien für die Anerkennung der Wirtschaftskörper beschlossen.

Oberbürgermeister Dr. Blüher, Dresden, wird zum Ehrenmitglied der Wirtschaftshilfe ernannt.

November

7. bis 9. Feier der Vollendung des Münchner Studentenhauses.

1929

Januar

24. u. 25. Sitzung des Vorstandes der Wirtschaftshilfe in Berlin.

Februar

1. Uebersiedlung des „Internationalen Instituts für studentische Selbsthilfe und Gemeinschaftsarbeit“ des Weltstudentenwerks nach Dresden.

6. Sitzung des engeren Auswahlausschusses des A. W. D. (6 Aufnahmen für Kanada).

März

8. Sitzung des Auswahlausschusses des A. W. D. (127 Bewerbungen, 71 Aufnahmen).

12. bis 14. Sitzung des Zentralen Arbeits-Ausschusses der Studienstiftung (864 Bewerbungen, 255 Aufnahmen).

15. Sitzung des Vorstandes der Wirtschaftshilfe in Dresden.

April

3. bis 9. Indo-Europäische Konferenz des Weltstudentenwerks, veranstaltet von der Deutschen Akademischen Auslandsstelle des Verbandes der Deutschen Hochschulen, auf dem Lingnerschloß bei Dresden.

Mai

31. Grundsteinlegung zum Studentenhaus in Gießen.

Juni

16. Einweihung des Studentenhauses in Rostock.

Juli

2. bis 10. Zweite Internationale Schulungswoche für studentische Selbsthilfe und Gemeinschaftsarbeit, veranstaltet vom Weltstudentenwerk, auf dem Lingnerschloß bei Dresden.

16. Sitzung des Vorstandes der Wirtschaftshilfe in Berlin.

23. Der Studentenhausausschuß verteilt an Breslau, Erlangen, Gießen, Karlsruhe, Würzburg und Hamburg Baudarlehen in der Gesamthöhe von RM 310 000,—.

Einweihung des Studentenhauses in Würzburg.

August

1. bis 7. Achte Jahrestagung des Weltstudentenwerks in Krems a. d. Donau.

26. bis 28. Sitzung des Vorstandes der Wirtschaftshilfe in München.

September

19. Sitzung des Auswahlausschusses des A. W. D. (54 Bewerbungen, 28 Aufnahmen).

September

30. Vorstandssitzung der Wirtschaftshilfe in Frankfurt a. M.

Oktober

7. bis 9. Sitzung des Zentralen Arbeitsausschusses der Studienstiftung (151 Bewerbungen, 41 Aufnahmen).

21. Sitzung des Vorstandes der Wirtschaftshilfe in Würzburg. Vorbesprechung der Wirtschaftstagung.

21. bis 24. Studentische Wirtschaftstagung, Verwaltungsrats-Sitzung und Mitgliederversammlung der Wirtschaftshilfe.

Der Name „Wirtschaftshilfe der Deutschen Studentenschaft e. V.“ wird in „Deutsches Studentenwerk e. V.“ umgewandelt.

Die Tagung beschließt Richtlinien für Einzelfürsorge, Krankenfürsorge, Wirtschaftseinrichtungen und Werkarbeit.

Dr. Tillmann wird zum Ehrenmitglied ernannt.

November

25. Grundsteinlegung zum Studentenhaus in Jena.

30. Grundsteinlegung zum Studentenhaus in Erlangen.

Einweihung des Studentenhauses in Halle.

Inbetriebnahme des Erweiterungsbaues des Studentenhauses in Hamburg.

1930

Januar

6. bis 8. Arbeitsbesprechung der Wirtschaftskörper in Eisenach.

31. Sitzung des Vorstandes des Deutschen Studentenwerks in Berlin. Einschneidende Sparmaßnahmen im Studentenhausbau mit Rücksicht auf die Finanzlage.

Februar

19. Sitzung des Auswahlausschusses des A. W. D. (154 Bewerbungen, 76 Aufnahmen).

März

11. bis 13. Sitzung des Zentralen Arbeitsausschusses der Studienstiftung (760 Bewerbungen, 159 Aufnahmen).

Mai

30. bis 31. Vertrauensdozententagung der Studienstiftung in Berlin-Dahlem.

Juli

23. bis 30. Neunte Jahrestagung des Weltstudentenwerks in Oxford (England).

September 12. bis 13.	Vorstandssitzung des Deutschen Studentenwerks in Berlin. Der Vorstand billigt die Vorarbeiten für das geplante Berliner Studentenhaus.
30.	Sitzung des engeren Ausschusses der Studienstiftung (Aufnahme von 66 Mitgliedern).
Oktober 8. bis 10.	Arbeitsbesprechung der Leiter der bereits bestehenden Studentenhäuser und örtlichen Mitarbeiter in Oberbärenburg bei Dresden.
November	Einweihung und Eröffnung der Studentenhäuser in Breslau, Erlangen, Gießen, Greifswald und Karlsruhe.
Dezember 4. u. 5.	Sitzung des Vorstandes des Deutschen Studentenwerks in Berlin. Weitere einschränkende Maßnahmen mit Rücksicht auf die Finanzlage. Einschränkung der Tätigkeit des A. W. D.
13.	Einweihung des Studentenhauses in Jena.

1931

Januar 26. u. 27.	Arbeitsbesprechung der Leiter der neuen Studentenhäuser in Oberbärenburg bei Dresden.
Februar 6.	Sitzung des Vorstandes des Deutschen Studentenwerks in Berlin.
21.	Zehnjähriges Bestehen des Deutschen Studentenwerks e. V.
27. u. 28.	Sitzung des kleinen Ausschusses der Studienstiftung in Berlin.
März 7. u. 9.	Sitzung des Vorstandes des Deutschen Studentenwerks in Berlin. Vorbesprechung der Jahrestagung.
8.	Oeffentliche Kundgebung des Deutschen Studentenwerks e. V. zur Feier seines zehnjährigen Bestehens im Reichstag. Reichskanzler Dr. Brüning spricht über: „Not und Dienst — ein Wort an die akademische Jugend Deutschlands“.

März

9. Verwaltungssitzung und Mitgliederversammlung des Deutschen Studentenwerks in Berlin-Dahlem. Erörterung der Satzungsänderung und Uebertragung der Vorarbeiten an einen Ausschuß. Prof. Schlink, Darmstadt, übergibt nach 6jähriger Amtszeit den Vorsitz des Deutschen Studentenwerks an Prof. Tillmann, Bonn. Zu Ehrenmitgliedern werden ernannt: Prof. Dr. Gehrig, Dresden, Reichskanzler a. D. Exz. D. Dr. Michaelis, Saarow, Ministerialdirektor Pellengahr, Berlin.

11. bis 13. Sitzung des ZentralenArbeitsausschusses der Studienstiftung (880 Bewerbungen, 160 Aufnahmen).

12. Verleihung des durch die Technische Hochschule Dresden gestifteten „Goldenen Ehrenringes" des Deutschen Studentenwerks an: Geheimrat Duisberg, Geheimrat Frisch, Prof. Dr. Gehrig, Dr. Schairer, Prof. Schlink, Dipl.-Ing. Schwabach.

GESCHÄFTSBERICHT

der

Darlehnskasse des Deutschen Studentenwerks e.V.
(Darlehnskasse der Deutschen Studentenschaft)

für den Zeitraum

vom 1. April 1928 bis 31. März 1931

erstattet von der Geschäftsführung

★

INHALT

Anlagen:

★

Bericht für den Zeitraum 1928/1931

(1. April 1928 bis 31. März 1931).

I. Allgemeiner Ueberblick.

Der vorliegende Bericht umfaßt drei Geschäftsjahre, vom 1. April 1928 bis 31. März 1929, vom 1. April 1929 bis 31. März 1930 und vom 1. April 1930 bis 31. März 1931, drei Jahre starker zahlenmäßiger Ausdehnung und Entwicklung.

Die ersten fünf Festmarkjahre der Darlehnskasse waren nach Ablauf des ersten Jahres der Berichtszeit abgeschlossen, d. h. für die ersten Darlehnsnehmer setzte die Zeit ein, in deren Verlauf die ratenweise Rückzahlung der Darlehn erfolgen soll. Da die Darlehnsverträge der ersten Jahre noch keine Zinserhöhung nach dem fünften Jahre vorsehen, ist der Einschnitt, den der Ablauf dieser Frist bedeutet, in den Zahlungseingängen tatsächlich noch nicht so fühlbar, wie es in den kommenden Jahren der Fall sein wird. Näheres hierüber ergibt sich aus den Angaben unter III. Finanzen und Revisionen.

Im Laufe des sechsten Festmarkjahres stellte sich auf Grund der Entwicklung der gesamten Finanzen heraus, daß der ursprüngliche, im Jahre 1925 ausgearbeitete Finanzplan, der bis dahin die Grundlage für die Finanzierung der Arbeit seitens des Reiches und der Länder bildete, einer Aenderung und Anpassung bedürfe. Am 15. März 1930 wurde daher dem Verwaltungsrat ein neuer Finanzplan vorgelegt, der seine Billigung fand. Die wichtigsten Aenderungen bestehen darin, daß die Umlaufszeit der Darlehn auf acht Jahre herabgesetzt und der Sicherheitsfonds ab März 1931 auf 5 % der ausgeliehenen Darlehn begrenzt wurde.

Die Summe der ausgeliehenen Darlehn erhöhte sich seit 1. April 1928 von rd. RM 6 380 000,— auf rd. RM 12 080 000,—, die Rückzahlungen wuchsen von rd. RM 153 000,— auf rd. RM 421 000,—, die Zins-Einnahmen u. ä. von rd. RM 200 000,— auf rd. RM 373 000,— im Jahre.

Außer der Summe hat auch die Gesamtzahl der ausgeliehenen Darlehn, wie es im Aufbau der Darlehnskasse begründet ist, weiterhin zugenommen. Die Anzahl der durch die Zweigstellen in den einzelnen Semestern ausgegebenen Darlehn ist jedoch seit dem W. S. 1926/27 (3447) bis zum W. S. 1930/31 (2777) stark gesunken, sie schwankt jetzt (1931) zwischen 2450 und 2650. Der durch die Zweigstellen in jedem Semester ausgegebene Betrag ist seit dem W. S. 1926/27 von rd. RM 1 000 000,— auf rd. RM 850 000,— im W. S. 1930/31 gesunken.

Außer den durch die Zweigstellen ausgegebenen Darlehn wurden erstmalig in größerem Umfang seit dem S.-S. 1928 Darlehn an die älteren Stipendiaten der Studienstiftung im durchschnittlichen Jahresbetrag von rd. RM 280 000,— ausgegeben.

Darlehnskasse und Ueberfüllung

Diese rein zahlenmäßigen Angaben legen die Frage nahe, ob Unterstützungsmaßnahmen diesen Ausmaßes angesichts der vorhandenen Ueberfüllung unserer Hochschulen überhaupt gerechtfertigt werden können.

Die oben erwähnten RM 12 080 000,— verteilen sich auf 22 800 Personen, die im Durchschnitt je rd. RM 530,— erhalten haben. Auf ein Semester entfallen durchschnittlich rd. 1628 Studierende, denen geholfen wurde. Bei näherer Prüfung schrumpft somit die Anzahl der Darlehnsnehmer schon rein zahlenmäßig stark zusammen. Gemessen an den Studierenden der letzten Semester — die allein für eine Unterstützung durch Darlehnsmittel in Frage kommen —, zeigt sich jedoch, daß der Anteil nur rd. 4,5 % beträgt. Wie gering diese Zahl in ihrer tatsächlichen Bedeutung ist, wird noch deutlicher, wenn wir den besonderen Charakter und die besonderen Aufgaben der Darlehnskasse im Rahmen der Unterstützungsmaßnahmen an unseren Hochschulen betrachten, eine Eingliederung und Arbeitsteilung, die sich zwangsläufig aus einer 9jährigen Entwicklung ergeben haben.

Die Darlehnskasse ist zu der Stelle geworden, an die sich sowohl alle auf Selbsthilfe und Werkarbeit angewiesenen unbemittelten Studierenden am Ende ihres Studiums wenden, als auch alle diejenigen, die Empfänger von Stipendien oder Beihilfen waren, ohne Rücksicht darauf, aus welchen Quellen ihnen bis dahin die Mittel zur Verfügung gestellt wurden. Die Ursachen hierfür sind verschiedener Art. Es ist beispielsweise bekannt, daß die allermeisten der städtischen Stipendien nur vier Jahre lang gegeben werden, daß ferner in vielen anderen Fällen die Unterstützungsdauer nicht länger, sondern kürzer ist, und auch die Höhe der im einzelnen Semester verfügbaren Summe häufig zu gering ist. Gerade in der Examenszeit setzt die Hilfe in der Regel aus oder wird unzulänglich. Alle diese Studierenden wenden sich an die Darlehnskasse und stellen den einen Teil derer dar, die in dem wichtigsten Abschnitt ihres Studiums fast ausschließlich auf sie angewiesen sind. Hinzu kommen diejenigen, die bis dahin von der Einzelfürsorge der Wirtschaftskörper gefördert wurden, sowie die Mitglieder der Studienstiftung in ihren letzten Semestern. Den zahlenmäßig größten Teil bilden jedoch die Studierenden, die wir mit dem „Mittelstand" innerhalb der Studentenschaft bezeichnen können. Zum Teil werden sie zu den Stipendienempfängern der Städte oder der privaten Stellen gehören, zum größeren Teil haben sie das Studium aus eigenen oder Mitteln der Eltern, häufig unter großen Entbehrungen, finanziell durchgehalten, bis nunmehr die hohen Ausgaben der Examenssemester herannahen. Diese können sie nicht mehr selbst aufbringen, da nun auch die letzten Ersparnisse aufgebraucht sind und Werkarbeit wegen der gesteigerten Anforderungen des Studiums in der Examenszeit völlig unmöglich geworden ist. Dieser Kreis ist zwar zahlenmäßig groß, der einzelne benötigt jedoch wenig, nur eine Ergänzung der eigenen Mittel. Hierin finden wir auch die Erklärung für die relativ niedrige jährliche Durchschnittssumme aller Darlehn (rd. RM 565,— 1930) gegenüber z. B. den Unterstützungen der Studienstiftung (mit RM 1000,—) sowie für den großen Prozentsatz der in der sozialen Gliederung mit „mittlerer Schicht" zu bezeichnenden Studierenden innerhalb der Darlehnskasse. Auch viele Werkstudenten befinden sich in dieser Gruppe, die die Verbindung zu denen bilden, die zwar ein Darlehn annehmen, den Weg zur Einzelfürsorge, Studienstiftung oder karitativen Einrichtungen jedoch nie gehen würden.

Es wäre also falsch, bei einer Betrachtung der Unterstützungsmöglichkeiten an den Hochschulen die Studienstiftung, die Einzelfürsorge, die Stipendien privater oder öffentlicher Stellen und die Darlehnskasse nebeneinander zu sehen, es ist vielmehr eine Arbeitsteilung eingetreten, die ein „Nacheinander" zur Folge hat.

Die Anzahl der geförderten Menschen wird so verständlich und gerechtfertigt, und es zeigt sich sogar, daß sie — gemessen an diesen Aufgaben — gering ist, und daß die Darlehnskasse in keinem Fall etwa für die Aufblähung der Anzahl der Studierenden verantwortlich gemacht werden kann.

Trotz alledem könnte aber noch eingewandt werden, daß angesichts der Ueberfüllung der Hochschulen die gesamte studentische Fürsorge und mithin auch die Ausgabe von Darlehn ein ungerechtfertigtes Ausmaß angenommen habe. Nie sei die Mittelmäßigkeit an unseren Hochschulen stärker vertreten gewesen als jetzt, wo sie zu „Wartehallen der Unentschiedenheit" geworden seien. Auch werde durch alle derartigen Maßnahmen ein ungerechtfertigter Anreiz zum Studium ausgeübt. Auf die Schiefheit dieses Urteils kann hier nur eingegangen werden, soweit die Darlehnskasse in Frage kommt.

Die Hilfe der Darlehnskasse ist k e i n e „Massenhilfe", sie ist „Begabtenhilfe" im besten Sinne des Wortes. Sie kann es auch sein, weil ihre Möglichkeiten für eine Siebung und Auswahl besonders groß sind. Da sie nur Studierende in den letzten Semestern fördert, kann die Frage der Bewährung an der Hochschule eindeutig entschieden werden, eindeutiger jedenfalls als in einem früheren Zeitpunkt des Studiums. Hinzu kommt, daß in der Regel die Erfahrungen der Stellen zur Verfügung stehen, die vorher geholfen haben. Am klarsten werden die hierbei gültigen Grundsätze der Auslese, wenn sie in der

Formulierung wiedergegeben werden, die sie neuerdings auf der Würzburger Wirtschaftstagung 1929 gefunden haben:

„Die Würdigkeit eines Darlehnsnehmers ist nicht nach den wissenschaftlichen Leistungen allein, sondern nach dem Gesamtbild der Persönlichkeit zu beurteilen. Intellektuelle Veranlagung, praktische Fähigkeiten, die beispielsweise in Werkarbeit oder Mitarbeit in der studentischen Selbstverwaltung bewiesen werden können, menschlich wertvolle Eigenschaften sowie Bedürftigkeit müssen gegeneinander abgewogen werden und gemeinsam die Grundlage für eine Bewilligung bilden. Je nach der besonderen Lage des Falles kann ein Mangel in der einen Richtung ausgeglichen werden durch überragende Veranlagung in einer anderen. Im übrigen können durch ein Darlehn nur solche Menschen gefördert werden, deren bisherige Entwicklung mit Sicherheit erwarten läßt, daß sie im Berufsleben nach Abschluß des Studiums etwas Tüchtiges leisten können und in der Lage sein werden, das Darlehn im Laufe von 8 Jahren zurückzuerstatten, ohne daß es für sie eine übergroße Belastung bedeutet.“

Diese Grundsätze konnten auch tatsächlich Anwendung finden, weil jeder Einzelfall in persönlicher Fühlungnahme mit dem Gesuchsteller behandelt und in engster Fühlungnahme mit dem in Frage kommenden Dozenten entschieden wird (s. Anl. 4 und 5).

Nur eine Ueberfüllung mit Ungeeigneten ist unerwünscht. Die Darlehnskasse siebt aus und fördert nur geeignete Studenten. Eine Auslese nach plutokratischen Gesichtspunkten, die sonst übrig bliebe, scheidet aus. Auch zahlenmäßig spielt der Anteil keine Rolle. Die vorstehend angedeuteten Vorwürfe treffen also auf eine intensiv und nach rationellen Gesichtspunkten betriebene Form der Hilfsarbeit, wie sie die Darlehnskasse darstellt, nicht zu.

Verwaltungsmaßnahmen

Im Dezember 1928 wurde erstmalig ein „Handbuch für die Arbeit der Zweigstellen der Darlehnskasse der Deutschen Studentenschaft“ herausgegeben (42 Seiten Din A 5, Selbstverlag der Darlehnskasse). Die technische Verwaltungsarbeit wurde hierdurch in eine klare und einheitliche Form gebracht. Vor allem hat es aber auch die Durchbildung einheitlicher Auslesemaßstäbe an allen Orten gefördert. Angesichts der Notwendigkeit, bis zu 50 % der Antragsteller abzuweisen, und der Verteilung der Entscheidungen auf rd. 50 verschiedene Orte war die Gefahr groß, daß bei den Bewilligungen von ungleichmäßigen und damit ungerechten Voraussetzungen ausgegangen würde. In diesem Sinne hat sich die Einführung des Handbuches auch für die grundsätzliche Haltung der Arbeit als Stütze erwiesen und durchaus bewährt.

Eine Auslesearbeit, wie sie die Darlehnskasse treibt, darf jedoch nicht allein dem Ziel dienen, dem Darlehnsnehmer äußerlich zu helfen, sie soll ihn auch innerlich dem tieferen Sinn der Arbeit näherbringen. Der endgültige Erfolg der Tätigkeit der Darlehnskasse wird zwangsläufig von der Verbindung mit dem Unterstützten nach Ausgabe der Zuwendungen abhängen. Diese Verbindung wird um so nachhaltiger und wirksamer sein, je mehr sie über die juristischen Tatsachen hinausgreift. Der Zusammenhang, den der Zinsendienst zwischen Darlehnskasse und Darlehnsnehmer schafft, muß so natürlich empfunden werden, daß die Zinszahlung zu einer selbstverständlichen Pflicht im Dienste der Gesamtheit wird. Die bisherigen Ergebnisse lassen die Hoffnung berechtigt erscheinen, daß diese Aufgabe gelöst wurde (s. a. Ergebnis der Werbung von Mitgliedern unter ehemaligen Darlehnsnehmern S. 31 u.).

Für die Entwicklung einer Anschauung dieser Menschen über finanzielle Verpflichtungen der Art, wie sie in der Arbeit der Darlehnskasse entstehen, wird es sehr wichtig sein, ob die ideellen Grundlagen der studentischen Selbsthilfe in ihr Bewußtsein übergegangen sind. Sie müssen am eigenen Leibe verspürt haben, daß es diese Art der Hilfe gibt, die von dem einzelnen weder als Almosen empfunden werden kann, noch auch — trotz klarer kaufmännischer und juristischer Grundlagen — eine Verbitterung hervorruft, die in früheren Zeiten häufig die Folge einer Darlehnsgewährung von unberufener Seite war, die im Grunde eine Ausbeutung der Studierenden darstellte.

Es ist zu hoffen, daß die Darlehnskasse durch ihre Arbeitsgrundsätze dem Gedanken der Zusammenarbeit mit dem anderen und des Dienstes am anderen auf ihrem beschränkten Gebiete Geltung verschafft hat und auch in Zukunft verschaffen kann.

II. Vereinsverwaltung.

Am 28. 6. 1928 findet in Berlin eine Verwaltungsratssitzung statt, in der auf Grund des Berichtes über das Geschäftsjahr 1927/28 die Genehmigung der Jahresrechnung, des Berichtes der Rechnungsprüfer und des Haushaltplanes für das Jahr 1928/29 erfolgt. Berlin 28. 6. 1928

Am 26. 10. 1928 findet in Berlin eine Verwaltungsratssitzung und Hauptversammlung statt. Der Geschäftsbericht, die Jahresrechnung und der Revisionsbericht für das Jahr 1927/28 werden genehmigt sowie dem Vorstand Entlastung erteilt. Die Rechnungsprüfer werden für das Geschäftsjahr 1928/29 wiedergewählt. Berlin 26. 10. 1928

In der Zusammensetzung des Verwaltungsrates treten Veränderungen teils durch Benennungen, teils durch Wahlen ein. In Gruppe a) des Verwaltungsrates wird an Stelle von Herrn Ministerialrat Geh. Oberreg.-Rat Dr. Schwoerer Herr Ministerialrat Dr.-Ing. e. h. K. Müller benannt. Für Gruppe b) wird vom Verband der Deutschen Hochschulen Herr Prof. Dr. W. Kähler, der turnusgemäß ausscheidet, wiederbenannt. An Stelle der ausscheidenden Herren Dr. P. Stockhausen, cand. chem. K. Küter und Dr. H. Weise der Gruppe c) werden von der Wirtschaftshilfe der Deutschen Studentenschaft die Herren cand. jur. R. Czok, Dr. H. Neef und Dr. H. Ollendorf für die Geschäftsjahre 1928/29 und 1929/30 benannt. Die durch das Los ausscheidenden drei Mitglieder der Gruppe d), Herr Dr. h. c. R. Bosch, Herr Geh. Rat Prof. Dr. Dr. h. c. C. Duisberg und Herr Dr. Dr. h. c. E. G. v. Stauß, werden einstimmig wiedergewählt. Gleichfalls wird Exzellenz D. Dr. Michaelis, der aus Gruppe e) satzungsgemäß ausscheidet, wiedergewählt.

Um die Verbindung zwischen der Darlehnskasse und den Darlehnsnehmern zu stärken und in jeder Weise zu sichern, wird der Bezug der Zeitschrift „Studentenwerk" für jeden Darlehnsnehmer (1931 rund 16 000 Exemplare) durch die Darlehnskasse und der Versand an die Darlehnsnehmer gutgeheißen. Abschließend wird eine Dankresolution an Reich und Länder einstimmig angenommen.

Würzburg 24. 10. 1929

Eine weitere Verwaltungsratssitzung und Hauptversammlung findet am 24. 10. 1929 in Würzburg statt. Die satzungsgemäß erforderliche Genehmigung des Geschäftsberichtes, der Jahresrechnung, des Berichtes der Rechnungsprüfer und des Haushaltplanes für das Geschäftsjahr 1929/30 erfolgt einstimmig. Die Rechnungsprüfer werden für das Jahr 1929/30 einstimmig wiedergewählt.

Der Verwaltungsrat wählt laut § 10 der Satzung den gesamten Vorstand für 1929—1932 einstimmig wieder.

Im Verwaltungsrat treten folgende Veränderungen ein: In Gruppe a) wird für Herrn Oberregierungsrat F. Stier Herr Ministerialrat O. Dehns benannt. In Gruppe b) wird vom Verband der Deutschen Hochschulen Herr Prof. Dr. W. Schlink wiederbenannt. Aus Gruppe c) scheiden aus die Herren: Dr. H. Bauer, Dr. H. v. Müller, cand. jur. R. Schubert und cand. jur. Schmadel. Neu benannt werden für die Jahre 1929/30 und 1930/31 von der Deutschen Studentenschaft die Herren: Direktor F. Klein, Referendar H. Kuhr, Dr. F. Mutscheller, cand. jur. W. Schmadel. Auf Grund der Auslosung scheiden aus Gruppe d) aus die Herren: Geh. Legationsrat Dr. Dr. W. Frisch, Generaldirektor A. Frowein, Generalkonsul Dr. h. c. Kotzenberg, die einstimmig wiedergewählt werden. Herr Prälat Prof. D. Dr. Dr. h. c. Schreiber, der turnusgemäß aus Gruppe e) ausscheidet, wird einstimmig wiedergewählt, neu hinzugewählt wird Herr A. Knoll.

Durch die nachfolgende Annahme eines Antrages auf Satzungsänderung wird der Name der Darlehnskasse der Deutschen Studentenschaft e. V. in Anlehnung an die gleichzeitige Satzungsänderung der Wirtschaftshilfe der Deutschen Studentenschaft e. V. in: „Darlehnskasse des Deutschen Studentenwerks e. V." geändert.

§ 1 der Satzung der Darlehnskasse des Deutschen Studentenwerks e. V. lautet nunmehr folgendermaßen:

„Der Verein führt den Namen „Darlehnskasse des Deutschen Studentenwerks e. V.". Er hat seinen Sitz in Dresden und wurde unter dem Namen „Darlehnskasse der Deutschen Studentenschaft e. V." am 2. Juni 1922 gegründet und in das Vereinsregister des Amtsgerichts Dresden am 16. Januar 1923 eingetragen. Die Aenderung des Namens erfolgte durch Beschluß der Mitglieder-Versammlung vom 24. Oktober 1929" (s. Anl. 1).

Berlin 30. 1. 1930

Am 30. 1. 1930 findet eine Vorstandssitzung in Berlin statt, auf der verschiedene Fragen der laufenden Verwaltungsarbeit geregelt werden; genehmigt wird ein Kredit an das Deutsche Studentenwerk für die Ausgabe von Darlehen an Amerika-Werkstudenten in einer Gesamthöhe von RM 150 000,— (siehe auch „Zusammenarbeit") und eine Geschäftsordnung für die Geschäftsführung.

Der Verwaltungsrat tritt am 15. 3. 1930 in Berlin zu einer Sitzung zusammen, auf der ein neuer Finanzplan genehmigt wird, der eine Begrenzung des Sicherheitsfonds auf 10 % der ausgeliehenen Darlehen sowie eine Umlaufszeit des Kapitals von höchstens 9 Jahren bei einer achtjährigen Laufzeit der Verträge vorsieht. Die Ersparnis, die hierdurch möglich wird, beträgt voraussichtlich RM 2 000 000,—. Berlin 15. 3. 1930

Der Haushaltplan für 1930/31 wird genehmigt. — Ferner soll den Darlehnsnehmern in Zukunft der Abschluß einer Lebensversicherung empfohlen werden.

Am 14. 11. 1930 tritt in Berlin der Verwaltungsrat der Darlehnskasse zu einer Sitzung zusammen. Der Geschäftsbericht und die Jahresabrechnung sowie der Bericht der Revisoren über das Geschäftsjahr 1929/30 werden einstimmig genehmigt. Ferner werden zwei Aenderungen der Satzung vorberaten und der Geschäftsführung zur weiteren Veranlassung übergeben. Berlin 14.11.1930

Auf der am 10. 3. 1931 in Berlin für das Geschäftsjahr 1930/31 stattfindenden Hauptversammlung und der vorhergehenden Verwaltungsratssitzung werden diese Satzungsänderungen endgültig genehmigt. Die erste regelt die Höhe des Sicherheitsfonds, der auf 5 % der ausgeliehenen Darlehen begrenzt wird. Weitere Aenderungen bzw. Zusätze regeln die Beziehungen der Darlehnskasse zum Deutschen Reich. Ferner wird festgelegt, daß die Hauptversammlung jährlich abgehalten werden soll, aber nur jedes zweite Jahr stattfinden muß. Der Wortlaut der Satzungen nach dem Stande vom April 1931 ist aus der Anlage 1 ersichtlich. Berlin 10. 3. 1931

Der Verwaltungsrat genehmigt einstimmig den Haushaltplan für das Geschäftsjahr 1931/32. Die Hauptversammlung erteilt einstimmig dem Vorstand Entlastung. Die Wahlen haben folgendes Ergebnis, wobei in Verwaltungsrat und Hauptversammlung Einstimmigkeit vorliegt:

Die Revisoren werden wiedergewählt: Herr Direktor Dr. v. Klemperer (Dresdner Bank), ein Vertreter des Reichsministeriums des Innern (Ministerialamtmann Doering).

Von den 9 Vertretern des Wirtschaftslebens läuft die Wahlperiode bei 6 Herren am 1. 10. 1930 bzw. am 1. 10. 1931 ab. Es scheiden aus: Herr Generaldirektor Dr. A. Langen und auf eigenen Wunsch Herr Generaldirektor Dr. A. Vögler. Die Herren Dr. v. Klemperer, Dr. Bosch, Geheimrat Prof. Dr. Duisberg und Direktor Dr. v. Stauß werden einstimmig wiedergewählt. Neugewählt wird Herr Dr. Mulert, Präsident des Deutschen Städtetages, Berlin. Ferner werden die aus Gruppe e) ausscheidenden Herren: Oberpräsident a. D. D. Dr. G. Michaelis und A. Knoll einstimmig wiedergewählt. Neu benannt worden sind an Stelle von Herrn Geh. Ministerialrat M. v. Seydewitz, Dresden, als Vertreter der Länder: Sachsen, Württemberg, Hessen, Herr Ministerialrat Dr. Bauer, Stuttgart; an Stelle von Herrn Ministerialrat Dr.-Ing. e. h. K. Müller, München, als Vertreter der Länder: Bayern und Baden, Herr Ministerialrat Dr. Thoma, Karlsruhe; an Stelle von Herrn

Ministerialrat O. Dehns, Schwerin, als Vertreter der Länder: Mecklenburg, Braunschweig, Hamburg und Thüringen, Herr Ministerialrat Geh. Regierungsrat Dr.-Ing. Albrecht, Braunschweig. An Stelle von Herrn Prof. D. Dr. O. Scheel, Kiel, wurde als Vertreter des Verbandes der Deutschen Hochschulen Herr Prof. Dr. F. Tillmann benannt. Vom Deutschen Studentenwerk wurden für die ausscheidenden Herren cand. jur. R. Czok, Breslau, Dr. jur. H. Kuhr, Dr. H. Neef, Dr. H. Ollendorf benannt die Herren cand. jur. Eilert, Halle, cand. jur. Link, Berlin, cand. mach. Stiebeling, Hannover, cand. arch. Straub, Dresden.

Die Zusammensetzung des Vorstandes und Verwaltungsrates für das Jahr 1930/31 ist aus dem Anhang unter Nr. 2 ersichtlich.

Beschwerde-Instanz

Die Beschwerdeinstanz behielt ihre Zusammensetzung unverändert bei. Entscheidungen brauchten nicht gefällt zu werden.

Zweigstellen

Veränderungen in der Anzahl der örtlichen Stellen sind nicht eingetreten. Ueber die Zusammensetzung der Ausschüsse der Zweigstellen am Ende des Geschäftsjahres 1930/31 unterrichtet das im Anhang unter Nr. 2 beigegebene Verzeichnis.

Berichte

Dem Verwaltungsrat wurden in der Berichtszeit Halbjahrsbilanzen nebst ausführlichen Erläuterungen am 30. 9. 1928, am 30. 9. 1929 und am 30. 9. 1930, Jahresberichte am 31. 3. 1929 und am 31. 3. 1930 vorgelegt. Im November 1929 und Mai 1930 wurden dem Verwaltungsrat ausführliche Darlegungen über die schwierige finanzielle Lage mit eingehenden statistischen Angaben sowie Briefabschriften der Zweigstellen übersandt, denen im Oktober 1930 eine Sammlung von Schreiben folgte, die von Darlehnsnehmern eingegangen sind und typischen bzw. besonders bemerkenswerten Inhalt aufwiesen. Diese Briefsammlung soll regelmäßig fortgesetzt und ergänzt werden.

Veröffentlichungen

Die Veröffentlichungen soziologischer und statistischer Natur aus dem umfangreichen Material der Darlehnskasse — soweit die Ergebnisse für die Allgemeinheit wichtig sind — wurden in der Zeitschrift „Studentenwerk" fortgesetzt. („Die Darlehnskasse der Deutschen Studentenschaft in Zahlen", 3. Jahrgang, S. 208 ff.; „Akademikerschicksale in der Nachkriegszeit", 3. Jahrgang, S. 226 ff.; „Die berufliche Entwicklung der Darlehnsnehmer", 4. Jahrgang, S. 190 ff., und „Zur sozialen Lage der Studierenden", 5. Jahrgang, S. 66 ff., von H. G. Merkel, Dresden, sowie „Die Idee der Selbsthilfe in der Darlehnskasse", 3. Jahrgang, S. 204 ff., von R. Schairer, Dresden.) Im Laufe der Monate Oktober und November 1930 wurden Fragebogen sozialstatistischen Inhaltes an etwa 4000 Darlehnsnehmer aus den minderbemittelten Schichten versandt. Das Ergebnis ist in Bearbeitung und wird Ende 1931 der Oeffentlichkeit unterbreitet werden.

Eine zweite Auflage des „Handbuch für die Arbeit der Zweigstellen" kam im Juni 1930 heraus. Die Einführung des Handbuches hat sich weiterhin bewährt und als eine wichtige Stütze für den grundsätzlichen wie für den technischen Teil der Zweigstellenarbeit erwiesen.

Zusammenarbeit

Studienstiftung: Auf Grund einer besonderen Vereinbarung zwischen Deutschem Studentenwerk und Darlehnskasse erhalten die Mitglieder der Studienstiftung in ihren letzten Semestern Darlehn (siehe Geschäftsbericht von 1926/28, S. 8). Für diese Regelung, die schon bei Gründung der Studienstiftung geplant war, sind Ueberlegungen grundsätzlicher Natur über den Gesamtaufbau eines studentischen Unterstützungswesens maßgebend gewesen. Die Gesamtbürgschaft übernimmt in diesen Fällen das Deutsche Studentenwerk. Die notwendigen Geldmittel (jährlich rd. RM 280 000,—) sollten ursprünglich durch eine Erhöhung der insgesamt ausgegebenen Mittel, ohne Reduzierung der für die Arbeit der Zweigstellen erforderlichen Beträge, beschafft werden. Die wirtschaftliche Depression hat jedoch dazu geführt, daß die Mittel für die Allgemeinheit gekürzt werden mußten. Erstmalig erhielten Stipendiaten der Studienstiftung im S.-S. 1928 Darlehn (Näheres s. Teil „Finanzen" und „Statistik").

Amerika-Werkstudenten-Dienst (AWD.): Zur Ausgabe von Darlehn (3jährige Laufzeit) an Werkstudenten („student laborers"), die innerhalb des AWD. für 2 Jahre in amerikanischen Betrieben arbeiten, um ihre Ausbildung zu vervollkommnen, sind dem Deutschen Studentenwerk für den Amerika-Werkstudenten-Dienst insgesamt RM 150 000,— (im März 1929 RM 100 000,— und im März 1930 RM 50 000,—), rückzahlbar nach 3 Jahren, zur Verfügung gestellt worden. In den meisten Fällen handelt es sich um eine Finanzierung der Ausreise.

Deutscher Akademischer Austauschdienst: In ähnlicher Weise sind auf Grund einer Verabredung mit dem Austauschdienst seit dem Sommersemester 1928 in geeigneten Fällen Darlehn an Austauschstudenten gewährt worden:

Im Geschäftsjahr 28/29	an	10 Stud.	RM 9 460,—,	durchschn. RM 946,—
Im Geschäftsjahr 29/30	an	5 Stud.	RM 4 500,—,	durchschn. RM 900,—
Im Geschäftsjahr 30/31	an	12 Stud.	RM 8 000,—,	durchschn. RM 666,66
		27	21 960,—	813,—

Reichsbund Deutscher Kunsthochschüler: Auf Grund einer Vereinbarung, die schon in früheren Geschäftsberichten erwähnt ist*), erhält der Reichsbund Deutscher Kunsthochschüler Geldmittel zur Ausgabe von Darlehn seitens der Darlehnskasse des Deutschen Studentenwerks. Es handelt sich hierbei jedoch nicht um eine Abteilung der Darlehnskasse, sondern um eine Zusammenarbeit, in deren Verlauf die Darlehnskasse auf Wunsch des Reichsministeriums des Innern bestimmte Vollmachten erhalten hat. Es besteht die Absicht, zur Verwaltung dieser Mittel einen eigenen Rechtskörper zu schaffen. Die Rückzahlungsfristen sind kürzer als

*) Geschäftsberichte 1925/26 S. 12; 1926/28 S. 9.

bei der Darlehnskasse des Deutschen Studentenwerks (3 bis 5 Jahre). Das bisherige Arbeitsergebnis kann als günstig angesehen werden, vor allem im Hinblick auf die Zusammensetzung des Personenkreises, der diese Darlehn erhält. Insgesamt sind bisher RM 181 150,— ausgeliehen worden, Rückzahlungen gingen ein RM 45 193,49, von denen rd. RM 10 000,— zur Ausgabe neuer Darlehn Verwendung fanden. Aus Reichsmitteln wurden zur Verfügung gestellt: RM 180 112,50, wovon RM 9005,60 einem Fonds zur Deckung etwaiger Verluste zugeführt worden sind.

Im Laufe der Berichtszeit wurden folgende Beträge verausgabt:

Im S. S. 1928	23 Darlehn		RM 18 800,—	
Im W. S. 1928/29	26 „	49 Darlehn	„ 15 700,—	RM 34 500,—
Im S. S. 1929	19 Darlehn		RM 13 000,—	
Im W. S. 1929/30	12 „	31 Darlehn	„ 8 700,—	„ 21 700,—
Im S. S. 1930	24 Darlehn		RM 19 500,—	
Im W. S. 1930/31	19 „	43 Darlehn	„ 15 100,—	„ 34 600,—
		123		RM 90 800,—

Der Durchschnitt eines Darlehns schwankt zwischen RM 600,— und RM 800,—.

Seit dem S. S. 1926 wurden an Kunsthochschüler nunmehr 260 Darlehn im Gesamtbetrag von RM 181 150,— ausgegeben.

I n t e r n a t i o n a l e Z u s a m m e n a r b e i t : Als Vertreter der Darlehnskasse und Vorsitzender der Kommission IIa „Stipendien und Darlehen" nahm von der Geschäftsführung Herr Merkel an der Selbsthilfe-Schulungswoche des „Internationalen Instituts für studentische Selbsthilfe und Gemeinschaftsarbeit des Weltstudentenwerks" vom 14.—19. Juli 1930 in Warschau teil. Eine Uebersicht über die Entwicklung des studentischen Darlehnswesens in allen Ländern vermittelt der Bericht des genannten Instituts über diese Tagung in seinem Teil: Kommission IIa, Stipendien und Darlehen.

III. Finanzen und Revisionen.

Gesamtüberblick

Um zunächst einen Gesamtüberblick über die fiananzielle Entwicklung der Darlehnskasse zu vermitteln, folgt eine Uebersicht der wichtigsten Bilanzzahlen ab 1924/25.

Einige allgemeine Angaben mögen im folgenden noch diese Generalübersicht ergänzen. Weiter unten werden dann die Bilanzen der drei Berichtsjahre 1928/29, 1929/30, 1930/31 im einzelnen durchgesprochen.

Vergleichende Uebersicht der wichtigsten Bilanzposten.
(Zahlenangaben abgerundet)

	1.*(5/4) Jahr	2. Jahr	3. Jahr	4. Jahr	5. Jahr	6. Jahr	7. Jahr
	31. 3. 1925**	31. 3. 1926**	31. 3. 1927**	31. 3. 1928**	31. 3. 1929	31. 3. 1930	31. 3. 1931
Aktiva							
Ausgegebene Darlehn	1 023 936,—	2 749 271,—	4 635 738,—	6 380 712,—	8 268 315,—	10 269 591,—	12 080 009,—
·/. Rückzahlungen	6 486,—	95 706,—	207 237,—	360 115,—	579 113,—	888 273,—	1 309 509,—
Außenstehende Darlehn	1 017 450,—	2 653 565,—	4 428 501,—	6 020 597,—	7 689 202,—	9 381 318,—	10 770 500,—
Bankguthaben, Effekten	390 149,—	798 851,—	833 768,—	901 527,—	1 058 694,—	986 827,—	1 362 124,—
Inventar	194,—	7 936,—	9 584,—	13 024,—	13 934,—	10 197,—	6 422,—
Passiva							
Reich	981 081,—	2 460 831,—	3 758 206,—	5 041 031,—	6 302 031,—	7 512 406,—	8 620 968,—
Wirtsch. u. Versch.	178 743,—	207 592,—	233 206,—	259 447,—	288 189,—	315 835,—	342 228,—
Spenden der Länder	—,—	6 000,—	11 000,—	15 100,—	20 400,—	21 900,—	27 000,—
Uebersch. d. Sicherheitsf.	—,—	—,—	—,—	—,—	—,—	213 039,—	925 434,—
Kapital	1 159 824,—	2 674 423,—	4 002 412,—	5 315 578,—	6 610 620,—	8 063 180,—	9 915 630,—
Darlehn der Länder	125 000,—	526 700,—	837 120,—	1 134 220,—	1 465 245,—	1 674 220,—	1 862 220,—
Sicherheitsfonds	150 530,—	330 048,—	511 242,—	724 302,—	976 306,—	1 005 974,—	575 476,—
Darlehns-Verluste	(—,—)	(—,—)	(—,—)	(6 600,—)	(14 535,—)	(20 985,—)	(28 524,—)
Einnahmen	42 086,—	91 332,—	164 295,—	199 746,—	264 432,—	321 866,—	373 094,—
·/. Unkosten	18 287,—	88 306,—	117 259,—	124 451,—	152 854,—	172 656,—	220 397,—
Einnahmen-Ueberschuß	23 799,—	3 026,—	47 036,—	75 295,—	111 578,—	149 210,—	152 697,—

* Gezählt sind die Festmarkjahre. Das siebente Festmarkjahr ist das neunte seit Gründung (Juni 1922).
** Bei diesen schon im Geschäftsbericht für die Geschäftsjahre 1925/26 — 1927/28 Seite 12 veröffentlichten Zahlen haben einige nachträgliche — zahlenmäßig allerdings unwesentliche — Veränderungen Berücksichtigung gefunden.

Spenden

Bis zum 31. 3. 1931 sind rund RM 12 080 000,— an Darlehn ausgegeben worden. Diese außerordentliche Unterstützung begabter Menschen kurz vor Abschluß ihres Studiums war nur dank der großen Hilfe des Deutschen Reiches möglich. Aber auch die deutschen Länder, die Wirtschaft und die Studierenden haben sich an der Aufbringung der Mittel beteiligt. Die Zuschüsse verteilen sich am Ende des Geschäftsjahres 1930/31 prozentual folgendermaßen:

Deutsches Reich	70,3 %	Länder	15,4 %
Studenten	11,5 %	Wirtschaft	2,8 %

Rückzahlungen

In den kommenden Jahren wird der Geldzufluß von außen langsam abnehmen, und die Selbstfinanzierung der Darlehnskasse aus den Rückzahlungen, und soweit Verluste zu decken sind, aus dem Sicherheitsfonds, muß allmählich in größerem Umfange einsetzen. Die bisher eingegangenen Rückzahlungen auf das ausgeliehene Kapital bleiben leider hinter den Erwartungen zurück, eine Tatsache, die angesichts der dauernden Verschlechterung der allgemeinen wirtschaftlichen Lage nicht überraschen kann. Der Eingang der Zinsen ist dagegen im Juli 1931 nach wie vor befriedigend.

Einzelheiten über den Eingang der Rückzahlungen sind aus den folgenden Uebersichten zu entnehmen:

Rückzahlungen, geordnet nach dem Eingang in den einzelnen Geschäftsjahren.

1924/25	RM	6 486,—	1928/29	RM	218 997,52
1925/26	„	89 219,65	1929/30	„	309 160,53
1926/27	„	111 531,58	1930/31	„	421 235,30
1927/28	„	152 878,15			
				RM	1 309 508,73

Rückzahlungen, bezogen auf das Geschäftsjahr der Ausgabe.

		Darlehns-Summe	Rückzahlungs-Summe	Rückzahlungen in %
1923/25	RM	1 023 435,87	481 605,51	47,03 %
1925/26	„	1 725 335,21	371 650,91	21,54 %
1926/27	„	1 886 466,89	230 380,93	12,21 %
1927/28	„	1 744 973,87	116 040,86	6,65 %
1928/29	„	1 887 602,84	71 390,99	3,78 %
1929/30	„	2 001 277,—	30 859,37	1,54 %
1930/31	„	1 810 417,61	7 580,16	0,42 %
Summa	RM	12 080 009,29	1 309 508,73	10,84 %

Die Rückzahlungen werden restlos zur Ausgabe von Darlehn mit herangezogen.

Verluste sind insgesamt bisher in Höhe von rd. RM 28 500,— entstanden.

Jahres-Bilanz am 31. März 1929.

Vermögen

1. Darlehns-Außenstände:			
Stand am 1. 4. 1928	RM	6 020 596,46	
Zugang 1928/29	„	1 887 602,84	
	RM	7 908 199,30	
Rückzahlungen	„	218 997,52	RM 7 689 201.78
2. Forderungen:			
an Zweigstellen	RM	125 647,36	
„ Darlehnsnehmer bei der Hauptstelle	„	98 594,14	
„ Wirtschaftshilfe der Deutschen Studentenschaft e. V.	„	188 606,69	
„ Verschiedene	„	7 650,—	„ 420 498,19
3. Bankguthaben			„ 218 976,72
4. Wertpapiere			„ 839 717,50
5. Kasse			„ 8 139,92
6. Inventar			„ 13 934,40
7. Uebergangsposten			„ 21 548,63
			RM 9 212 017,14

Schulden

1. Kapital:			
Stand am 1. 4. 1928		RM 5 310 477,96	
Zugang 1928/29			
Reich	RM 1 261 000,—		
Versch.	„ 10 722,65		
Wirtsch.	„ 28 419,45	„ 1 300 142,10	RM 6 610 620,06
2. Darlehn der Länder			
Stand am 1. 4. 1928		RM 1 139 320,—	
Zugang 1928/29		„ 325 925,—	„ 1 465 245,—
3. Sicherheitsfonds			„ 976 306,05
4. Reichsbund Dt. Kunsthochschüler e. V.			„ 17 468,22
5. Uebergangsposten			„ 30 800,—
6. Einnahmen aus Zinsen, Mahngebühren usw.		RM 264 431,50	
abzügl. Unkosten (Hauptstelle und Zweigstellen)		„ 152 853,69	„ 111 577.81
			RM 9 212 017,14

Dresden, den 31. März 1929

Darlehnskasse der Deutschen Studentenschaft e. V.

gez. Schairer gez. Merkel

Erläuterungen zur Jahresbilanz 1928/29.

Aktiva.

In den einzelnen Semestern wurden folgende Summen als Darlehn ausgegeben:

Sommer-Semester 1928	RM	886 003,50
Winter-Semester 1928/29	„	1 001 599,34
	RM	1 887 602,84

Der Verwaltungsrat hatte für die einzelnen Zwecke folgende Beträge bewilligt:

Im S. S. 1928:		
Verteilung für die Zweigstellen	RM	831 350,—
für die Stipendiaten der Studienstiftung .	„	100,000,—
Im W. S. 1928/29:		
Verteilung für die Zweigstellen	RM	900 000,—
für die Stipendiaten der Studienstiftung .	„	100,000,—
	RM	1 931 350,—

Im Geschäftsjahr 1928/29 wurden Rückzahlungen in Höhe von RM 250 000,— (i. V.* RM 190 000,—) zur Darlehns-Ausgabe herangezogen.

Forderungen RM 420 498,19 (i. V. RM 332 461,41).

Die Guthaben bei den Zweigstellen setzen sich aus Darlehnszinsen zurückgezahlten Darlehn, rückständigen Beiträgen der Studierenden und Bankzinsen abzüglich der entstandenen Unkosten zusammen. Die Guthaben werden von den ersten Darlehnsanforderungen im folgenden Semester in Abzug gebracht.

Die Forderungen an die Darlehnsnehmer bei der Hauptstelle sind fast ausschließlich Zinsforderungen, die größtenteils zu Anfang des folgenden Semesters eingehen. Diese Forderungen müssen bis zum vollen Umlauf des Darlehnskapitals steigen, da am Ende jeden Jahres immer mehr Darlehn zinspflichtig werden und viele Darlehnsnehmer die Zinsen erst nach Erhalt der Zinsmitteilungen zahlen.

Die Höhe der Forderungen an die Wirtschaftshilfe erklärt sich aus den Mitteln, die für die Darlehns-Ausgabe an Amerika-Werkstudenten (RM 100 000,—) zur Verfügung gestellt worden sind.

Das Bankguthaben setzt sich folgendermaßen zusammen:

Dresdner Bank	RM	71 379,42
Deutsche Bank	„	147 597,30
	RM	218 976,72

*) i. V. = im Vorjahr.

Inventar.

Stand am 1. 4. 1928		RM 13 024,29
Zugang 1928/29	RM 6 946,20	
Abgang 1928/29	„ 725,70	„ 6 220,50
		RM 19 244,79
Abschreibungen		„ 5 310,39
		RM 13 934,40

Uebergangsposten RM 21 548,63 (i. V. RM 17 878,50).

Bei diesem Posten handelt es sich um errechnete Effektenzinsen für die Zeit vom 1. 1. bis 31. 3. 1929 in Höhe von RM 9576,— und um Unkosten für den Bezug der Zeitschrift „Studentenwerk" für die Darlehnsnehmer in Höhe von RM 11 972,63.

Passiva.

Die **Spenden des Reiches** betrugen im Berichtsjahr	RM 1 300 000,—
Hiervon erhielt 3 % der „Reichsbund Deutscher Kunsthochschüler"	„ 39 000,—
Es verbleibt somit ein Zugang für 1928/29 von	RM 1 261 000,—

Sicherheitsfonds.

Stand am 1. 4. 1928		RM 724 302,04
Zugang 1928/29:		
Beiträge der Studierenden	RM 220 088,97	
Anteiliger Zinsüberschuß aus dem Geschäftsjahr 1927/28	„ 37 427,29	
Kursgewinn beim Verkauf von Effekten	„ 2 422,75	„ 259 939,01
		RM 984 241,05
Abgang:		
Abschreibung uneinbringlicher Forderungen		„ 7 935,—
		RM 976 306,05

Uebergangsposten RM 30 800,— (i. V. RM 20 258,29).

Es handelt sich hierbei um eine Rückstellung von Darlehnszinsen, mit denen die Darlehnsnehmer zwar belastet sind, mit deren fristgerechtem Eingang jedoch nicht zu rechnen ist. Durch die Rückstellung wird vermieden, daß über diese Summe, die den Einnahme-Ueberschuß erhöhen würde, verfügt wird, bevor sie eingegangen ist.

Einnahmen aus Zinsen und Mahngebühren (i. V. RM 199 745,88).

Von den Einnahmen entfallen am 31. 3. 1929 auf:

Darlehnszinsen	RM 170 260,72	64,4 %
Bankzinsen abzüglich Spesen	„ 28 203,42	10,7 %
Effektenzinsen	„ 58 670,50	22,2 %
Mahngebühren	„ 7 296,86	2,7 %
	RM 264 431,50	100 %

Unkosten (i. V. RM 124 451,31).

A. Hauptstelle:

I. Allgemeine Unkosten:			
a) Miete	RM	10 449,78	
b) Büro-Instandhaltung	„	3 957,76	
c) Postgebühren	„	6 959,53	
d) Kanzleibedarf	„	6 928,88	
e) Berichte	„	1 175,36	
f) Statistische Auswertungen	„	430,40	
g) Diverses	„	944,33	
II. Gehälter und Sozialversicherungen	„	74 679,59	
III. Reisen und Sitzungen	„	5 000,—	
IV. Revision der Hauptstelle per 31. 3. 1928 und Stempelsteuern	„	787,04	
V. Inventar-Abschreibungen	„	5 382,89	RM 116 695,56
B. Zweigstellen			„ 36 158,13
			RM 152 853,69

Im Haushaltplan für 1928/29

	waren vorgesehen	(tatsächliche Ausgaben)
A. für die Hauptstelle	RM 114 620,—	(RM 116 695,56)
B. für die Zweigstellen	„ 30 000,—	(„ 36 158,13)
	RM 144 620,—	(RM 152 853,69)

Zu A. Die geringe Ueberschreitung (RM 2000,—) des Voranschlages ist in der Hauptsache wegen unvermeidbarer Ausgaben anläßlich des Umzuges in ein neues Büro eingetreten, die nicht vorauszusehen waren.

Zu B. Eine Reihe von Wirtschaftskörpern war in der Vergangenheit an der Aufbringung der Unkosten der Zweigstellen indirekt dadurch beteiligt, daß für Miete, Heizung, Beleuchtung u. ä. nicht die volle Rückvergütung gefordert wurde. Dasselbe gilt teilweise für die Revisions-Unkosten. Korrekturen dieser Beträge, die nur vorgenommen wurden, soweit sie unbedingt erforderlich waren, verursachten die Ueberschreitung um ca. RM 6000,—.

Nach Abzug der Unkosten von den Einnahmen ergibt sich nachstehender Ueberschuß:

		(lt. Haushaltplan)	im Vorjahr
Einnahmen	RM 264 431,50	(RM 236 087,—)	RM 199 745,88
Unkosten	„ 152 853,69	(„ 144 620,—)	„ 124 451,31
Ueberschuß	RM 111 577,81	(RM 91 467,—)	RM 75 294,57

Von dem Ueberschuß werden der Wirtschaftshilfe der Deutschen Studentenschaft laut § 7 der Satzung

RM 55 788,90

überwiesen.

Jahres-Bilanz am 31. März 1930.

Vermögen

1. Darlehns-Außenstände:			
Stand am 1. 4. 1929 .	RM 7 689 201,78		
Zugang 1929/30 . . .	„ 2 001 277,—		
	RM 9 690 478,78		
Rückzahlungen . . .	„ 309 160,53	RM 9 381 318,25	
2. Forderungen:			
an Zweigstellen . . .	RM 58 224,88		
„ Darlehnsnehmer bei der Hauptstelle . .	„ 141 156,56		
„ Deutsches Studentenwerk e. V.	„ 351 233,49		
„ Verschiedene . . .	„ 7 050,—	„ 557 661,93	
3. Bankguthaben		„ 147 859,95	
4. Wertpapiere		„ 838 967,50	
5. Kasse		„ 7 341,96	
6. Inventar		„ 10 197,—	
7. Uebergangsposten		„ 43 907,44	
		RM 10987 257,03	

Schulden

1. Kapital:			
Stand am 1. 4. 1929 .		RM 6 610 620,06	
Zugang 1929/30			
Reich . .	RM 1 210 375,—		
Versch. .	„ 1 614,66		
Wirtsch.	„ 27 531,60		
Ueberschuß aus Sicherheitsfonds	213 038,47	RM 1 452 559,73	RM 8 063 179,79
2. Darlehn der Länder			
Stand am 1. 4. 1929 .		RM 1 465 245,—	
Zugang 1929/30 . . .		„ 208 975, -	„ 1 674 220, —
3. Sicherheitsfonds			„ 1 005 974,—
4. Sonderrücklage			„ 35 600, -
5. Reichsbund Dt. Kunsthochschüler e. V. .			„ 24 073, —
6. Rückstellung von Darlehnszinsen . . .			„ 35 000, —
7. Einnahmen aus Zinsen, Mahngebühren usw. .		RM 321 866,46	
abzügl. Unkosten (Hauptstelle und Zweigstellen) .		„ 172 656,22	„ 149 210,24
			RM 10987 257,03

Dresden, den 31. März 1930

Darlehnskasse des Deutschen Studentenwerks e. V.

gez. Schairer gez. Merkel

Erläuterungen zur Jahresbilanz 1929/30.

Aktiva.

In den einzelnen Semestern wurden folgende Summen als Darlehn ausgegeben:

Sommer-Semester 1929	RM	899 673,61
Winter-Semester 1929/30	„	1 101 603,39
	RM	2 001 277,—

Der Verwaltungsrat hatte für die einzelnen Zwecke folgende Beträge bewilligt:

Im S. S. 1929:		
Verteilung für die Zweigstellen	RM	730 000,—
für die Stipendiaten der Studienstiftung .	„	223 634,—
Im W. S. 1929/30:		
Verteilung für die Zweigstellen	RM	797 295,—
für die Stipendiaten der Studienstiftung .	„	116 777,—
	RM	1 867 706,—

Im Geschäftsjahr 1929/30 wurden Rückzahlungen in Höhe von RM 273 698,— (i. V. RM 250 000,—) zur Darlehns-Ausgabe herangezogen.

Die Summe für die Stipendiaten der Studienstiftung betrug RM 340 411,— gegen RM 200 000,— im vorhergehenden Jahr.

Die Erhöhung der Gesamtausgabe entfällt restlos auf die Darlehn an die Stipendiaten der Studienstiftung.

Die außerordentliche Knappheit der Geldmittel in dem abgelaufenen Jahr spiegelt sich vor allem in dem geringen Betrag wider, der den Zweigstellen für die Uebergangszeit von einem Semester zum anderen zur Verfügung stand. Auf 57 örtliche Stellen entfielen rd. RM 7500,—, d. h. auf eine Stelle im Durchschnitt rd. RM 132,—. Seit dem Jahre 1926 hat sich dieser Posten folgendermaßen entwickelt:

30. 9. 1926	RM	144 000,—
31. 3. 1927	„	32 000,—
30. 9. 1927	„	28 500,—
31. 3. 1928	„	34 000,—
30. 9. 1928	„	39 000,—
31. 3. 1929	„	33 000,—
30. 9. 1929	„	24 500,—
31. 3. 1930	„	7 500,—

Forderungen RM 557 664,93 (i. V. RM 420 498,19).

Zu den Forderungen an die Zweigstellen und an die Darlehnsnehmer bei der Hauptstelle wird auf die Erläuterungen im Geschäftsbericht für 1928/29 verwiesen.

Die hohe Schuld des Deutschen Studentenwerks von rd. RM 351 000.— gegen RM 188 000,— im Vorjahr erklärt sich aus der Tatsache, daß die Darlehnskasse einen Ueberbrückungskredit von RM 200 000,— gegeben hat, der bald nach dem 1. 4. 1930 zurückgezahlt wurde. Der Rest entfällt auf den Kredit für den Amerika-Werkstudentendienst, der um RM 50 000,— auf RM 150 000,— erhöht worden ist.

Das Bankguthaben setzt sich folgendermaßen zusammen:

Dresdner Bank	RM 115 211,50
Deutsche Bank und Disconto-Ges.	„ 32 648,45
	RM 147 859,95

Inventar.

Stand am 1. 4. 1929		RM 13 934,40
Zugang 1929/30	RM 2 882,95	
Abgang 1929/30	„ 125,50	„ 2 757,45
		RM 16 691,85
Abschreibungen		„ 6 494,85
		RM 10 197,—

Uebergangsposten RM 43 907,44 (i. V. RM 21 548,63).

Hierzu wird auf die Erläuterungen in dem Bericht für das Geschäftsjahr 1928/29 verwiesen.

Passiva.

Der Hauptgeldgeber war wiederum das Deutsche Reich.

Die Spenden des Reiches betrugen im Berichtsjahr	RM 1 237 500,—
Hiervon erhielt d. „Reichsbund Deutscher Kunsthochschüler“	„ 27 125,—
Es verbleibt somit ein Zugang für 1929/30 von	RM 1 210 375,—

Darlehn der Länder.

Stand am 1. 4. 1929 . .	RM 1 465 245,—
Zugang 1929/30	„ 208 975,—
	RM 1 674 220,—

Der große Rückgang der Zuschüsse gegenüber dem Vorjahr (i. V. RM 325 925,—) erklärt sich aus einer Reduzierung des Darlehns von Preußen um RM 130 000,— (von RM 250 000,— auf RM 120 000,—).

Sicherheitsfonds.

Der Sicherheitsfonds soll nach den Beschlüssen des Verwaltungsrates 10 % der ausgegebenen Darlehn betragen, das sind

10 % von RM 10 269 591,68 . . . . =	RM 1 026 959,50
Aus dieser Summe wurden bisher an Darlehnsverlusten gedeckt	„ 20 985,50
Für die Deckung entstehender Verluste auf die bis 31. 3. 1930 ausgegebenen Darlehn stehen somit noch z. Verfügung	RM 1 005 974,—

Nach Verbuchung der Beiträge der Studierenden und anderer Eingänge mußte eine Verminderung der Höhe des Sicherheitsfonds erfolgen, da der Gesamtbetrag mehr als 10 % betrug. Die Entwicklung im einzelnen war folgende:

Stand am 1. 4. 1929		RM 976 306,05
Zugang 1929/30:		
Beiträge der Studierenden	RM 239 576,64	
Kursgewinn beim Umtausch von Effekten	„ 875,—	
Anteiliger Zinsüberschuß aus dem Geschäftsjahre 1928/29 (§ 7 der Satzung)	„ 44 304,78	„ 284 756,42
		RM 1 261 062,47
Abgang 1929/30:		
Umbuchung auf Konto „Sonderrücklage"	RM 35 600,—	
Abschreibung uneinbringl. Forderungen	„ 6 450,—	
Abbuchung auf Kapital-Konto „Ueberschuß aus Sicherheitsfonds"	„ 213 038,47	„ 255 088,47
		RM 1 005 974,—

Sonderrücklage RM 35 600,—.

Bei diesem Posten handelt es sich um Kopfbeiträge, die von Ausländern gezahlt wurden. Die Summe wird zur Ausgabe von Darlehn an Ausländer verwandt werden.

Rückstellung von Darlehnszinsen RM 35 000,— (i. V. RM 30 800,—).

Hierzu wird auf den Geschäftsbericht für 1928/29 unter Passiva „Uebergangsposten" verwiesen.

Einnahmen aus Zinsen und Mahngebühren (i. V. RM 264 431,50).

Von den Einnahmen entfallen am 31. 3. 1930 auf:

			(i. V.)
Darlehnszinsen	RM 226 332,69	70,3 %	(64,4 %)
Bankzinsen abzüglich Spesen	„ 27 869,82	8,7 %	(10,7 %)
Effektenzinsen	„ 59 353,50	18,4 %	(22,2 %)
Mahngebühren	„ 8 310,45	2,6 %	(2,7 %)
	RM 321 866,46	100 %	(100 %)

Unkosten (i. V. RM 152 853,69).

Die Unkosten hielten sich im Rahmen des Haushaltplanes.

A. Hauptstelle:		
I. Allgemeine Unkosten:		
a) Miete	RM 7 200,—	
b) Büro-Instandhaltung	„ 5 958,30	
c) Postgebühren	„ 8 857,29	
d) Kanzleibedarf	„ 7 629,28	
e) Berichte	„ 750,—	
f) Statistische Auswertungen . .	„ 1 311,20	
g) Diverses	„ 2 496,09	
II. Gehälter und Sozialversicherungen .	„ 89 084,42	
III. Reisen und Sitzungen	„ 4 819,30	
IV. Revision der Hauptstelle per 31. 3. 1929 und Stempelsteuern	„ 722,70	
V. Inventar-Abschreibungen	„ 6 435,35	RM 135 263,93
B. Zweigstellen		„ 37 392,29
		RM 172 656,22

Im Haushaltplan für 1929/30 waren vorgesehen:

		(tatsächliche Ausgaben)
A. für die Hauptstelle .	RM 137 550,—	(RM 135 263,93)
B. für die Zweigstellen .	„ 35 000,—	(„ 37 392,29)
	RM 172 550,—	(RM 172 656,22)

Nach Abzug der Unkosten von den Einnahmen ergibt sich nachstehender Ueberschuß:

		(lt. Haushaltplan)	im Vorjahr
Einnahmen	RM 321 866,46	(RM 306 550,—)	RM 264 431,50
Unkosten	„ 172 656,22	(„ 172 550,—)	„ 152 853,69
Ueberschuß	RM 149 210,24	(RM 134 000,—)	RM 111 577,81

Von dem Ueberschuß werden dem Deutschen Studentenwerk lt. § 7 der Satzung

RM 74 605,12

überwiesen.

Erläuterungen zur Jahresbilanz 1930/31.

Aktiva.

In den einzelnen Semestern wurden folgende Summen als Darlehn ausgegeben:

Sommer-Semester 1930	RM 994 093,05
Winter-Semester 1930/31	„ 816 324,56
	RM 1 810 417,61

Der Verwaltungsrat hatte für die einzelnen Zwecke folgende Beträge bewilligt:

Im S. S. 1930:	
Verteilung für die Zweigstellen	RM 654 308,—
aus Werbung der Zweigstellen	„ 500,—
für die Stipendiaten der Studienstiftung .	„ 170 000,—
Im W. S. 1930/31:	
Verteilung für die Zweigstellen	„ 1 015 467,—
für die Stipendiaten der Studienstiftung .	„ 85 000,—
	RM 1 925 275,—

Im Geschäftsjahr 1930/31 wurden Rückzahlungen in Höhe von RM 400 000,— (i. V. RM 273 698,—) zur Darlehns-Ausgabe mit herangezogen.

Forderungen RM 459 882,55 (i. V. RM 557 664,93).

Zu den Forderungen wird auf die Erläuterungen im Geschäftsbericht 1928/29 verwiesen.

Jahres-Bilanz am 31. März 1931.

Vermögen

1. Darlehns-Außenstände:			
Stand am 1. 4. 1930 .	RM	9 381 318,25	
Zugang 1930/31 . . .	„	1 810 417,61	
	RM	11 191 735,86	
Rückzahlungen . . .	„	421 235,30	RM 10770500,56
2. Forderungen:			
an Zweigstellen . . .	RM	106 023,13	
„ Darlehnsnehmer bei der Hauptstelle .	„	192 124,16	
„ DeutschesStudentenwerk e. V.	„	154 291,26	
„ Verschiedene . . .	„	7 444,—	„ 459 882,55
3. Bankguthaben			„ 532 913,63
4. Wertpapiere			„ 829 210,70
5. Kasse			„ 4 995,71
6. Inventar			„ 6 422,—
			RM 12603925,15

Schulden

1. Kapital:			
Stand am 1. 4. 1930 . .		RM 8 063 179,79	
Zugang 1930/31			
Reich . .	RM 1 108 562,50		
Versch. . .	„ 5 458,—		
Wirtsch.	„ 26 034,70		
Ueberschuß aus Sicherheitsfonds	712 395,09	RM 1 852 450,29	RM 9 915 630,08
2. Darlehn der Länder			
Stand am 1. 4. 1930 . .		RM 1 674 220,—	
Zugang 1930/31 . . .		„ 188 000,—	
Andere Darlehn . . .		„ 500,—	„ 1 862 720,—
3. Sicherheitsfonds			„ 575 476,—
4. Sonderrücklage			„ 43 195,—
5. Reichsbund Dt. Kunsthochschüler e. V. .			„ 9 207,44
6. Rückstellung von Darlehnszinsen . . .			„ 45 000,—
7. Einnahmen aus Zinsen, Mahngebühren usw. . .		RM 373 093,86	
abzügl. Unkosten (Hauptstelle und Zweigstellen) .		„ 220 397,23	„ 152 696,63
			RM12603 925,15

Dresden, den 31. März 1931

Darlehnskasse des Deutschen Studentenwerks e. V.

gez. Schairer gez. Merkel

Das Bankguthaben setzt sich folgendermaßen zusammen:

Dresdner Bank	RM 480 682,35
Deutsche Bank und Disconto-Ges.	„ 52 231,28
	RM 532 913,63

Inventar.

Stand am 1. 4. 1930 .	RM 10 197,—
Zugang 1930/31 . .	„ 3 724,75
	RM 13 921,75
Abschreibungen . .	„ 7 499,75
	RM 6 422,—

Passiva.

Das Reich war im Geschäftsjahr 1930/31 wiederum der Hauptgeldgeber, dem der besondere Dank der Darlehnskasse gebührt.

Die Spenden des Reiches betrugen im Berichtsjahr	RM 1 122,500,—
Hiervon erhielt d. „Reichsbund Deutscher Kunsthochschüler“	„ 13 937,50
Es verbleibt somit ein Zugang für 1930/31 von	RM 1 108 562,50

Darlehn der Länder.

Stand am 1. 4. 1930 . .	RM 1 674 220,—
Zugang 1930/31	„ 188 000,—
	RM 1 862 220,—

Folgende Länder haben sich in den 3 Berichtsjahren in dankenswerter Weise an der Finanzierung der Arbeit beteiligt:

Anhalt	Hamburg	Preußen
Baden	Hessen	Sachsen
Bayern	Lübeck	Schaumburg-Lippe
Braunschweig	Meckl.-Schwerin	Thüringen
Bremen	Meckl.-Strelitz	Württemberg

Die Zuschüsse der Länder haben sich gegenüber den Vorjahren weiter vermindert (1928/29 RM 325 925,—, 1929/30 RM 208 975,—).

Sicherheitsfonds.

Der Sicherheitsfonds soll auf Grund der neuen Satzungsbestimmungen 5 % statt 10 % der ausgegebenen Darlehn betragen.

Das sind 5 % von RM 12 080 009,29 . . . . =	RM 604 000,—
Aus dieser Summe wurden bisher an Darlehnsverlusten gedeckt	„ 28 524,—
Für die Deckung entstehender Verluste auf die bis 31. 3. 1931 ausgegebenen Darlehn stehen somit noch zur Verfügung	RM 575 476,—

Der 5 % des Sicherheitsfonds übersteigende Betrag wurde auf das Kapital-Konto „Ueberschuß aus Sicherheitsfonds“ umgebucht, um zur Darlehns-Ausgabe mit herangezogen zu werden. Die Entwicklung im einzelnen war folgende:

Stand am 1. 4. 1930			RM	1 005 974,—
Zugang 1930/31:				
Beiträge der Studierenden			„	258 269,41
Anteiliger Zinsüberschuß aus dem Geschäftsjahr 1929/30			„	38 761,18
			RM	1 303 004,59
Abgang 1930/31:				
Umbuchung auf Kto. „Sonderrücklage“	RM	7 595,—		
abgebuchte Darlehns-Verluste	„	7 538,50		
Umbuchung auf Konto „Ueberschuß aus Sicherheitsfonds“	„	712 395,09	„	727 528,59
Stand am 31. 3. 1931			RM	575 476,—

Rückstellung von Darlehnszinsen RM 45 000,— (i. V. RM 35 000,—).

Siehe Geschäftsbericht für 1928/29.

Einnahmen aus Zinsen und Mahngebühren (i. V. RM 321 866,46).

Von den Einnahmen entfallen am 31. 3. 1931 auf:

			1931	1930	1929
Darlehnszinsen	RM	274 632,37	73,6 %	70,3 %	64,4 %
Bankzinsen abzügl. Spesen	„	25 497,55	6,8 %	8,7 %	10,7 %
Effektenzinsen	„	63 133,20	16,9 %	18,4 %	22,2 %
Mahngebühren	„	9 830,74	2,7 %	2,6 %	2,7 %
	RM	373 093,86	100 %	100 %	100 %

Unkosten (i. V. RM 172 656,22).

A. Hauptstelle:				
I. Allgemeine Unkosten:				
a) Miete	RM	7 200,—		
b) Büro-Instandhaltung	„	5 705 02		
c) Postgebühren	„	7 631,65		
d) Kanzleibedarf	„	8 466,45		
e) Berichte	„	893,—		
f) Wissenschaftl. Auswertungen	„	2 380,65		
g) Diverses	„	1 302,76		
II. Gehälter und Sozialversicherungen	„	105 855,27		
III. Reisen und Sitzungen	„	5 538,65		
IV. Revision der Hauptstelle p. 31. 3. 30 und Stempelsteuern	„	977,80		
V. Inventar-Abschreibungen	„	7 499,75	RM	153 451,—
B. Zweigstellen			„	36 946,23
			RM	190 397,23
Zeitschrift Studentenwerk			„	30 000,—
			RM	220 397,23

Bei der Unkosten-Position „Zeitschrift Studentenwerk“ handelt es sich um die Bezugsgebühren und Versandspesen von 15 840 Exemplaren für die Belieferung von Darlehnsnehmern (s. a. S. 10).

Der Posten ist im Haushaltplan für 1930/31 nicht enthalten, da zunächst beabsichtigt war, diese Unkosten wie in den Vorjahren aus dem Zinsüberschuß direkt zu decken.

Im Haushaltplan für 1930/31

	waren vorgesehen	tatsächliche Ausgaben
A. für die Hauptstelle .	RM 161 600,—	RM 153 451,—
B. für die Zweigstellen .	„ 37 000,—	„ 36 946,23
	RM 198 600,—	RM 190 397,23
Zeitschrift Studentenwerk		„ 30 000,—
		RM 220 397,23

Zu A: Größere Minderausgaben liegen bei „Gehältern“ und „Postgebühren“ vor, so daß sich gegenüber dem Haushaltplan eine Ersparnis von RM 8 202,77 ergibt.

Nach Abzug der Unkosten von den Einnahmen ergibt sich nachstehender Ueberschuß:

	tatsächlich	(lt. Haush.-Plan)	im Vorjahr
Einnahmen . . .	RM 373 093,86	(RM 361 100,—)	RM 321 866,46
abzügl. Ausgaben .	„ 190 397,23	(„ 198 600,—)	„ 172 656,22
Ueberschuß . . .	RM 182 696,63	(RM 162 500,—)	RM 149 210,24
abzügl. Zeitschrift Studentenwerk .	„ 30 000,—		
Ueberschuß . . .	RM 152 696,63		

Von dem Ueberschuß werden dem Deutschen Studentenwerk lt. §. 7 der Satzung

RM 76 348,30

überwiesen.

Allgemeine Angaben

Unkosten

Die Unkosten haben, wie nicht anders zu erwarten war, im Laufe der Berichtszeit absolut gesehen zugenommen, da die Darlehnskasse die volle Umlaufzeit ihres Kapitals noch nicht erreicht hat. Bei einem Vergleich der bewältigten Arbeitsmenge mit den Unkosten stellt sich jedoch heraus, daß sie relativ gesunken sind. Diese Tatsache ist als ein Erfolg der zentralen Zusammenfassung der Verwaltungsarbeit anzusehen. Wenn die Unkosten in ein Verhältnis gesetzt werden zu den verwalteten Mitteln, ergibt sich folgende Relation:

Geschäftsjahr 1925/26 = 2,68 %
„ 1926/27 = 2,37 %
„ 1927/28 = 1,88 %
„ 1928/29 = 1,84 %
„ 1929/30 = 1,72 %
„ 1930/31 = 1,56 % (ohne Bezugsgebühr für die Zeitschrift „Studentenwerk“)

Um den Umfang der gesamten Arbeit zu charakterisieren, werden noch folgende Zahlen angeführt:

Die Anzahl der Post-Ein- und -Ausgänge einschließlich der Zinsbelastungen hat sich wie nachstehend wiedergegeben entwickelt:

Jahr	Anzahl	Jahr	Anzahl
1922	1 470	1927	40 190
1923	2 770	1928	45 950
1924	3 570	1929	63 593
1925	6 590	1930	70 522
1926	21 570		

Im Geschäftsjahr 1930/31 wurden 36 205 (i. V. 31 737) Zinsbelastungen ausgeschrieben, 116 675 (i. V. 100 615) Buchungen vorgenommen, 42 221 (i. V. 32 181) Brief-Ein- und -Ausgänge einzeln bearbeitet. Sonderfälle, die jeweils mehrere Schreiben und eingehende Bearbeitung aller persönlichen Fragen erforderlich machten, lagen 468 (i. V. 350) vor. Es waren im Geschäftsjahr 1930/31 insgesamt 32 368 Postscheck-Gutschriften zu verbuchen; sie verteilen sich auf die einzelnen Monate:

					14 790
April	8006		Oktober	7952	
Mai	1861		November	2416	
Juni	1235		Dezember	1655	
Juli	1271		Januar	1511	
August	932		Februar	1319	
September	1485	14 790	März	2725	17 578
					32 368

Das Personal bestand im Geschäftsjahr 1930/31 aus 27, 1929/30 aus 26 und 1928/29 aus 24 Köpfen, die auf die verschiedenen Arbeitsgebiete verteilt sind.

Hauptbuchhaltung 3 (i. V. dasselbe) Personen, Kontokorrente der Darlehnsnehmer 10 (i. V. 9), Statistik und Karteiwesen 5 (i. V. dasselbe), Korrespondenz 3 (i. V. dasselbe), Sekretariat 2 (i. V. dasselbe), 1 Referent und 2 Hilfsarbeiter für Sonderfälle (i. V. dasselbe), 1 Kassenbote (i. V. dasselbe).

Zinseinziehung und Rückzahlungen

Das Ergebnis der Zinseinziehung hat sich gegenüber den im Bericht der Jahre 1926—1928 enthaltenen Angaben nicht wesentlich geändert.

Die Hauptstelle verwaltet am 1. 4. 1931 die Darlehn von rd. 16 800 Darlehnsnehmern mit einem Gesamtkapital von RM 9 270 000,—. Es befanden sich darunter 890 = 5,3 % weibliche Studierende mit einem Kapitalbetrag von RM 545 000,— = 5,9 %. Die Zinsbelastungen der Darlehnsnehmer bei der Hauptstelle betrugen:

für das	S. S.	1928	RM	68 249,—
für das	W. S.	1928/29	„	80 181,—
für das	S. S.	1929	„	95 042,—
für das	W. S.	1929/30	„	109 215,—
für das	S. S.	1930	„	124 820,—
für das	W. S.	1930/31	„	141 019,—

Etwa 3 % der ausgeschriebenen Zinsmitteilungen kommen als unbestellbar zurück. Diese Rückbriefe werden erneut verschickt. Sie vermindern sich dann schnell. Insgesamt waren im Geschäftsjahr 1930/31 1615 Rückbriefe zu bearbeiten (i. V. 1408).

Die Entwicklung eines Mahnganges gestaltete sich in der Regel folgendermaßen: Ohne Mahnung besteht Verbindung mit rd. 77 % der Darlehnsnehmer, nach der ersten Mahnung mit rd. 88 %, nach der zweiten Mahnung mit rd. 93 %, nach der dritten Mahnung mit rd. 97 %, nach der vierten Mahnung mit rd. 99 %. Die dritte Mahnung wird ½ Jahr, die vierte Mahnung ¾ Jahr nach Fälligkeit versandt. Von da an setzt eine individuelle Bearbeitung ein, in deren Verlauf sich die schwierigen Fälle aussondern lassen, die teils in Verlustbuchungen enden, teils noch zur Zahlung veranlaßt werden können. Gerichtliche Schritte waren bisher seit Einrichtung der Hauptverrechnungsstelle im Jahre 1926 nur in 20 Fällen erforderlich. Hiervon führten 14 zu einem positiven Ergebnis, 2 waren erfolglos. Die restlichen 4 sind noch nicht abgeschlossen. Von den insgesamt seit dem 1. 10. 1926 bis 1. 10. 1930 fälligen RM 631 245,— Zinsen sind bar eingezahlt worden bis 31. 3. 1931 RM 580 750,— = 92 %. In dem Rückstand von 8 % sind rd. 4 % Stundungen enthalten, die erfahrungsgemäß zum allergrößten Teil eingehen. Die restlichen 4 % entfallen auf Darlehnsnehmer, mit denen eine Verbindung noch nicht hergestellt werden konnte. Dieser Prozentsatz erklärt sich aus der Tatsache, daß der Mahngang der am vorhergehenden Termin fälligen Zinsen (per 30. 9. 1930) noch nicht abgeschlossen ist. Insgesamt kann das Ergebnis der Zinseinziehung als befriedigend angesehen werden.

In den letzten vier Semestern wurde den Darlehnsnehmern, deren spätester Rückzahlungstermin in fünf Jahren erreicht wird, unter Hinweis auf die jetzige Knappheit der Geldmittel der Darlehnskasse ein Rückzahlungsvorschlag übersandt, der individuell für jeden Einzelfall Höhe und Termine der Rückzahlungsraten enthielt. Das Ergebnis dieser Rückzahlungspläne ist folgendes:

	im S. S. 29	W. S. 29/30	S. S. 30	W. S. 30/31
Volle Tilgung	2 %	4,0 %	2,3 %	1,5 %
Mit Vorschlag einverstanden und 1. Rate gezahlt . .	36 %	37,4 %	36,1 %	38,8 %
„Noch nicht möglich“ . .	8 %	14,2 %	10,3 %	7,2 %
Keine Antwort	54 %	44,4 %	51,3 %	52,5 %

Ein Erfolg der Bemühungen, zwischen Darlehnskasse und Darlehnsnehmern eine innere Bindung herzustellen, zeigt sich darin, daß von 1175 Darlehnsempfängern, die voll zurückgezahlt hatten, 414 = 35,2 % die Mitgliedschaft des Deutschen Studentenwerks erworben, und 262 = 22,3 % sie bei Besserung ihrer wirtschaftlichen

Lage in sichere Aussicht gestellt haben; das ergibt zusammen rd. 58 % positive Antworten.

Bis 31. 3. 1931 sind 211 Darlehnsnehmer gestorben. 199 von diesen hatten einen Betrag von rd. RM 90 700,— erhalten. Insgesamt waren RM 69 700,— = 77 % durch eine Bürgschaft gedeckt, RM 21 000,— = 23 % waren nicht gesichert. Die Bürgschaften brauchten jedoch nur z. T. in Anspruch genommen zu werden, da sich in vielen Fällen Angehörige, die nicht Bürgen waren, freiwillig zur Rückzahlung bereit erklärten. Auch die Tilgung nicht gesicherter Darlehn wurde oft von Angehörigen freiwillig in Aussicht gestellt. Anderseits war es bisweilen nicht möglich, eine Rückzahlung von den Bürgen zu erlangen. Insgesamt ergibt sich folgendes Bild:

freiwillig übernommen von Angehörigen	RM 29 400,—	=	32,4 %
übernommen von Bürgen	„ 42 000,—	=	46,3 %
Verluste nicht gesicherter Darlehn . . .	„ 8 350,—	=	9,2 %
Verluste verbürgter Darlehn	„ 10 950,—	=	12,1 %
	RM 90 700,—	=	100 %

Bei einer Reihe von Todesfällen konnte deren Ursache nicht einwandfrei ermittelt werden. Aus den Angaben für 171 Darlehnsnehmer geht hervor, daß bei rd. 64 % Krankheiten, bei rd. 25 % Unfälle und bei rd. 11 % Selbstmord den Tod verursacht haben.

Revisionen.

Die Geschäfts- und Buchführung der Darlehnskasse wurde für die Geschäftsjahre 1928/29 und 1929/30 einer eingehenden Revision sowohl durch die Treuhand-Aktiengesellschaft Leipzig-Dresden als auch durch die von der Hauptversammlung gewählten Revisoren, Herrn Bankdirektor Dr. v. Klemperer und dem Vertreter des Reichsinnenministeriums, Herrn Ministerialamtmann Doering, unterzogen. Für das Jahr 1930/31 lag zur Zeit der Drucklegung dieses Berichtes nur der Bericht der Treuhand-Aktiengesellschaft vor.

Der Revisionsbericht der Treuhand-Aktiengesellschaft für 1928/29 umfaßt 35 Seiten; sein Abschluß lautet folgendermaßen:

„Wir haben auch in diesem Jahre die gesamte Buchführung der Darlehnskasse in bester Ordnung gefunden. Von uns gewünschte Auskünfte wurden uns bereitwilligst erteilt.

Auf Grund unserer Prüfung bestätigen wir hiermit die Uebereinstimmung der uns vorgelegten Bilanz mit den ordnungsgemäß geführten Büchern.

Dresden, den 21. Mai 1929.

Treuhand-Aktiengesellschaft
gez. Köhler. gez. i. V. Otto."

Der Bericht der Herren Dr. v. Klemperer und Ministerialamtmann Doering vom 6. und 7. Juni 1929 über die Revision des inhaltlichen Teiles der Geschäftsführung und Buchhaltung lautet auszugsweise folgendermaßen:

„Im Auftrage des Verwaltungsrats der Darlehnskasse der Deutschen Studentenschaft haben die Unterzeichneten am 6. und 7. Juni d. J. eine Prüfung der Geschäfte und Buchführung der Hauptstelle der Darlehnskasse in Dresden vorgenommen. Ueber die formelle Prüfung der Bücher für das am 31. 3. 1929 abgelaufene Geschäftsjahr lag ein eingehender Revisionsbericht der Treuhand-A.-G., Leipzig, vor.

Wie aus den Akten ersichtlich ist, wurde eine eingehende Kontrolle der Zweigstellen vorgenommen. Die Durchsicht verschiedener Konten, Darlehnsakten usw. gab zu Beanstandungen keinen Anlaß. An Hand von Stichproben wurde festgestellt, daß die Darlehnsverteilung ordnungsgemäß vorgenommen worden ist. Die Buchführung ist übersichtlich und in Ordnung. Gewünschte Auskünfte wurden bereitwilligst erteilt.

Zusammenfassend kann gesagt werden, daß die Geschäfte ordnungsmäßig geführt worden sind.

Dresden, den 7. Juni 1929.

gez. Dr. Victor v. Klemperer. gez. Doering."

Der Bericht der Treuhand-Aktiengesellschaft für das Jahr 1929/30 umfaßt 39 Seiten: sein Abschluß lautet folgendermaßen:

„Die Buchführung haben wir auch in diesem Jahr in bester Ordnung gefunden. Von uns gewünschte Auskünfte wurden uns bereitwilligst erteilt.

Auf Grund unserer Prüfung bestätigen wir hiermit die Uebereinstimmung der uns vorgelegten Jahresrechnung mit den ordnungsgemäß geführten Büchern.

Dresden, den 20. Mai 1930.

Treuhand-Aktiengesellschaft
gez. Köhler. gez. i. V. Zahn."

Der Bericht der Herren Dr. v. Klemperer und Ministerialamtmann Doering vom 2. und 3. Juni 1930 über die Revision des inhaltlichen Teiles der Geschäftsführung und Buchhaltung lautet auszugsweise folgendermaßen:

„Im Auftrage des Verwaltungsrates der Darlehnskasse des Deutschen Studentenwerks haben die Unterzeichneten am 2. und 3. Juni d. J. eine Prüfung der Geschäfte und Buchführung der Hauptstelle der Darlehnskasse in Dresden vorgenommen. Ueber die formelle Prüfung der Bücher für das am 31. 3. 1930 abgelaufene Geschäftsjahr lag ein eingehender Revisionsbericht der Treuhand-A.-G., Leipzig, vor.

Wie aus den Akten ersichtlich ist, wurde eine eingehende Kontrolle der Zweigstellen vorgenommen. Die Durchsicht verschiedener Konten, Darlehnsakten usw. gab zu Beanstandungen keinen Anlaß. An Hand von Stichproben wurde festgestellt, daß die Darlehnsverteilung ordnungsmäßig vorgenommen worden ist.

Die Buchführung ist übersichtlich und in Ordnung. Gewünschte Auskünfte wurden bereitwilligst erteilt. Zusammenfassend kann gesagt werden, daß die Geschäfte ordnungsmäßig geführt worden sind.

Dresden, den 3. Juni 1930.

gez. Dr. v. Klemperer. gez. Doering."

Der Bericht der Treuhand-Aktiengesellschaft für das Jahr 1930/31 umfaßt 37 Seiten; sein Abschluß lautet folgendermaßen:

„Die Buchhaltung wird in übersichtlicher Weise geführt. Wir haben sie auch in diesem Jahre in bester Ordnung vorgefunden. Erforderliche Unterlagen wurden uns restlos zur Verfügung gestellt und gewünschte Auskünfte bereitwilligst erteilt.

Auf Grund unserer Prüfung bestätigen wir die Uebereinstimmung der uns vorgelegten Jahresrechnung mit den ordnungsgemäß geführten Büchern.

Dresden, den 27. Mai 1931.

Treuhand-Aktiengesellschaft
gez. Köhler. gez. ppa. Zahn."

In den Jahren 1928/29—1930/31 wurden, wie auch in den früheren Jahren, eine Reihe von Zweigstellen durch den Geschäftsführer der Hauptstelle persönlich aufgesucht und revidiert. In eingehender Aussprache wurden sämtliche Einzelheiten der örtlichen Arbeit durchgesprochen und in allen Fällen sichergestellt, daß die maßgebenden Richtlinien für die Arbeit gleichmäßig innegehalten werden. In den nachstehenden Geschäftsjahren wurden diese Revisionen bei folgenden Zweigstellen vorgenommen:

1928/29

1. Aachen
2. Bonn
3. Charlottenburg
4. Danzig
5. Darmstadt
6. Düsseldorf
7. Frankfurt
8. Freiburg
9. Gießen
10. Halle
11. Hamburg
12. Heidelberg
13. Jena
14. Kiel
15. Köln
16. Königsberg
17. Leipzig
18. Marburg
19. Nürnberg
20. Stuttgart

1929/30

1. Berlin U.
2. Berlin H. H.
3. Berlin L. H.
4. Berlin Ti. H.
5. Braunschweig
6. Breslau U.
7. Breslau T. H.
8. Clausthal
9. Danzig
10. Erlangen
11. Göttingen
12. Greifswald
13. Hamburg
14. Hannover
15. Jena
16. Kiel
17. Königsberg
18. München
19. Münster
20. Rostock
21. Würzburg

1930/31

1. Aachen
2. Bonn
3. Breslau U.
4. Breslau T. H.
5. Darmstadt
6. Dresden
7. Erlangen
8. Frankfurt
9. Freiburg
10. Gießen
11. Göttingen
12. Halle
13. Hamburg
14. Hannover
15. Heidelberg
16. Karlsruhe
17. Kiel
18. Köln
19. Mannheim
20. Marburg
21. München
22. Münster
23. Rostock
24. Stuttgart
25. Tübingen
26. Würzburg

Außerdem wird jede Zweigstelle halbjährlich einmal in ihrer technischen Arbeit durch einen Bücherrevisor geprüft. Der Bericht hierüber wird der Hauptstelle nach einheitlich vorgeschriebenem Muster erstattet. Die Berichte liegen der Hauptstelle vor.

IV. Statistik.

Gesamtübersicht der Darlehnsausgabe durch die Zweigstellen ab 1924.

Semester	Summe		Anzahl		Durchschnittsbetrag		Studentenzahl*)	
	S. S.	W. S.	S. S.	W.S.	S. S.	W. S.	S. S.	W. S.
S. S. 1924	355 238,75		2100		169,16		71 000	
W. S. 1924/25		545 801,—		2868		190,31		79 500
S. S. 1925	715 245,80		2965		241,22		82 500	
W. S. 1925/26		1 004 337,53		3541		283,63		85 000
S. S. 1926	884 696,67		3446		256,73		88 000	
W. S. 1926/27		1 004 460,22		3447		291,40		91 500
S. S. 1927	828 392,40		2968		279,11		98 500	
W. S. 1927/28		914 941,47		3149		290,55		99 000
S. S. 1928	840 992,50		2740		306,93		110 000	
W. S. 1928/29		898 234,90		2762		325,21		110 000
S. S. 1929	763 618,—		2427		314,63		120 000	
W. S. 1929/30		806 760,51		2676		301,48		120 000
S. S. 1930	686 910,—		2347		292,67		129 000	
W. S. 1930/31		852 125,75		2777		306,85		129 000

*) ermittelt auf Grund der an die Darlehnskasse abgeführten Kopfbeiträge von RM 1.—.

Lange Zeit war es möglich, die Arbeit der Darlehnskasse zu intensivieren, so daß trotz der Abnahme der Geldmittel der durchschnittliche Darlehnsbetrag eines Darlehnsnehmers zunahm unter gleichzeitiger Verminderung der Anzahl der Unterstützten.

Vom Wintersemester 1929/30 an war jedoch die Knappheit an Geldmitteln so groß, daß durch eine weitere Senkung der Unterstützten kein Ausgleich mehr gefunden werden konnte. Es stellte sich daher ein bedauerlicher Rückgang des Durchschnittsbetrages eines Darlehns ein. Das Mißverhältnis zwischen der berechtigten Nachfrage und den vorhandenen Mitteln wird auch noch verdeutlicht, wenn dem Rückgang der Unterstützten das Steigen der Studentenzahlen gegenübergestellt wird, die von 71 000 im S. S. 1924 auf 129 000 im W. S. 1930/31 gestiegen sind.

Die Schwierigkeiten einer gerechten Auswahl sowie die Notwendigkeit stärkster Siebung der Antragsteller nach ihren Fähigkeiten und ihrer Bewährung wird auch durch die folgenden Angaben von 41 Zweigstellen beleuchtet. Die Zahlen müssen um etwa 25 % erhöht werden, um die Angaben für alle Zweigstellen zu erhalten. Betont werden muß noch, daß ein großer Teil derer, die ein Darlehn beantragen wollen, schon vorher — durch Anschläge oder Erkundigungen bei anderen Stellen — über die Aussichtslosigkeit eines

Gesuches unterrichtet werden, so daß die unter „Nachfrage" angeführten Zahlen schon einer Vorauslese unterworfen waren.

	W. S. 29/30		S. S. 30		W. S. 30/31	
	Anzahl	Summe	Anzahl	Summe	Anzahl	Summe
Nachfrage nach Darlehn	—	—,—	3177	—,—	3478	—,—
Eingereichte Gesuche .	2648	1 123 204,75	2298	1 057 093,20	2568	1 181 379,20
Genehmigte Gesuche .	2302	723 744,50	1939	586 057,—	2250	743 370,75
Vom örtl. Wikö erhielten außer einem Darlehn weitere Hilfe . .	—	—,—	491	38 395,35	645	57 209,45

Seit Beginn der Goldmark-Währung sind von der Darlehnskasse nunmehr ausgezahlt worden: 42 947 langfristige Semester-Darlehn im Gesamtbetrag von RM 12 036 802,61. Da ein Darlehnsnehmer in der Regel mehrere Darlehn im Laufe des Studiums erhält, wurden nicht rd. 43 000 Personen unterstützt, sondern nur 22 800. Auf ein Semester entfallen also im Durchschnitt 1628 Studierende.

Wie in der Vergangenheit werden im folgenden die wichtigsten Ergebnisse der statistischen Auswertung der „grünen Karteikarten" (siehe Geschäftsbericht für 1921—1925) wiedergegeben. Im Laufe des Jahres 1929 wurde ein neues Muster dieser Karteikarten ausgearbeitet, um die Ergebnisse, vor allem auch über die soziale Schichtung der Darlehnsnehmer, exakter zu gestalten. (S. Anl. 6.) Hierdurch wurde ab S. S. 1930 auch die Ermittlung einer Reihe neuer wichtiger Angaben möglich. Wegen der Auswertung der gesamten Ergebnisse sei auf Veröffentlichungen in der Zeitschrift „Studentenwerk" verwiesen (siehe auch Seite 12).

1. Staatsangehörigkeit:

	S. S. 28 %	W. S. 28/29 %	S. S. 29 %	W. S. 29/30 %	S. S. 30 %	W. S. 30/31 %
Preußen	62,45	62,42	61,45	61,71	60,79	62,78
Bayern	11,72	10,85	12,25	12,37	12,48	12,40
Sachsen	4,12	5,17	5,25	5,93	5,70	5,06
Württemberg . . .	4,26	4,23	4,11	3,38	4,09	4,22
Baden	3,63	4,06	4,07	3,91	4,45	3,70
Thüringen	1,81	1,85	1,63	2,13	2,02	2,19
Hessen	1,49	2,42	2,26	1,99	2,06	2,00
Hamburg	0,82	0,70	0,92	1,42	1,33	1,03
Mecklenburg-Schwerin	0,75	0,91	0,55	0,68	1,14	1,09
Andere Länder . . .	3,23	2,89	3,03	3,07	2,78	2,60
Auslandsdeutsche . .	5,72	4,50	4,48	3,41	3,16	2,93
	100,00	100,00	100,00	100,00	100,00	100,00

2. Semesterzahl:

	S. S. 28 %	W. S. 28/29 %	S. S. 29 %	W. S. 29/30 %	S. S. 30 %	W. S. 30/31 %
Im 1. Semester . . .	—	—	—	—	—	—
„ 2. „ . . .	—	—	—	—	—	—
„ 3. „ . . .	0,85	0,50	0,33	0,21	0,37	0,23
„ 4. „ . . .	1,92	2,05	1,70	1,27	0,59	1,42
„ 5. „ . . .	6,15	4,74	4,99	3,23	2,91	2,45
„ 6. „ . . .	11,22	11,55	10,62	10,35	7,21	9,88
„ 7. „ . . .	18,83	16,45	18,28	16,34	21,23	10,62
„ 8. „ . .	15,74	20,75	18,87	22,75	14,71	24,28
„ 9. „ . . .	14,99	12,16	16,57	16,37	20,78	12,49
„ 10. „ . . .	11,47	13,03	11,40	14,89	11,33	18,25
„ 11. „ . . .	7,64	6,21	7,10	5,07	10,93	7,47
„ 12. „ . . .	4,33	5,14	4,55	3,59	3,57	6,21
über 12 Semester . .	6,86	7,42	5,59	5,93	6,37	6,70
	100,00	100,00	100,00	100,00	100,00	100,00

3. Studienfächer:

	S. S. 28 %	W. S. 28/29 %	S. S. 29 %	W. S. 29/30 %	S. S. 30 %	W. S. 30/31 %
Ev. u. kath. Theol. .	4,79	5,00	6,47	6,94	6,73	6,15
Jura	22,66	21,59	19,83	18,30	17,11	18,45
Volkswirtschaft . .	4,80	5,00	3,99	2,79	2,83	3,12
Medizin	7,53	8,76	8,18	8,36	8,61	8,27
Med. dent. u. vet. . .	2,24	3,49	3,29	4,00	4,38	4,96
Phil. hist. u. philos. .	18,23	20,59	21,28	22,75	20,90	21,08
Phil. math.	3,27	4,40	4,92	8,70	11,18	10,88
Chemie	4,94	4,10	4,29	3,85	3,49	3,64
Pharmazie	0,28	0,10	0,07	0,30	0,15	0,35
Agrikultur	2,88	1,88	2,00	1,30	1,91	1,64
Architektur	1,14	1,28	1,78	1,48	1,91	1,55
Bau- u. Maschinen-Ing.	10,16	9,84	10,44	8,49	7,11	6,74
Elektro-Ing.	4,62	3,43	3,44	3,05	2,98	3,15
Hüttenkunde . . .	2,31	2,18	1,66	1,72	1,25	1,19
Sonstiges u. Handelsf.	10,15	8,36	7,58	6,69	7,40	6,51
Pädagogik	—	—	0,78	1,28	2,06	2,32
	100,00	100,00	100,00	100,00	100,00	100,00

4. Alter:

	S. S. 28 %	W. S. 28/29 %	S. S. 29 %	W. S. 29/30 %	S. S. 30 %	W. S. 30/31 %
Unter 20 Jahren . .	0,11	0,17	—	—	—	0,13
20—25 Jahre . . .	56,91	64,87	58,59	67,21	59,63	65,52
26—30 Jahre . . .	35,77	28,14	34,08	26,29	32,97	27,82
31 Jahre und darüber	7,21	6,82	7,33	6,50	7,40	6,53
	100,00	100,00	100,00	100,00	100,00	100,00

5. Kriegsteilnehmer (1914—1918):

	S. S. 28	W. S. 28/29	S. S. 29	W. S. 29/30	S. S. 30	W. S. 30/31
Von 100 Darlehnsnehmern waren Kriegsteilnehmer	15,56	13,36	9,80	9,34	7,51	7,08

6. Werkstudenten:

	S. S. 28	W. S. 28/29	S. S. 29	W. S. 29/30	S. S. 30	W. S. 30/31
Von 100 Darlehnsnehmern waren Werkstudenten	52,04	59,67	62,34	68,12	75,61	70,57

7. Höhe der Darlehn:

	S. S. 28 %	W. S. 28/29 %	S. S. 29 %	W. S. 29/30 %	S. S. 30 %	W. S. 30/31 %
RM 1— 49 . . .	0,46	0,30	0,52	0,83	0,55	0,48
„ 50— 99 . . .	2,84	3,06	2,59	4,06	2,80	3,96
„ 100—199 . . .	17,58	13,57	14,87	15,09	18,80	15,71
„ 200—299 . . .	27,85	24,65	27,71	23,99	29,76	23,79
„ 300—399 . . .	19,93	22,80	19,79	21,59	20,93	23,73
„ 400—499 . . .	13,11	15,48	13,02	15,75	13,94	15,45
„ 500—599 . . .	10,41	12,02	11,65	10,65	8,32	9,56
„ 600 und darüber .	7,82	8,12	9,85	8,04	4,90	7,32
	100,00	100,00	100,00	100,00	100,00	100,00

8. Soziale Schichtung (nach dem Stand des Vaters):

	S. S. 28	W. S. 28/29	S. S. 29	W. S. 29/30	S. S. 30	W. S. 30/31
	%	%	%	%	%	%
I. Großgewerbe	0,60	0,71	1,07	0,86	3,20	2,74
Großgrundbesitzer .	0,21	0,17	0,11	0,06	0,74	0,87
Angest. i. leitend. Stell.	4,23	4,30	4,51	4,48	2,61	3,28
	5,04	5,18	5,69	5 40	6,55	6,89
II. Höhere Staatsbeamte	2,88	3,26	3,44	3,91	3,35	3,41
Freie akad. Berufe in gehobener Stellung .	9,66	9,77	9,62	10,56	9,53	10,18
Lehrer m. akad. Bildg.	2,70	3,09	2,89	2,61	2,50	2,32
	15,24	16,12	15,95	17,08	15,38	15,91
III. Mittlere Beamte . .	17,34	19,41	16,61	15,63	18,10	15,55
Kleingewerbe	16,98	16,25	18,46	18,40	13,17	13,78
Kleinbauern	7,74	7,89	7,66	6,08	7,69	7,92
Angestellte	14,35	12,05	11,73	11,39	14,42	13,84
Lehrer ohne akad. Bild.	10,91	11,01	10,88	11,92	9,31	9,98
	67,32	66,61	65,34	63,42	62,69	61,07
IV. Unterbeamte	5,65	5,17	5,62	5,93	8,43	8,34
Arbeiter	3.73	3,63	4,77	6,30	6,84	7,73
	9,38	8,80	10,39	12,23	15,27	16,07
V. Ohne früh. u. jetz. Beruf	3,02	3,29	2,63	1,87	0,11	0,06
	3,02	3,29	2,63	1,87	0,11	0,06
	100,00	100,00	100,00	100,00	100,00	100,00
Vater verstorben . .	29,31	29,31	31,19	31,00	31,71	31,55

8a) Soziale Schichtung (nach dem Stand des Vaters): Sommer-Semester 1930

			tätig:	in Ruhe, in Pens.:	arbeitslos:	tot:	Durchschn. Kinderzahl:
			%	%	%	%	
I. Großgewerbe . .	3,20						
Großgrundbes. .	0,74						
Angest. i. leit. St.	2,61	6,55	33,15	13,48	3,93	49,44	3,16
II. Höhere Staatsb.	3,35						
Freie ak. Berufe in geh. Stellung	9,53						
Lehrer mit akad. Bildung . . .	2,50	15,38	38,99	15,07	2,39	43,55	3,63
III. Mittlere Beamte	18,10						
Kleingewerbe .	13,17						
Kleinbauern . .	7,69						
Angestellte . .	14,42						
Lehrer o. akad. Bildung . . .	9,31	62,69	56,86	12,21	1,47	29,46	3,66
IV. Unterbeamte . .	8,43						
Arbeiter	6,84	15,27	60,24	15,66	2,41	21,69	3,38
V. Ohne früh. u. jetz. Beruf	0,11	0,11		100,00			4,00
insgesamt:		100,00	53,02	13,36	1,91	31,71	3,58

8b) Soziale Schichtung (nach dem Stand des Vaters): Winter-Semester 1930/31

			tätig:	in Ruhe, in Pens.:	arbeitslos:	tot:	Durchschn. Kinderzahl:
			%	%	%	%	
I. Großgewerbe . .	2,74						
Großgrundbes. .	0,87						
Angest. i. leit. St.	3,28	6,89	29,43	9,82	8,41	52,34	2,11
II. Höhere Staatsb. .	3,41						
Freie ak. Berufe in geh. Stellung	10,18						
Lehrer mit akad. Bildung . . .	2,32	15,91	38,06	13,56	3,04	45,34	2.63
III. Mittlere Beamte	15,55						
Kleingewerbe . .	13,78						
Kleinbauern . .	7,92						
Angestellte . . .	13,84						
Lehrer ohne akad. Bildung . . .	9,98	61,07	56,72	12,28	2,27	28,73	2,73
IV. Unterbeamte . .	8,34						
Arbeiter	7,73	16,07	55,91	17,64	6,61	19,84	2,52
V. Ohne früh. u. jetz. Beruf	0,06	0,06		100,00			1,50
insgesamt:		100,00	51,71	13,23	3,51	31,55	2,63

9. Geschlecht:

	W.S. 28/29 %	S.S. 29 %	W.S. 29/30 %	S.S. 30 %	W.S. 30/31 %
männlich . .	93,75	92,75	92,47	90,51	90,47
weiblich . . .	6,25	7,25	7,53	9,49	9,53
	100,00	100,00	100,00	100,00	100,00

10. Studienwechsel:

	S. S. 30	W. S. 30/31
Von 100 Darlehnsnehmern hatten ihr Studium gewechselt	15,75	17,26

11. Studienunterbrechung:

	S. S. 30	W. S. 30/31
Von 100 Darlehnsnehmern hatten ihr Studium unterbrochen	26,34	28,40

12. Anzahl der erhaltenen Darlehn:

	S. S. 30 %	W. S. 30/31 %
1 Darlehn	47,35	46,55
2 „	26,49	27,40
3 „	15,27	14,52
4 „	5,33	6,73
5 „	3,31	2,32
6 „ u. darüber	2,25	2,48
	100,00	100,00

13. Monatswechsel:

	S. S. 30 %	W. S. 30/31 %
keiner	50,11	50,68
RM 1 — 19 . . .	0,92	0,83
„ 20 — 39 . . .	7,14	7,99
„ 40 — 59 . . .	12,10	11,91
„ 60 — 79 . . .	7,76	7,92
„ 80 —119 . . .	10,05	11,11
„ 120 und darüber .	9,97	8,63
unbestimmt	1,95	0,93
	100,00	100,00

14. Unversorgte Geschwister der Darlehnsnehmer:

	S. S. 30 %	W. S. 30/31 %
keine Geschwister .	31,97	31,29
1 „ .	28,70	29,33
2 „ .	18,32	18,19
3 „ .	9,68	9,43
4 „ .	5,66	5,83
5 „ .	2,69	2,93
6 „ .	1,43	1,45
7 „ .	0,85	0,80
8 „ .	0,40	0,39
über 8 „ .	0,30	0,36
	100,00	100,00

Satzung
der Darlehnskasse des Deutschen Studentenwerks e.V.
in der Fassung vom 10. März 1931

§ 1

Name

Der Verein führt den Namen „Darlehnskasse des Deutschen Studentenwerks e. V.". Er hat seinen Sitz in Dresden und wurde unter dem Namen „Darlehnskasse der Deutschen Studentenschaft e. V." am 2. Juni 1922 gegründet und in das Vereinsregister des Amtsgerichts Dresden am 16. Januar 1923 eingetragen. Die Aenderung des Namens erfolgte durch Beschluß der Mitglieder-Versammlung vom 24. Oktober 1929.

§ 2

Zweck

Zweck des Vereins ist die Gewährung von Darlehen an bedürftige, wissenschaftlich und menschlich bewährte Angehörige aller Studentenschaften der Hochschulen des Deutschen Reiches und der Deutschen Studentenschaft der Technischen Hochschule Danzig vor und während der Abschlußprüfung unter Ausschluß aller politischen, konfessionellen und weltanschaulichen Gesichtspunkte. Voraussetzung für die Beteiligung der einzelnen Hochschulen ist die Durchführung der in § 3, Absatz I a (Beiträge der Studierenden) und § 8 (Einrichtung der Zweigstellen) bezeichneten Maßnahmen. Der Verein verfolgt ausschließlich gemeinnützige Zwecke unter Ausschluß eines wirtschaftlichen Geschäftsbetriebes.

§ 3

Mitgliedschaft und Beiträge

I. Mitglieder des Vereins können werden:

a) durch schriftliche Anzeige an den Vorstand ohne Rücksicht auf die Höhe ihres Mitgliedsbeitrages: das Reich, die Länder, welche in ihrem Gebiete Hochschulen haben, der Verband der Deutschen Hochschulen, das Deutsche Studentenwerk e. V. und die mit Rechtspersönlichkeit ausgestatteten studentischen Wirtschaftsorganisationen (Wirtschaftskörper) der einzelnen Hochschulen unter der Voraussetzung, daß an diesen Hochschulen regelmäßige Semesterbeiträge der Studierenden für die Darlehnskasse in Höhe von mindestens RM 1.— obligatorisch von der Hochschulkasse erhoben und an die vom Vorstand des Vereins zu bezeichnende Stelle abgeführt werden.

b) nach Meldung beim Vorsitzenden mit Genehmigung des Vorstandes: Einzelpersonen und juristische Personen, die einmalige Beiträge von mindestens RM 2500.— leisten oder sich zur Zahlung eines jährlichen Beitrages von mindestens RM 100.— auf die Dauer von wenigstens 3 Jahren verpflichten.

II. Zu Ehrenmitgliedern kann die Hauptversammlung auf Vorschlag des Verwaltungsrates hervorragende Förderer, die nicht Vereinsmitglieder zu sein brauchen, ernennen. Die Ehrenmitglieder haben alle Rechte der Vereinsmitglieder ohne deren Pflichten und haben bei Abstimmungen je eine Stimme.

§ 4

I. In der Hauptversammlung führen die unter § 3 I a genannten Mitglieder ohne Rücksicht auf die Höhe ihrer Beiträge je eine Stimme.

II. Das Stimmrecht der übrigen Mitglieder bestimmt sich:

1. Nach den Jahresbeiträgen:

Jede RM 100.— geben bei den Beträgen von RM 100.— bis RM 1000.— eine Stimme, jede weiteren vollen RM 200.— geben bei Beträgen von RM 1000.— bis RM 2000.— je eine weitere Stimme, jede weiteren vollen RM 500.— geben bei Beträgen von RM 2000.— bis RM 5000.— je eine weitere Stimme, jede weiteren vollen RM 1000.— geben bei Beträgen über RM 5000.— je eine weitere Stimme.

2. Nach den einmaligen Beiträgen:

Jede vollen RM 2500.— geben bei Beträgen von RM 2500.— bis RM 25 000.— je eine Stimme, jede weiteren vollen RM 5000.— geben bei Beträgen von RM 25 000.— bis RM 50 000.— je eine weitere Stimme, jede weiteren vollen RM 12 500.— geben bei Beträgen von RM 50 000.— bis RM 125 000.— je eine weitere Stimme, jede weiteren vollen RM 25 000.— geben bei Beträgen über RM 125 000.— je eine weitere Stimme.

§ 5

Einmalige Beiträge sowie der erste Jahresbeitrag sind innerhalb eines Vierteljahres nach der Aufnahme einzuzahlen. Bei besonders großen Beträgen kann der Vorstand Teilzahlungen zulassen. Weiterhin sind die Jahresbeiträge spätestens in der Zeit vom 1. Februar bis 31. März einzuzahlen, die Einzahlungen erfolgen an die vom Vorstand bezeichnete Stelle.

§ 6

Erlöschen der Mitgliedschaft

Die Mitgliedschaft endigt außer durch den Tod bzw. bei juristischen Personen durch Auflösung:

a) durch schriftliche an den Vorsitzenden zu richtende Austrittserklärung, die jedoch nur für den Schluß des laufenden Geschäftsjahres zulässig ist,
b) wenn auf Mahnung mittels eingeschriebenen Briefes die Einzahlung des fälligen Beitrages innerhalb 6 Wochen nicht erfolgt. Der Vorstand kann diese Frist in einzelnen Fällen verlängern.

Ausschluß eines Mitgliedes kann durch Beschluß des Verwaltungsrates mit Dreiviertel-Stimmenmehrheit erfolgen.

Eine Nachprüfung der Gründe des Ausschlusses im Rechtsweg ist unzulässig.

§ 7

Mittel, Verwendung, Verwaltung

Die Mittel des Vereins setzen sich zusammen aus:

1. den Beiträgen der Mitglieder und etwaigen Spenden,
2. den Semesterbeiträgen der Studierenden deutscher Hochschulen und der Angehörigen der deutschen Studentenschaft der Technischen Hochschule Danzig,
3. den Zinsen aus 1 und 2.

Der aus den Beiträgen der Mitglieder und etwaigen Spenden gebildete Teil des Vereinsvermögens wird zur Ausgabe von Darlehen so verwendet, daß dieser Teil des Vereinsvermögens möglichst dauernd erhalten bleibt.

Die Beiträge der Studierenden fließen in einen Sicherheitsfonds, aus dem die durch nicht zurückerstattete Darlehen entstehenden Verluste gedeckt werden. Er soll nicht mehr als 5 % der ausgeliehenen Darlehen betragen. Ueberschießende Beträge finden für die Zwecke der Darlehnskasse Verwendung.

Aus den Zinsen werden zunächst die Kosten der Geschäftsführung gedeckt; der Rest wird zur Hälfte dem Sicherheitsfonds, zur anderen Hälfte dem Deutschen Studentenwerk e. V. als Träger der gesamten studentischen Wirtschaftsarbeit zugeführt.

§ 8

Die Verwaltung der Mittel erfolgt zentral; die Gewährung und Zuweisung der Darlehen an die einzelnen Studierenden erfolgt grundsätzlich örtlich. Zu diesem Zweck wird in jedem Hochschulorte eine Zweigstelle eingerichtet, die den Namen führt:

„Darlehnskasse des Deutschen Studentenwerks e. V.
Zweigstelle . . . ."

Es muß die Dozentenschaft, die Studentenschaft der betreffenden Hochschule und Angehörige des praktischen Wirtschaftslebens, darunter möglichst ein Bankfachmann, vor allem für die Frage der Kassen- und Buchführung, an ihr beteiligt sein.

In Ausnahmefällen ist die Zentrale berechtigt, Darlehen zu gewähren.

Wird eine erstmalige Entscheidung angefochten, so entscheidet der Vorstand oder ein von ihm eingesetzter Ausschuß als Berufungs-Instanz. Engste Verbindung mit dem Wirtschaftskörper ist Voraussetzung für die Genehmigung einer Zweigstelle.

Das Nähere regelt der Verwaltungsrat.

§ 9

Organe

Die Organe des Vereins sind:

a) der Vorstand,
b) der Verwaltungsrat,
c) die Hauptversammlung.

§ 10

Vorstand

Der Vorstand besteht aus dem Vorsitzenden, zwei stellvertretenden Vorsitzenden und dem Schatzmeister. Der Vorstand wird durch den Verwaltungsrat auf die Dauer von 3 Jahren gewählt. Wiederwahl ist zulässig. Für ein vorzeitig ausgeschiedenes Mitglied ist eine Ersatzwahl für den Rest der Amtszeit vorzunehmen.

§ 11

Der Vorsitzende ist der Vorstand und gesetzliche Vertreter des Vereins im Sinne des § 26 BGB. Schriftliche oder mündliche Willenserklärungen, die eine vermögensrechtliche Verpflichtung für den Verein oder eine Verfügung über das Vereinsvermögen enthalten, bedürfen jedoch zu ihrer Wirksamkeit der Mitwirkung eines zweiten Vorstandsmitgliedes. Der Vorstand hat die Geschäfte zu führen nach Maßgabe der Satzung sowie der Beschlüsse der Hauptversammlung und des Verwaltungsrates. Der Vorstand gibt sich seine Geschäftsordnung selbst.

§ 12

Der Vorsitzende leitet die laufenden Geschäfte und bereitet die Anträge für die Versammlungen und Sitzungen vor, die er zu leiten hat.

Der Schatzmeister übernimmt die Kassenführung, sei es unmittelbar, sei es mittelbar durch ein Bankinstitut und ist dafür verantwortlich.

Die Geschäftsführung wird der Geschäftsführung des Deutschen Studentenwerks e. V. selbständig angegliedert.

§ 13

Verwaltungsrat

Der Verwaltungsrat soll bestehen aus:

a) 5 Vertretern der Regierungen des Deutschen Reiches bzw. der Länder, die von diesen auf Grund von untereinander zu treffenden Vereinbarungen zu ernennen sind.

b) 3 Vertretern des Verbandes der Deutschen Hochschulen, die von dem Verband auf 3 Jahre gewählt werden. Die Wiederwahl der Vertreter ist zulässig. Von ihnen scheidet jedes Jahr ein Mitglied aus. Erstmalig wird die Reihe des Ausscheidens durch das Los bestimmt.

c) 7 studentische Vertreter, die von dem „Deutsches Studentenwerk e. V.“ auf zwei Jahre ernannt werden; die Wiederwahl dieser Vertreter ist zulässig. Von ihnen scheiden jedes Jahr 3 bzw. 4 Mitglieder aus. Erstmalig wird die Reihe des Ausscheidens durch das Los bestimmt.

d) 9 Vertretern des Wirtschaftslebens, die die Hauptversammlung aus der Zahl der ordentlichen Vereinsmitglieder oder deren Vertreter auf 3 Jahre wählt; von diesen scheiden jährlich 3 aus; Wiederwahl ist zulässig. Die Reihe des Ausscheidens wird erstmalig durch das Los bestimmt.

e) 3 weiteren Einzelpersonen, die auf 3 Jahre gewählt werden. Jedes Jahr scheidet ein Mitglied aus. Die Reihe des Ausscheidens wird erstmalig durch das Los bestimmt. Wiederwahl ist zulässig.

Die Wahl der Mitglieder unter b) und c) muß vor der alljährlich stattfindenden Hauptversammlung vorgenommen sein, widrigenfalls das Wahlrecht an die Hauptversammlung übergeht.

Für vorzeitig ausscheidende Mitglieder ist eine Ersatzwahl für den Rest der Amtsdauer vorzunehmen.

§ 14

Der Verwaltungsrat entscheidet über den Haushaltplan. Für den aus Reichsmitteln stammenden Teil desselben ist die Genehmigung des Reichsministers des Innern erforderlich.

Der Verwaltungsrat genehmigt die Einsetzung der örtlichen Zweigstellen.

Er beschließt über einen an die Hauptversammlung zu richtenden Antrag auf Satzungsänderung mit Zweidrittelmehrheit der gesamten Stimmen. Kommt diese Mehrheit nicht zustande, so kann durch einfachen Mehrheitsbeschluß 4 Wochen später eine zweite Verwaltungsratssitzung anberaumt werden, bei der mit Zweidrittelmehrheit der anwesenden Stimmen über die Satzungsänderung beschlossen wird.

Im übrigen entscheidet der Verwaltungsrat in allen Angelegenheiten, die nicht dem Vorstand oder der Hauptversammlung vorbehalten sind. Insbesondere hat er die Grundsätze über die Vergebung der Darlehen, die Höhe der Zinsen und die Fristen für die Rückzahlung festzusetzen und alle der Beschlußfassung der Hauptversammlung zu unterbreitenden Gegenstände und Anträge einschließlich der Wahlen vorzubereiten und diese in spruchreifer Form vorzulegen.

Der Verwaltungsrat versammelt sich jährlich mindestens einmal, jedenfalls bei der Hauptversammlung, ferner nach Einladung des Vorsitzenden, die dieser jederzeit ergehen lassen kann.

Auf schriftlichen Antrag von wenigstens einem Drittel der Verwaltungsratsmitglieder muß innerhalb von 6 Wochen eine Sitzung stattfinden. In dringenden Fällen ist schriftliche oder drahtliche Abstimmung zulässig.

§ 15

Zur Beschlußfähigkeit des Verwaltungsrates ist die Mitwirkung von mindestens 12 Mitgliedern erforderlich. Einfache Stimmenmehrheit entscheidet. Bei Stimmengleichheit entscheidet der Vorsitzende. Die Mitglieder des Verwaltungsrates mit Ausnahme derjenigen unter c) erhalten für ihre Auslagen keine Entschädigung. Der Verwaltungsrat gibt sich seine Geschäftsordnung selbst und setzt auch die Höhe der Entschädigung fest.

§ 16

Hauptversammlung

In der Regel soll jährlich einmal, mindestens jedes zweite Jahr, eine Hauptversammlung stattfinden. Ihre Ankündigung hat mindestens 14 Tage vorher durch schriftliche Mitteilung an die Mitglieder unter Angabe der Tagesordnung zu erfolgen.

Eine außerordentliche Hauptversammlung kann vom Vorsitzenden jederzeit einberufen werden; sie muß vom Vorsitzenden innerhalb 6 Wochen einberufen werden, wenn ein Fünftel der am Beginn des laufenden Geschäftsjahres vorhandenen Mitglieder dies schriftlich unter Angabe der Beratungsgegenstände beantragt.

§ 17

Die Hauptversammlung nimmt den Jahresbericht und die Jahresabrechnung entgegen und erteilt dem Vorstand Entlastung. Sie hat die in § 13 d und e genannten Mitglieder des Verwaltungsrates und zwei Rechnungsprüfer zu wählen. Sie hat über Anträge des Verwaltungsrates auf Satzungsänderung mit Zweidrittelmehrheit zu beschließen. Eine Aenderung der Satzung der Darlehnskasse darf nicht gegen den Widerspruch des Reichsministers des Innern erfolgen.

§ 18

Juristische Personen, Handelsgesellschaften, Personenvereinigungen und Einzelfirmen können bei der Hauptversammlung durch ein Mitglied ihres Vorstandes oder durch einen Firmeninhaber vertreten werden. Auch ist Uebertragung der Vertretung und des Stimmrechtes auf ein anderes Mitglied der Gesellschaft oder den Vertreter einer juristischen Person, Handelsgesellschaft, Personenvereinigung oder Einzelfirma zulässig.

§ 19

Bei Abstimmungen und Wahlen entscheidet, soweit nicht anders bestimmt ist, einfache Stimmenmehrheit der anwesenden Mitglieder. Im Falle der Stimmengleichheit ist der Antrag abgelehnt, bei Wahlen entscheidet das Los.

§ 20

Ueber jede Hauptversammlung ist eine vom Vorsitzenden zu unterzeichnende Niederschrift aufzunehmen.

§ 21

Das Vereinsjahr läuft vom 1. April bis 31. März.

§ 22

Schluß- und Uebergangsbestimmungen

Die Auflösung des Vereins kann nur auf Antrag des Verwaltungsrates von der Mitgliederversammlung beschlossen werden. In beiden Organen muß Vierfünftelmehrheit vorhanden sein. Im Falle der Auflösung faßt die Hauptversammlung Beschlüsse über die Verwendung des vorhandenen Vermögens entsprechend dem Grundgedanken der Darlehnskasse. Die aus Reichsmitteln stammenden Vermögensteile fallen an das Reich zur Verwendung für Zwecke studentischer Wirtschaftsfürsorge zurück.

§ 23

Für das erste Geschäftsjahr werden die unter § 13 d genannten Mitglieder des Verwaltungsrates von der Gründungsversammlung gewählt. Die unter § 13 a—c aufgeführten Mitglieder werden nach Vorschrift dieser Bestimmungen der Satzung benannt. Der vorläufige Verwaltungsrat des ersten Geschäftsjahres ist beschlußfähig, auch ohne die vorgeschriebene Höchstzahl erreicht zu haben. Er hat das Recht, sich, wenn nötig, bis zur satzungsmäßigen Höhe zu ergänzen und wählt aus sich den Vorstand.

Der vorläufige Verwaltungsrat ist berechtigt, Satzungsänderungen mit Einstimmigkeit zu beschließen, wenn die Hälfte seiner Mitglieder anwesend ist. Der Antrag auf Satzungsänderung muß mindestens 14 Tage vorher den Verwaltungsratsmitgliedern schriftlich mitgeteilt werden.

§ 24

Beziehungen der Darlehnskasse zum Deutschen Reich

Um die besonderen Beziehungen der Darlehnskasse zum Deutschen Reich zu bekräftigen, stimmte die Hauptversammlung vom 10. März 1931 einer Vereinbarung zwischen Reich und Darlehnskasse zu, die dieser Satzung als Bestandteil beigegeben wird.

Vereinbarung zwischen dem Deutschen Reich und der Darlehnskasse des Deutschen Studentenwerks e. V.

In dem gemeinsamen Bestreben, die Aufgaben der Darlehnskasse des Deutschen Studentenwerks als einer Einrichtung der studentischen Selbsthilfe in vertrauensvoller Zusammenarbeit der beteiligten öffentlichen und privaten Stellen zu fördern, werden auf der Grundlage der Satzung folgende Richtlinien festgelegt.

1. Die Darlehnskasse des Deutschen Studentenwerks untersteht in der Verwendung der ihr vom Reich zur Verfügung gestellten Mittel der Aufsicht und Fürsorge des Reichsministers des Innern.

2. Der Reichsanteil an den Mitteln des Finanz- und Haushaltplanes wird jährlich auf Grund des prozentualen Anteils der von den einzelnen Spendern bis zum 1. April jeden Jahres insgesamt zur Verfügung gestellten Beträge festgesetzt.

3. Die Darlehnskasse des Deutschen Studentenwerks legt dem Reichsminister des Innern jährlich nach Schluß des Geschäftsjahres den Jahresbericht nebst Rechnungsabschluß vor.

4. Der Reichsminister des Innern hat das Recht, den Geschäftsgang der Darlehnskasse des Deutschen Studentenwerks jederzeit zu prüfen.

5. Stellt der Reichsminister des Innern wegen eines Verstoßes gegen diese Richtlinien oder wegen eines satzungswidrigen Verhaltens des Vereins fest, daß die Vertrauensgrundlage entfallen ist, und werden trotz Vorstellungen diese Verstöße nicht beseitigt, so ist er berechtigt, die aus Reichsmitteln stammenden Vermögensteile der Darlehnskasse zur Verwendung für Zwecke studentischer Wirtschaftsfürsorge wieder an sich zu ziehen.

Vorstand, Verwaltungsrat und Geschäftsführung der Darlehnskasse des Deutschen Studentenwerks e.V.

nach dem Stande vom 1. 4. 1931.

I. Vorstand.

Vorsitzender:

v. Stauß, E. G., Dr. Dr. h. c., Direktor der Deutschen Bank und Diskontogesellschaft, Berlin.

Schatzmeister:

Frisch, W., Geh. Legationsrat Dr. Dr., Direktor der Dresdner Bank, Berlin.

Stellv. Vorsitzender:

Duisberg, C., Geh. Rat Prof. Dr. Dr. h. c., Präsident des Reichsverbandes der Deutschen Industrie, Leverkusen b. Köln a. Rh.

Stellv. Vorsitzender:

Michaelis, G., Exzellenz, D. Dr., Oberpräsident a. D., Saarow (Mark).

II. Verwaltungsrat.

a) 5 Vertreter der Regierungen:

Albrecht, Ministerialrat, Geh. Regierungsrat Dr.-Ing., Braunschweig, Vertreter der Länder: Braunschweig, Mecklenburg, Hamburg, Thüringen.

Bauer, Ministerialrat, Dr. Karl, Stuttgart, Vertreter der Länder: Württemberg, Sachsen, Hessen.

Leist, Ministerialrat Dr. H., Berlin, Vertreter des Landes: Preußen.

Pellengahr, Ministerialdirektor L., Berlin, Vertreter des Deutschen Reiches.

Thoma, Ministerialrat Dr. Eugen, Karlsruhe, Vertreter der Länder: Baden, Bayern.

b) 3 Vertreter des Verbandes der Deutschen Hochschulen:

Kähler, W., Prof. Dr., Greifswald.
Schlink, W., Prof. Dr., Darmstadt.
Tillmann, Prof. Dr. Fritz, Bonn.

c) 7 studentische Vertreter:

Eilert, Geschäftsführer, Halle.
Klein, F., Direktor, Würzburg.
Link, cand. iur., Berlin.
Mutscheller, F., Dr., Salem (Baden).
Schmadel, W., cand. iur., Dresden.
Stiebeling, cand. mach., Hannover.
Straub, cand. arch., Dresden.

d) 9 Vertreter des Wirtschaftslebens:

Bosch, R., Dr. h. c., Robert Bosch A. G., Stuttgart.

Duisberg, C., Geh. Rat Prof. Dr. Dr. h. c., Präsident des Reichsverbandes der Deutschen Industrie, Leverkusen b. Köln.

Frisch, W., Geh. Legationsrat Dr. Dr., Direktor der Dresdner Bank, Berlin.

Frowein, A., stellvertr. Vorsitzender des Reichsverbandes der Deutschen Industrie, Elberfeld.

v. Klemperer, V., Dr., Direktor der Dresdner Bank, Dresden.

Kotzenberg, K., Generalkonsul, Dr. h. c., Frankfurt a. M.

Mulert, Dr., Präsident des Deutschen Städtetages, Berlin.

v. Stauß, E. G., Dr. Dr. h. c., Direktor der Deutschen Bank und Discontogesellschaft, Berlin.

e) 3 weitere Einzelpersonen:

Michaelis, G., Exzellenz D. Dr., Oberpräsident a. D., Saarow (Mark).

Schreiber, G., Prälat Prof. D. Dr. Dr. h. c., Münster.

Knoll, A., Allgemeiner Deutscher Gewerkschaftsbund, Bundesvorstand, Berlin.

III. Geschäftsführung.

Hauptgeschäftsführer:

Schairer, Dr. R.

Geschäftsführer:

Merkel, H.

Referenten:

Eberhardt, H. — Kuhr, Dr. H.

Verzeichnis der Zweigstellen.

Anschriften und Ausschußzusammensetzung nach dem Stande vom 1. 4. 1931.

Aachen
Technische Hochschule
Turmstr. 3, Tel.: 30 472

Geh. Rat Prof. Dr. Wallichs
Prof. Dr. Hopf
Priv.-Doz. Dr. Kirschbaum
Direktor Krötz
Oberbürgermeister Dr. Rombach
cand. rer. met. Flachsenberg
cand. rer. met. Nothing
cand. ing. Ippen

Berlin
Universität
Berlin C 2, Kaiser-Franz-Jos.-Platz,
Zimmer 34a, Ostflügel,
Tel.: Zentrum 2557

Prof. Dr. Edler v. Mises
Prof. Dr. Rieffert
Regierungsrat Dr. Seiff
Kommerzienrat Habel
cand. jur. Neitzel
cand. jur. Link
cand. jur. Hansen

Berlin
Technische Hochschule
Charlottenburg, Kurfürstenallee 15,
Zimmer 14, Tel.: Steinplatz 5525

Geh. Baurat Prof. Dr.-Ing. de Thierry
Frau Geh. Rat de Thierry
Prof. Dr.-Ing. Gröber
Prof. Dr. Rothe
Frau Dr. Fürer
Dr. Menzel
Dipl.-Ing. Gerloff
stud. rer. oec. vom Hofe
cand. ing. Gabbert
stud. ing. Mohr

Berlin
Handelshochschule
Berlin C 2, Spandauer Str. 1,
Tel.: Berolina 5211

Magn. Prof. Dr. Leitner
Geh. Rat Dr. Demuth
Prof. Dr. Nicklisch
stud. Pohl
stud. Döring

Berlin
Landwirtschaftliche Hochschule
Berlin N 4, Invalidenstr. 42,
Tel.: Weidendamm 5481

Geh. Rat Prof. Dr. Aereboe
Prof. Dr. Miehe
Rechnungsrat Meyer
Dipl.-Landwirt Wigro
stud. agr. techn. Stamer

Bonn
Universität
Landwirtschaftliche Hochschule
Universität, am Hof, Lennéstr. 26,
Tel.: 6213

Prof. Dr. Tillmann
Prof. Dr. Spiethoff
Prof. Dr. Konen
Prof. Dr. Vormfelde
Dr. Stockhausen
Dr.-Ing. Soennecken
stud. phil. Christmann
2 Vertreter der Studenten

Braunschweig
Technische Hochschule
Herr Runge, Techn. Hochschule,
Tel.: 5344—46

Prof. Dr. Schmitz
Direktor Salfeld
cand. rer. electr. Schütze

Breslau
Universität
Annengasse 1, „Joh.-Nikel-Haus“,
Tel.: Ohle 2238

Geh. Rat Prof. D. Dr. Schaeder
Prof. Dr. Schmidt-Rimpler
Prof. Dr. Poschmann
Prof. Dr. Schmitz
Med.-Rat Dr. Nikolaier
Geh. Rat Bielschowsky
Bankdirektor Dr. Fuß
Direktor Hawemann
stud. jur. Neyman
stud. Hempel

Breslau
Technische Hochschule
Uferzeile, Tel.: Ohle 5010

Prof. Dr.-Ing. Mann
cand. ing. Drobek
cand. mach. Dittrich
cand. ing. Ploke

Clausthal
Bergakademie
Sägemüllerstr., Tel.: Clausthal 65

Prof Dr.-Ing. Francke
Prof. Dr. Schulz
stud. rer. fer. Schwabe
stud. rer. mont. Funder

Danzig
Technische Hochschule
Danzig-Langfuhr, Bosseweg 4
Tel.: 41 949

Geh. Rat Dr.-Ing. e. h. Schulze
Magn. Prof. Dr. Buchwald
Dr. Viebahn
Stadtrat a. D. v. Kolkow
cand. ing. Schlierholz
cand. mach. Krüger
cand. mach. Vogel

Darmstadt
Technische Hochschule
Alexanderstr. 22, Tel.: 1211 und 1212

Prof. Dr. Walther
Prof. Dr. Knipping
Rechtsanwalt Dr. jur. Schiff
Direktor Bochow
Dipl.-Ing. Ulrich
cand. electr. Urlaub
cand. mach. Buchmann

Dillingen
Phil.-theol. Hochschule,
Klerikalseminar

Rektor Prof. Dr. Zenetti
Prof. Dr. Bauer
Prof. Dr. Weber
Regens Dr. Hörmann
Dir. Msgr. Dr. Luible
Inspektor Hornung
cand. theol. Hirner
cand. theol. Buhmann
cand. theol. Kirchmann
cand. theol. Reinhart
cand. phil. Wagner
cand. phil. Schweiger

Dresden
Technische Hochschule
Mommsenstr. 13, Tel.: 41 037, 45 882

Prof. Dr. Schneegans
Prof. Dr. Beyer
Dr. Venter
cand. mach. Hesse
cand. math.-nat. Schulze

Eichstätt
Phil.-theol. Hochschule

Rektor Prof. Dr. Rackl
Prof. Dr. Stigler
cand. theol. Fleischmann
cand. theol. Bauch
cand. theol. Belzl
Sem.-Assist. Lautenschläger
cand. theol. Lederer
cand. theol. Uebler

Erlangen
Universität
Hauptstr. 28½, Tel.: 432

Magn. Geh. Rat Prof. Dr. Klotz
Prof. Dr. Preuß
Prof. Dr. Haack
Komm.-Rat Dir. Rupp
Dr. Wrede
Stadtrechtsrat Dr. Ohly
2 Studenten

Frankfurt a. M.
Universität
Mertonstr. 17, Tel.: Maingau 71 493

Geh. Rat Prof. Dr. zur Straßen
Priv.-Doz. Dr. Rheindorf
Priv.-Doz. Dr. Neumark
stud. phil. Rosenbusch
stud. jur. Krause
Föhlinger, Sekretärin

Freiberg
Bergakademie
Tel.: 3249 und 3269

Handelsgerichtsrat Hoffmann
Geh. Bergrat Prof. Dr. Kolbeck
Prof. Dr. Hoffmann
Prof. Dr. Wandhoff
cand. Gugelmeier
cand. Franksen
cand. Steck

Freiburg
Universität
Kaiserstr. 8, Tel.: 3330

Prof. Dr. Dragendorff
Prof. Dr. Frhr. v. Schwerin
Der Herr Prorektor
Geh. Rat Prof. Dr. Heffter
Bankdirektor Keller
Dr. v. Güldenstubbe
stud. jur. et rer. pol. Weber
Der stud. Leiter der Einzelfürsorge

Freising
Phil.-theol. Hochschule
Klerikalseminar, Tel.: 222

Rektor Prof. Dr. Muth
Bücherrevisor Braun
cand. theol. Debarde
cand. theol. Bartl
cand. theol. Winkler

Gießen
Universität
Studentenhaus, Leihgesternerweg, Tel.: 4233

Prof. Dr. Eger
Bankdirektor Griesbauer
Dipl.-Volksw. Grebe
Prof. Dr. Lenz
2 studentische Vertreter

Göttingen
Universität
Wilhelmsplatz 3, Tel.: 2723

Magn. Prof. Dr. Ludwig
Prof. Dr. Reich
Prof. D. Duhm
Prof. Dr. Honig
Dr. Hacker
Kaufmann Rackebrand
Dipl. rer. pol. Dittebrand
stud. Alvermann
stud. math. Rosenthal

Greifswald
Universität
Bahnhofstr. 50, Tel.: 124

Prof. Dr. Kähler
Prof. Dr. Lehmann
cand. phil. Meyer

Halle
Universität
Alte Promenade 5, II., Tel.: 29 926

Magn. Prof. Dr. Aubin
Prof. Dr. Menzer
Handelskammer-Präs. Dr. Steckner
cand. jur. Eilert
stud. jur. Poche
stud. phil. Müller

Hamburg
Universität
Hamburg 36, Neue Rabenstr. 13, Tel.: Alster 8458/9

Prof. Dr. Raape
Prof. Dr. Terhalle
Bankdir. Dr. Pilder
Dipl.-Volkswirt Böhler
Referendar Karbiner
stud. math. Lüders

Hannover
Technische Hochschule
Tierärztliche Hochschule

Welfengarten 1 a, Tel.: 21 641
Magn. Prof. Dr.-Ing. Blum
Magn. Prof. Dr.-Ing. Danckwortt
Prof. Dr. Müller
Prof. Dr. Quincke
Komm.-Rat Senator Dr. Beindorff
cand. mach. Stiebeling
cand. mach. Kaiser
cand. mach. Wilckens

Heidelberg
Universität
Marstallhof 3, Tel.: 3570

Prof. Dr. Dibelius
Prof. Dr. Ranke
Dr. Schroth
Bankdirektor Fremery
cand. rer. pol. Hoffmann
cand. rer. pol. Lindenberg

Hohenheim
Landwirtschaftliche Hochschule
Tel.: 3

Rektor Prof. Dr. Brigl
Prof. Dr. Rüdiger
Regierungsrat Nagel
cand. agr. Fischer
stud. agr. Stützle

Jena
Universität
Ob. Philosophenweg, Tel.: 4144

Geh. Hofrat Prof. Dr. Dr. e. h. Linck
Geh. Kirchenrat Prof. Dr. Weinel
Oberverwaltungsgerichts-Präsident Dr. Dr. e. h. Ebsen
Dr. Koop
cand. jur. Lüster
stud. med. Wagner
Werther

Karlsruhe
Technische Hochschule
Parkring 7, Tel.: 4568

Magn. Prof. Dr. Planck
Prof. Dr. Holl
Geh. Hofrat Dr. Schleiermacher
Bankdirektor Konsul Nicolai
Dipl.-Wirtsch. Minners
cand. mach. Würthner
cand. mach. Askevold

Kiel
Universität
Hospitalstr. 21, Tel.: 2156

Prof. Dr. Klingmüller
Prof. Dr. Gottschaldt
Kaufmann Petzold
Dipl.-Volkswirt Grefe
cand. phil. Haustedt

Köln
Universität
Claudiusstr. 1, Zimmer 201, Tel.: Hansa 90 911/18

Magn. Prof. Dr. Kroll
Geh. Rat Prof. Dr. Eckert
Senatspräs. Prof. Dr. jur. Graven
Oberbürgermeister Dr. Adenauer
Generaldirektor Dr. Ott
Direktor Bramann
Dipl.-Kaufmann Dr. Neef
Dipl.-Kaufmann Pabelick
cand. jur. Kühne

Königsberg
Universität
Handelshochschule
Fließstr. 3, Palaestra Albertina, Tel.: 963

Prof. Dr. Zielstorff
Prof. Dr. jur. Hensel
Bankdirektor Konsul Schröder
Dr. Herbst
stud. jur. Friedrich
stud. jur. Kapust

Leipzig
Universität
Handelshochschule
Universität, Hörsaal 5—7, Tel.: 21 809

Magn. der Herr Rektor der Univ.
Prof. Dr. Böttger
Prof. von der Aa
Komm.-Rat Dr. Fritzsche
ein Vertrauensdozent in Fürsorgeangelegenheiten
Oberregierungsrat Flade
der 1. Vors. d. Ver. Wirtsch. Selbsth.
d. 1. Vors. d. Allg. Stud. Aussch. d. Univ.
d. 1. Vors. d. Allg. Stud. Aussch. d. H. H.
stud. rer. nat. Lindner
stud. phil. Schütze
stud. rer. oec. Henze

Mannheim
Handelshochschule
E 5/16, Tel.: durch Rathaus

Magn. Prof. Dr. Ludewig
Prof. Dr. Selz, stellv. Rektor
Oberbürgermeister Dr. Heimerich
Handelskammerpräs. Lenel
Geh. Rat Dr. Kutzer
Kommerzienrat Dessauer
Oberkasseninsp. Kollermann
3 studentische Vertreter

Marburg
Universität
Reitgasse 11, Tel.: 91

Magn. Prof. Dr. Versé
Prof. Dr. Nobel
Prof. Dr. Hermelink
Bankdirektor Freund
Dr. Weiße
Dr. Stalmann
cand. jur. Wilson

München
Universität
Studentenhaus, Luisenstr. 67,
Tel.: 55 491

Geh. Rat Prof. Dr. Schüpfer
Geh. Rat Prof. Dr. v. Beling
Geh. Kommerzienrat Zentz
Direktor Beck
Dr. Friedel
Forstreferendar Küßwetter

München
Technische Hochschule

Geh. Baurat Prof. Dr. Krell
Prof. Dr. Göschel
Geh. Kommerzienrat Buz
stud. ing. Meisner

Münster
Universität
Domplatz 4, I., Tel.: 21 135

Prof. Dr. Weber
Rechtsanwalt Koenen
Dr. rer. pol. Baak
stud. med. Stratmann
stud. jur. Gilles

Nürnberg
Handelshochschule
Findelgasse 7,
Tel.: 27 760 Nebenstelle

Magn. Prof. Dr. Dr. Lehmann
Prof. Dr. Proesler
Prof. Dr. Burkard
Justizrat Grampp
Justizrat Dr. Süßheim
Dr. Schwanhäuser
Dipl.-Kaufmann Kehr
cand. rer. oec. Flügel

Paderborn
Akademie
Leostr. 21

Prof. Dr. Fuchs
Kaufmann Wegener
cand. theol. Prott

Passau
Phil. theol. Hochschule
Domplatz 5, Tel.: 573

Prof. Dr. Eggersdorfer
Direktor Gerhardinger
Direktor Dr. Riemer
cand. theol. Pichler
cand. theol. Penzkofer
cand. phil. Wenninger
cand. phil. Hofmann

Regensburg
Phil.-theol. Hochschule
Aegidienplatz 2

Prorektor Dr. Waldmann
Subregens Weber
cand. theol. Hengl
cand. theol. Zrenner
cand. theol. Gebhard
cand. theol. Haderer

Rostock
Universität
Universität, Hof, linker Seitenflügel,
Tel.: 2787

Magn. Prof. Dr. Steurer
Prof. Dr. Walsmann
Prof. Dr. Wolgast
Bankdirektor Sachs
Dr. Glaser
Referendar Witte
Dipl. rer. pol. Schoelkopf
cand. med. Janke
2 Vertreter der Studentenschaft

Stuttgart
Technische Hochschule
Seestr. 6, I., Tel.: 25 638

Prof. Dr. Veesenmeyer
Prof. Dr. Braun
Bürgermeister Dr. Klein
Bankier Doertenbach
Fabrikant Werner
cand ing. Böhringer
cand. mach. Eberle
3 Astamitglieder

Tharandt
Forstliche Hochschule
Forstakademie

Magn. Prof. Dr. Prell
Prof. Dr. Busse
Prof. Dr. Raab
Verw.-Inspektor Krause
stud. forest. Heber
stud. forest. Hamann

Tübingen
Universität
Hafengasse 6, Tel.: 2947/8
Prof. Dr. Sartorius
Prof. Dr. Fezer
Prof. Dr. Rohr
Univ.-Rat Dr. Knapp
Dr. Breitinger
Dr. phil. Epting
stud. rer. pol. Collmer
1 Astamitglied

Weihenstephan
Landwirtschaftliche Hochschule
Bayerische Hochschule für Landwirte und Brauer
Tel.: Freising 238
Prof. Dr. Ecker
Prof. Dr. Schnegg
Dr. Huber
Amtmann Keller
3 Astamitglieder

Würzburg
Universität
Am Sanderrasen, Hof I, Tel.· 6261
Magn. Geh. Rat Prof. Dr. Kreß
Exzellenz Geh. Rat Univ.-Prof. Dr. v. Schanz
Geh. Rat Univ.-Prof. Dr. Hosius
Oberregierungsrat Dr. Günder
Direktor Klein
Dipl. rer. pol. Neubauer
cand. jur. Schmitt
stud. math. Hammer

Darlehnskassenämter:

Bamberg
Phil.-theol. Hochschule
Hochschuldirektor Prof. Dr. Lex
cand. theol. Popp
cand. theol. Gebhard

Berlin
Tierärztliche Hochschule
Magn. Prof. Dr. Schöttler
cand. med. vet. Bartels
cand. med. vet. Raschert

Braunsberg
Phil.-theol. Hochschule
Vertr. Dozent Prof. D. Dr. Dürr
stud. theol. Groß
stud. phil. Krause

Düsseldorf
Medizinische Akademie
Rektor Prof. Dr. Huebschmann
Priv.-Doz. Oberarzt Dr. Dahmann
cand. med. Erdle
cand. med. Wagner

Eberswalde
Forstliche Hochschule
Rektor Prof. Dr. Schwalbe
Prof. Dr. Albert
Amtsgerichtsrat Dr. Görcke
Forstassessor Barckhausen
Forstbeflissener Frhr. v. Bredow
Forstbeflissener Rohde

Hannover-Münden
Forstliche Hochschule
Prof. Dr. Frhr. Geyr v. Schweppenburg
Oberförster Prof. Dr. Mayer-Wegelin
cand. forest. Sorg

Witzenhausen
Kolonialhochschule
Studiendirektor Dr. Winter
stud. Berg
stud. Wagenhoff

DARLEHNSKASSE
DES DEUTSCHEN STUDENTENWERKS E.V

Sem.: .... Gesuch Nr.: ....
Darlehns Nr.: ....

Zweigstelle ....

Darlehnsgesuch

Lichtbild

des/der stud. ....
Familienname

....
alle Vornamen, Rufname unterstreichen

Wohnung: ....
Ort, Straße, Platz, Hausnummer

....
bei

um ein Darlehn im Betrage von RM ....
für das *laufende/nächste* Semester, d. h.

für die Zeit vom .... bis ....

Hiervon sollen verwandt werden für:
z. B. Lebensunterhalt, Studiengebühren, Examensgebühren

1. .... RM ....
2. .... „ ....
3. .... „ ....
4. .... „ ....
5. .... „ ....

Sa. RM ....

Vom Antragsteller nicht auszufüllen!

1. Eingang: .... am ....
2. bewilligt: RM .... am ....
   zurückgestellt, abgelehnt am ....
3. Betrag angefordert Nr. .... am ....

Vorschlag der Geschäftsführung: ....

Endgültige Bewilligung: (Raten, Verwendungszweck)

Das Zutreffende unterstreichen.

Geburtstag	Kriegsteilnahme 14/18	Staatsangehörigkeit	Religion	Semester	Studien-Wechsel von	zu	St.-Unterbrechung
	ja / nein			im			*ja / nein*

Jetzige oder frühere	Schon abgelegte akademische Abschluß-Examina	Note
a) Erwerbsarbeit: *Kopf-, Handarbeit, Privatstunden* b) sonstige Werkarbeit: *Arbeit im elterl. Betrieb (Kopf- oder Hundarbeit), Praktikant*		

Vater ist	Wenn Vater tot, Erwerbsarb. d. Mutter	Eltern sind	Zahl der Geschwister ver-sorgt	un-vers	Monatswechsel
tätig / in Ruhe *in Pension / arbeitslos / tot*		*geschieden, beide tot*			RM Durchschnitt der folgenden Sem.-Monate

Genaue Heimatanschrift (falls keine Elternanschrift, ergänzende Angabe: „Vormund", „Bruder", „Tante", „eigene" (= Hochschulanschrift)).

Geburtsort des Antragstellers	Name, Vorname des Vaters	Name, Vorname der Mutter

Studienfach	Genaue Berufsbezeichnung des Vaters, z. B. Schlosser in einer Fabrik, Prokurist in Tuchfabrik, Landarbeiter

Durch wen sind Sie dauernd erreichbar, falls obige Anschriften versagen?

Anschrift: ....
Name, Titel — Ort — Straße, Platz — Hausnummer

evtl. Korporationszugehörigkeit: ....
Name — Ort — Straße, Hausnummer

12 da 0
5000 6. 31
R & S

Gesuch Seite 2

Kurze Angaben zur Ergänzung des Lebenslaufes

Studium:

Beginn: .... Semester — Fachrichtung: .... bei Wechsel alle angeben. Anzahl der Semester

Welche Hochschulen besucht? .... Orte

Wieviel Semester an der jetzigen? .... Unterbrechung des Studiums: .... Datum von — bis

War längere Unterbrechung des Studiums aus Erwerbsgründen erforderlich? .... Datum von — bis

Studiensemester: .... wieviel insgesamt — Bestandene Vorprüfungen: .... Note: ....

.... Daten, Hochschulen — Stipendien-, Fleiß-, Honorarerlaß-Prüfungen: ....

.... Daten, Hochschulen, Ergebnisse

Geplantes Abschlußexamen: .... welches .... Zeitpunkt — Wiederholung? *ja / nein*

Schon gemeldet? *ja / nein* — Berufsabsichten: ....

Welcher Dozent kann Auskunft über das Studium und die wissenschaftlichen Leistungen erteilen? ....

.... genaue Anschrift

Werkarbeit oder Praxis: (z. B. bei Ing., Pharm. o. ä.)

Vor Beginn des Studiums: .... wo, wann, in welcher Stellung

Praktische Vorbildung: .... z. B. Gesellenprüfungen o. ä.

....

Während des Semesters: .... wo, wann, in welcher Stellung

....

Während der Ferien: .... wo, wann, in welcher Stellung

....

Gesamtverdienst aus Werkarbeit: .... Hiervon konnte schätzungsweise als Zuschuß zum Studium verwandt werden insgesamt: ....

Familienverhältnisse:

Geschwister: .... Alter, ledig oder verheiratet, Beruf

.... Gesuchsteller: *ledig / verheiratet* — Anzahl der Kinder: ....

Wer kann Auskunft über die Familienverhältnisse erteilen? .... genaue Anschrift

....

Haben Sie in der stud. Selbstverwaltung mitgearbeitet? .... wo, wann,

.... in welcher Eigenschaft

Frühere Bewerbung bei der Studienstiftung des Deutschen Volkes: *ja* / Datum .... */ nein*

Gesuch Seite 3

Wirtschaftliche Lage:

Aus welchen Mitteln wurde das Studium bisher bestritten?

Zuschüsse der Eltern: .... (monatlich, Betrag), von Verwandten und Bekannten: .... (monatlich, Betrag)

Stipendien: .... (im Semester, Betrag, Quelle)

Eig. Arbeitseinkommen: .... (monatlich, Betrag, Quelle)

Renten: .... (monatlich, Betrag, Quelle)

Honorarerlaß: .... (wann, wieviel Prozent)

Für das laufende Semester beantragt? *ja/nein* Freie oder ermäßigte Wohnung: .... (wo, wann)

....

Beihilfen stud. Wirtschaftseinrichtungen: ....
Freitisch, Kranken-, Einzelfürsorge (wo, wann, wieviel)

Bisherige Darlehen der Darlehnskasse: .... (Betrag, Zweigstelle, Semester, Nummer, Bürge)

....

Kurzfristige Darlehen der Studentenhilfe: .... (Höhe, Rückzahlungsfrist)

Sonstige Schulden: .... (Grund, Höhe, Gläubiger, Rückzahlungsfrist, Zinsen)

....

Welcher Betrag steht für das *laufende / nächste* Semester zur Verfügung? .... (Summe)

....

Ungedeckter **Geldbedarf** im $\frac{S}{W}$S 193... RM ...., im $\frac{S}{W}$S 193... RM ...., im $\frac{S}{W}$S 193... RM ....

Insgesamt bis zum Abschluß des Examens RM ....

Wer kann Auskunft über die wirtschaftliche Lage erteilen? ....

....

Wer übernimmt **Bürgschaft?** .... (Name, Alter, Staatsangehörigkeit, Anschrift)

Ist der Bürge mit Ihnen verwandt? *ja/nein* Wie? .... (Auch Verwandte können Bürgen sein)

Bis wann kann mit völliger Rückzahlung des Darlehns gerechnet werden? ....

Ich versichere, die in diesem Gesuch und dem dazugehörigen Lebenslauf enthaltenen Angaben nach bestem Wissen und Gewissen gemacht zu haben.

.... (Ort), den .... (Datum)

.... (Unterschrift)

Beigefügte Anlagen: Das Zutreffende unterstreichen!

1. Bürgschaft über RM ....
2. Finanzamtlich beglaubigter Einkommens- und Vermögensnachweis
3. Gutachten über wissenschaftliche Befähigung
4. Werkarbeitszeugnisse (Beglaubigte Abschriften)
5. Aerztliches Zeugnis falls erforderlich
6. ....
7. ....

Gesuch Seite 4

Lebenslauf

Wir bitten die folgenden Fragen anschließend in einer zusammenhängenden handschriftlichen Darstellung zu beantworten.

Entwicklung vor Beginn des Studiums: (Schulgattung, Schulabschlußprüfung, Vergünstigungen, Erwerbsarbeit u. ä. Berufliche Ausbildung und Tätigkeit vor Studienbeginn). Gründe für Wahl des Studienfachs, etwaigen Studienwechsel, etwaige Unterbrechung. Wurde Werkarbeit aus anderen als materiellen Gründen getrieben? Aus Welchen? Gegebenenfalls Gründe, die an Werkarbeit hinderten. Welche Absichten bestehen für den zukünftigen Beruf? (Gründe hierfür). Wie ist der Gesundheitszustand? (ärztliches Zeugnis). Berufsverhältnisse, Einkommen und Vermögen des Vaters (der Mutter, falls Vater gestorben), des Gesuchstellers selbst (amtl. Zeugnis). Familienverhältnisse im Elternhaus, gegebenenfalls des Gesuchstellers. Falls die Finanzierung eines zweiten Examens beantragt wird, ausführliche Angabe der Gründe, die hierzu veranlassen. Falls Schulden vorhanden, wodurch verursacht? Weitere Tatsachen, die Sie unserer Kenntnis wert achten, bitten wir gleichfalls zu erwähnen.

Welche besonderen Gründe bzw. welche **Veränderung** gegen die bisherige Form der finanziellen Sicherstellung des Studiums veranlassen die Einreichung des Gesuches?

Anlage 5

Formblatt eines Gutachten.

DARLEHNSKASSE
DES
DEUTSCHEN STUDENTENWERKS, E.V.

Zweigstelle ....

.................................., den ....

Herr / Fräulein ....

hat bei uns ein Gesuch um ein langfristiges Darlehn eingereicht.

Es können aber nur Studierende berücksichtigt werden, die Aussicht haben, innerhalb der nächsten zwei oder drei Semester zu einer das Studium abschließenden Prüfung an der Hochschule zugelassen zu werden und die nach Befähigung, Charakter und bisherigen Leistungen ihren Pflichten als Studenten und Akademiker voll gewachsen sind.

Von ausschlaggebender Bedeutung für die Beurteilung der Würdigkeit eines Bewerbers ist die Meinungsäußerung seiner Professoren.

Wir bitten Sie daher, untenstehend um eine eingehende Äußerung, die selbstverständlich streng vertraulich behandelt wird. Um die streng vertrauliche Behandlung der Auskunft zu gewährleisten, bitten wir, diese in dem beigelegten Freiumschlag durch die Post zurückzusenden. Auch zur Entgegennahme von mündlichen oder fernmündlichen Auskünften, für die wir besonders dankbar sind, stehen wir jederzeit zur Verfügung (Fernsprechnummer ....).

Wir sprechen Ihnen im voraus unseren verbindlichsten Dank aus für Ihre Mitarbeit, die uns instand setzen wird, die Verteilung der uns anvertrauten Geldmittel gerecht vorzunehmen.

DARLEHNSKASSE
DES
DEUTSCHEN STUDENTENWERKS, E.V.

Zweigstelle ....

....
Vorsitzender

Anlage!

Gutachten

1. Wissenschaftliche Leistungen und Befähigung:

2. Menschliche Eigenschaften:

Die wirtschaftliche Lage und Familienverhältnisse werden durch die Darlehnskasse geprüft. Sollte Ihnen hierüber Näheres bekannt sein, wären wir für eine Auskunft außerordentlich dankbar.

DIN A 4 3000 4. 30.

Vorder- und Rückseite der Karteikarte für die Anforderung von Darlehn bei der Hauptstelle und für die statistische Auswertung.

1	2	3	4	5	6	7	8	9	10	11	12

Beim Einsetzen der stark numerierten Angaben Erläuterungen beachten!

1 Name, Vornamen (Rufname unterstrichen)	2 Zweigstelle	Nr.	Semester	Betrag RM

3 Geburtstag	4) Kriegsteilnahme ja / nein / weibl.	5 Staatsangehörigkeit	6 Religion	7) F.	8 Semester im	9 St.-Wechsel: von — nach —	10) St.-Unterbr. ja / nein

11) Jetzige oder frühere
a) Erwerbsarbeit: Kopf-, Handarbeit, Privatstunden
b) sonstige Werkarbeit: Arbeit im elterl. Betrieb (Kopf- oder Handarbeit), Praktikant

12) Schon abgelegte akad. Abschluß-Examina — Note — 13) S.

14) Vater ist tätig / in Ruhe / in Pension / arbeitslos / tot	15) Wenn Vater tot, Erwerbsarbeit d. Mutter	16) Eltern sind geschied. / beide tot	17 Zahl der Geschwister ver-sorgt / un-vers.	18) Monatswechsel RM	19) D.

20 Genaue Heimat-Anschrift (falls keine Elternanschrift, ergänzende Angabe: „Bruder", „Tante", „eigene" (= Hochschulanschrift).)

21 Geburtsort	22 Name, Vorname des Vaters	23 Gesuch vom	24 Beschieden am

Erläuterungen: 4) Zutreffendes durchstreichen. 7) Nicht ausfüllen! 10), 11) Zutreffendes durchstreichen. 12) Nicht Vorprüfungen aufführen! 13) Nicht ausfüllen! 14) Zutreffendes durchstreichen. 15) z. B.: Aufwartung, Schneiderin, Mittagstisch; nicht: Witwe, Rentnerin, Witwenpension. 16) Zutreffendes durchstreichen. 18) Durchschnittsbetrag von dritter Seite (nicht aus eigener Erwerbsarbeit). 19) Nicht ausfüllen!

25 Berufsbezeichnung des Vaters

26 **Studienfach:** (Zutreffendes durchstreichen!)

Ev. Theologie	Mathematik, Naturwissenschaften	Architektur
Kath. Theologie	Biologie	Geodäsie
Rechts- und Staatswiss.	Mineralogie, Geologie	Maschineningenieurwesen
Volkswirtschaft	Physik	Elektrotechnik
Wirtschaftswissenschaften	Chemie	Masch.-Elektroingenieurwesen
Medizin	Kunstgeschichte, Archäologie	Gasingenieurwesen (Wärmetechnik)
Zahnheilkunde	Musik	Kraftfahrzeugbau, Luftfahrzeugbau
Tierheilkunde	Zeitungskunde	Schiffbau
Pharmazie	Zeichnerisch-wissensch. höh. Lehramt	Bergbau
Geschichte, Geographie; Germanistik	Leibesübungen	Eisen-, Metallhüttenkunde
Philologie	Landwirtschaft, Brauerei	Markscheiderei
Philosophie	Forstwissenschaft	Gewerbelehrerstudium
Volksschullehrer-, Berufsschullehrerstudium	Bauingenieurwesen	Sonstige

27 **Stand des Vaters,** auch wenn verstorben: (Zutreffendes durchstreichen!)

I 1. Großgewerbe-, Großhandeltreibender (Besitzer, Generaldirektor)
2. Großgrundbesitzer, -Pächter

II 1. Hochschullehrer
2. Akadem. Lehrer an höheren Schulen
3. Geistlicher
4. Offizier
5. Sonstige höh. Beamte (Reich, Staat, Gemeinde, öffentl.-rechtl. Verband)
6. Angestellter in leitender Stellung (Direktor, Chefredakteur)

III 1. Selbständiger Arzt
2. „ Zahnarzt
3. „ Tierarzt
4. „ Apotheker
5. „ Chemiker
6. Rechtsanwalt, beratender Volkswirt, verwandte freie akadem. Berufe
7. Schriftsteller, Privatgelehrter
8. Architekt, Zivilingenieur, Patentanwalt
9. Künstler
10. Mittlere Handel-, Gewerbetreibende

IV 1. Mittlerer Beamter
2. Volksschullehrer
3. Angestellter in mittlerer Stellung
4. Freie nicht akadem. Berufe (Agent, Vertreter, Bücherrevisor)

V 1. Selbständiger Handwerker
2. Kleinhändler, Gastwirt
3. Mittlerer oder Kleinlandwirt

VI 1. Unterbeamter
2. Angestellter in unterer Stellung
3. Gelernter Arbeiter, nicht selbständiger Handwerker
4. Ungelernt: Industrie-, Landarbeiter

VII 1. Ohne früheren und jetzigen Beruf

DIN A 5 DAKA 10000 III 31

Auf Grund der eingereichten Unterlagen werden die umstehenden Angaben und die ordnungsgemäße Bewilligung des Darlehns in der angegebenen Höhe bestätigt.

....
(Ort und Datum)

....
(Zweigstellen-Stempel, 2 Unterschriften)

Für Hauptstelle: Gepr.: .... Übtr.: ....

Mitlg. Hochschulw.: .... H. V. R. ausg.: ....

Rückzahlungen (R), Verzichte (V), Abbuchung dubios (A). Volle Tilgung sofort auf gelbe Karte!

Meldg., Primanote:	Betrag: RM		Meldg., Primanote:	Betrag: RM		Meldg., Primanote:	Betrag: RM	

FSC
www.fsc.org
MIX
Papier | Fördert gute Waldnutzung
FSC® C083411

Kolibri 360 GmbH
Ferdinand-Jühlke-Straße 7
99095 Erfurt, Deutschland
produktsicherheit@kolibri360.de